Mayakovsky y el teatro ruso de vanguardia

Angelo Maria Ripellino

Mayakovsky y el teatro ruso de vanguardia

Traducción de
José Manuel Godoy y Carmelo Vera

GEGNER

Consejo Editorial
Director: Juan José Gómez Gutiérrez
Robin Adèle Greeley, University of Connecticut
Teresa Cascudo García-Villaraco, Universidad de La Rioja
Miguel Ángel Albi Aparicio, Universidad Pablo de Olavide
Guido Ferilli, Università IULM

Título original: *Majakovskij e il teatro russo d'avanguardia*

Traducción de José Manuel Godoy y Carmelo Vera
Edita: Gegner Libros
Camino Fuente del Rey, 1 21200 Aracena
www.gegnerlibros.com
info@gegnerlibros.com

ISBN: 978-84-96875-47-0

Depósito Legal: H 205-2013

Índice

Prólogo 9

I
Las aventuras de los futuristas 11

II
Maniquíes en San Petersburgo 48

III
Hacia la tierra prometida 74

IV
La época del constructivismo 121

V
Historia de una chinche 164

VI
Los burócratas en el baño 206

VII
Mayakovsky y el circo 226

VIII
De las barracas a Meyerhold 239

IX
Mayakovsky y el cine 258

Para Italo Calvino

Prólogo

Este libro quiere ser una defensa de la vanguardia rusa, que hasta hace algunos años fue el centro de los críticos bienpensantes y de los ideólogos austeros. Apasionados, no sólo de esos momentos valientes y renovadores, sino del color y del gusto de la época, nos hemos perdido quizá alguna vez en los particulares curiosos, en los episodios marginales. Evocando de nuevo las hazañas de la vanguardia, nos sentíamos como la joven Masha que, en el cuento *El actor trágico* de Chekhov, no podía separar los ojos de la escena ni siquiera en las pausas.

La época de Mayakovsky nos ofrecía un inventario inagotable de novedades, de extrañezas, de maravillas. Para iluminarla en sus múltiples aspectos, nos hemos demorado en cuadros, en escuelas de pintura, en películas, en experimentos de cine, aunque se alejasen del tema, de la misma forma que Eisenstein se demoró en la película *Octubre* en las estatuas, pinturas, muebles y adornos del Palacio de Invierno, que, sin embargo, no tenían mucho en común con el argumento.

A menudo el teatro nos sirvió de pretexto para hablar de las artes, en el cual confluían como en un ferviente estuario. Nos proponíamos descubrir todos los hilos que anudan la obra de Mayakovsky en el espectáculo y en la pintura de aquellos años, subrayar las relaciones y las afinidades de la vanguardia rusa con la europea, liberar al poeta de la sofocante coraza del realismo banal, y de dar a la luz las virtudes de su creación dramática. Una figura como Prisypkin, el héroe de *La chinche*, es digna de estar en el grupo de los personajes más originales del teatro moderno, junto a Rey Ubu de Jarry y al Señor Puntila de Brecht.

Muchas cosas de aquella época han envejecido quizá y aparecerán ya arcaicas como la locomotora de Buster Keaton, pero aquella época vive en un clima de leyenda.

Deseo expresar mi gratitud a Lilya Yurevna Brik, a Vasily Abgarovich Kantanyan, a Valentin Nikolaievich Pluchek, a Viktor Borisovich Shklovsky, que me han sido pródigos de noticias y de recuerdos de la vida y la obra del poeta. Agradezco además, por la generosidad con la que me han proveído de libros, recortes, fotografías, materiales, a Anya Semienovna Ezerskaya, Irina Alexandrovna Uspenskaya y todo el personal de la Biblioteca-Museo V.V. Mayakovsky, Lidya Sergeevna Rokotyan y Nina Vasilievna Grigorovich del Museo Teatral A.A. Bakhrushin. Tenga igualmente mi gratitud Georgy Samsonovich Breytburd, Boria Mikhailovich Eichenbaum, Alexandr Viliamovich Fevralsky, Leonid Nikolaievich Martinov, Boris Abramovich Slutsky, Lev Alexandrovich Vershinin y Kornely Lyutsianovich Zelinsky.

I
Las aventuras de los futuristas

1.

En su tendencia a hacer de Mayakovsky un poeta tradicionalista, un insulso modelo académico, algunos críticos rusos se afanan en separarlo del futurismo, como si el futurismo fuese un nido de cuervos, una reunión de gente pecaminosa. Falseando una verdad que fácilmente se comprueba, aquellos querrían convencernos de que Mayakovsky logró evitar el influjo maléfico de los futuristas, como las heroínas de las novelas sentimentales escapaban de los torvos aventureros. Uno de los más tempestuosos poetas de nuestra época se vuelve en sus manos un compungido sacerdote del realismo, un tedioso seminarista de una compañía de bribones y beodos.

Ansiosos por igualar la investigación crítica a un voto de conducta e incapaces de penetrar en la sustancia del arte moderno, estos censores nos preparan un Mayakovsky pedante y deslucido, callando sus fragorosas proezas y extravagancias juveniles. Sin embargo, nuestro poeta no desistió jamás de proclamarse futurista e incluso muchos años después de la Revolución, exaltando en sus poemas las empresas del futurismo, manifestó el orgullo por haber formado parte de aquel movimiento. En el poema *150 000 000*, por ejemplo, se lee:

> Con los telares de las piernas devorando las millas,
> con las grúas de los brazos despejando las calles,
> los futuristas
>   han deshecho el pasado,
> lanzando al viento el confeti de una vieja cultura.
>
>   (vv. 1560-64)

Entre los críticos de hoy se ha generalizado la costumbre de negar el vínculo que unió a Mayakovsky con Khlebnikov. Pero basta para desmentirlo lo que el mismo Mayakovsky escribió de Khlebnikov en la esquela mortuoria de 1922: «Para que se conserve una justa perspectiva literaria, considero mi deber imprimir negro sobre blanco en mi nombre y, sin duda, en nombre de mis amigos, los poetas Aseev, Burlyuk, Kruchenykh, Kamensky, Pasternak, que lo hemos considerado y lo consideramos uno de nuestros maestros en poesía y el más generoso y el más honesto de los caballeros en nuestra lucha poética».

Estos exégetas aplicados olvidan que, después de la epopeya de Octubre, el futurismo se vio favorecido por el régimen y casi acogido como tendencia oficial. Su forzado desprecio brota, por otra parte, del propósito de despreciar la más bella estación de las artes y de las letras rusas de este siglo a favor de los débiles productos de un malentendido realismo.

Se ha solido negar, sin embargo, que el gran incendio de la vanguardia rusa haya estallado a partir de la chispa del futurismo. ¿Quién es tan obtuso como para no darse cuenta de que el teatro de Meyerhold, de Eisenstein, del grupo FEKS, la escuela filológica de los formalistas, el suprematismo, el constructivismo y otras varias corrientes de poesía y de pintura hunden sus raíces en los experimentos futuristas? Incluso Esenin, en poemas imaginativos como *Kobyli korabli* [Naves de yeguas, 1919],[1] o *Mandelshtam*, en líricas conturbadas como *Nashedsy podkovu* [Él que ha encontrado una herradura, 1923] está influenciado por el futurismo.

También la prosa de Yuri Olesha, por el contraste plástico de los objetos, por las metáforas agudas y por las figuras fonéticas (Tom Virlirli, Flammarion) se pone en marcha a partir del futurismo. ¿Y qué decir del primer Zabolotsky? Un cuadro como el siguiente, titulado *Dvizhenie* [Movimiento, 1927], con su ocurrencia final nos recuerda ciertas invenciones estroboscópicas de los pintores futuristas:

---

[1] Nos parece significativo el hecho de que el poema *Kobyli korabli* haya aparecido por primera vez en el anuario *Kharchevnya zor* [La taberna de los amaneceres, 1920] junto a líricas de Khlebnikov.

Se sienta el cochero como sobre el trono,
de algodón en rama está hecha la coraza,
y la barba como un icono
cuelga, tintineante de monedas.
Y el pobre caballo levanta las manos,
ahora se estira como una merluza,
ahora de nuevo brillan ocho patas
bajo su panza centelleante.

En cuanto al tópico de que el futurismo no se inserta en la tradición rusa, es necesario recordar que Mayakovsky se remonta por su elocuencia a las odas de Derzhavin, Khlebnikov a las «fábulas» mitológicas y a otros géneros del siglo XVIII, y Pasternak, a las enumeraciones insistentes, a las imágenes de sabor casero y a los poemas de Pushkin.

2.

El futurismo ruso se articuló en dos ramas principales: el egofuturismo y el cubofuturismo. Resumiremos el primero en pocas palabras.[2]

Fundado por Igor Severianin en noviembre de 1911, el egofuturismo, como indica el prefijo, retomaba manidas fórmulas decadentes. Severianin, que Khlebnikov llama en un bloc «Igor Usyplyanin» (Igor el Hipnotizador),[3] escribía líricas remilgadas, plagadas de sonantes vocablos extranjeros, de expresiones del «beau monde», de términos de perfumería.

En sus páginas parece reencontrar los despropósitos de la provincial señora Kurdyukova, que en el famoso poema humorista de Ivan Myatlev narra sus impresiones europeas en una ridícula mezcla de ruso y francés. Uno puede hacerse una idea del «ambiente» verbal de Severianin, leyendo esta cuarteta:

---

[2] Para mayor información véase el volumen *Poesia russa del novecento*, Parma, 1954.
[3] *Sobranie proizvedeny*, V, Leningrado 1933, p. 267.

La orquesta melodía fluctuaba rósea
sobre el terciopelo blanco del vestíbulo.
La condesa con gracia de libélula
masticaba chocolate Cailler.[4]

Con vena suelta, diluyendo en *ariette* banales la *romanza* gitana húngara de Blok, Severianin cantó a las alcobas y a los «boudoirs» de las damas, a sus amores de opereta, a los movimientos voluptuosos de la «habanera», a los paseos furtivos en los primeros automóviles. «Vivandero de la poesía rusa» según la definición de Mayakovsky,[5] manipulaba las palabras como ingredientes de una cocina refinada, extrayendo pasteles florales como «helados de malva» y «boa de crisantemos».

Tenía muy poco en común con el futurismo, y su cultura poética se había estancado en las dificultades de los últimos años del siglo XIX. Los párpados hinchados, los ojos turbios, oliendo a crema de violetas, delante de legiones de delirantes admiradoras, entonaba con acento nasal sus poesías sobre motivos de Thomas y Massenet.[6] Las numerosas antologías de Severianin se repiten hasta la extenuación en mil variantes, un angosto repertorio de temas fatuos y pretenciosos, de pequeñas historias de folletines, sin embargo sus versos poseen una musicalidad sugestiva, hipnótica, especialmente cuando quiere representar el elástico ritmo de las carrozas, de los primeros «landò a motor». Ello explica por qué Severianin ejercitó una muy viva influencia sobre los poetas de su tiempo, incluso en Pasternak. Y el mismo Mayakovsky, que no se cansó nunca de humillarlo, conocía muchas estrofas suyas de memoria,[7] como si apreciara su apariencia sonora, riéndose del contenido.

Los cubofuturistas comparecieron en abril de 1910 con el anuario *Sadok sudei* [El vivero de los jueces], redactado por Velimir

---

[4] *Na premere* [En el estreno, 1911], en *Ananasy v shampanskom* [Piñas en champán, 1915].
[5] En el artículo *Poezovecher Igorya Severianina* (1914).
[6] Cfr. Benedikt Livshits, *Polutoraglazy strelets*, Leningrado 1933, pp. 192-97.
[7] Cfr. Lilya Brik, *Chuzhie stichi*, en «Znamya», 1940, 3.

Khlebnikov, David y Nikolai Burlyuk, Vasily Kamensky, Elena Guro. En principio el grupo se llamó «Gileia», por el antiguo nombre de la religión en torno a Kherson, donde vivían los hermanos Burlyuk. Este nombre clásico, que evoca una ilimitada explanada pululante de rebaños y de tumultos escíticos, ocurrencia de los vientos del Ponto Euxino,[8] se correspondía plenamente con las cadencias épicas de la poesía de Khlebnikov. De este modo, desde el principio, los cubofuturistas, que Khlebnikov quiso rebautizar con una palabra rusa «budetlyany» (de «budu», futuro de «byt»= ser), manifestaron su amor por las civilizaciones remotas, por los asuntos mitológicos.

El catálogo de los héroes de este movimiento se abre con David Burlyuk, de cabeza cuadrada y con orejeras, «padre del futurismo proletario ruso», como él mismo se ha definido,[9] índole tumultuosa e impulsiva, organizador infatigable, siempre en busca de nuevos talentos y genios. Él era, según Aseev, una «mezcla de extraño gusto y de una especie de magma de astros aún no apagados».[10]

Vasily Kamensky, jovial e infantil, había conseguido en 1909 el título de piloto aviador. Con la misma fantasía con la que componía sus extravagantes «poemas en cemento armado» («zhelezobetonnye poemy»), construyó en 1913 el primer «glisseur» ruso, llamado «Rusky aerokhod».

Estrafalario, deslucido, sin blanca, Khlebnikov transcurrió gran parte de su vida vagando por Rusia. Por la costumbre de estar derecho sobre un pie recordaba a un gran pájaro de pantano. Su rostro pensativo era semejante al de Cristo en el desierto pintado por Kramskoy. Cubierto de harapos o de un liso abrigo militar, escribía sus propios versos en un libro maestro y a menudo usaba la funda del gorro como bloc.[11]

---

[8] Cfr. Livshits, *op. cit.*, pp. 29-33.
[9] David Burlyuk, *Entelekhizm: k 20-tiletiyu futurizma-iskusstva proletariata (1909-30)*, Nueva York, 1930.
[10] En el poema *Mayakovsky nachinaetsya* [Mayakovsky comienza, 1939].
[11] Cfr. V. Markov, *O Khlebnikove: popytka apologii i soprotivleniya*, en «Grani», 1954, 22, y Kornely Zelinsky, *Dervish russkoy poezii*, en el artículo *Na velikom rubezhe*, en «Znamya», 1957, 10-12.

Sobre la existencia desorientada, pródiga e inerme de Khlebnikov se difunden más anécdotas que sobre las aventuras de mesón del escritor bohemio Yaroslav Hašek. Deseoso de conocer el Asia soñada desde la infancia, se dirigió a Persia con las tropas rojas después de la Revolución. Y en sus vagabundeos persianos se nutrió de lo que el mar abandonaba en la orilla. Lo llaman «derviche ruso». En Enzeli, habiéndose envuelto en un saco, vendió la camisa y los pantalones para comprarse comida pero, al encontrar a una pobre, le dio todo el dinero que había ganado. La leyenda quiere que en sus últimos días vistiera un pesado abrigo de piel campestre sobre el cuerpo desnudo. Mayakovsky escribió: «En Khlebnikov, que raramente tuvo otra cosa que no fuera un par de calzones (por no hablar de las raciones), el desinterés asumía un carácter de verdadera abnegación, de martirio por la idea política».[12]

Ese vivir suyo de sueños, esta pureza e indiferencia suya por las cosas prácticas en los años terribles de la Revolución le crearon una aureola romántica. «Viajero encantado por la poesía rusa» según las palabras de Kornely Zelinsky, iba como un sonámbulo por el barrio devastado y empobrecido, respirando aire de libertad, de tempestad campesina, sin miedo del hambre o del frío.

Khlebnikov concibió toda una serie de utopías y de invenciones, no menos extrañas de las de los académicos de Lagano en los *Viajes de Gulliver*. Trabajó en la creación de un lenguaje universal y en la búsqueda de correspondencias numéricas entre los acontecimientos históricos; sugirió introducir a los simios en la familia del hombre, otorgándoles derechos de ciudadanía; propuso reservar Islandia como único lugar de guerra y resolver el problema de la alimentación haciendo hervir lagos colmados de peces y transportando después esta sopa, congelada, a diferentes puntos de la tierra. Anheló la transmisión de muestras de arte a distancia y la construcción de una ferrovía alrededor del Himalaya con prolongaciones a Suez y a la península de Malaca; se propuso constituir una sociedad de 317 «Presidentes del Globo Terráqueo» y, recorriendo los proyectos de los constructivistas, imaginó los edificios del futuro como grandes libros de cristal. Las estrafalarias quime-

---

[12] V.V. *Khlebnikov*, en *Polnoe sobranie sochineny*, XII, Moscú 1937, p. 39.

ras de Khlebnikov sirvieron de incentivo al fervor utópico que anima los poemas y las comedias de Mayakovsky.

El debut de Mayakovsky en la escena de la poesía rusa dio vigor y vehemencia al grupo de los «budetliane». Vladimir Vladimirovich nació el 7 de julio de 1893, hijo de un inspector forestal en la aldea georgiana de Bagdadi, no lejos de la antigua ciudad de Kutaísi, en la casita Kuchuchidze, sobre las orillas del río Khanistskali. Su estatura gigantesca parecía modelada sobre la altura de las montañas caucásicas. Él mismo solía imaginarse como una jirafa en los dibujos que improvisaba con la boquilla mojada en la tinta.

En 1906, después de la muerte del padre, se trasladó a Moscú con la madre y las hermanas Olga y Lyudmila. Con sólo catorce años se inscribió en el partido bolchevique, acabando tres veces en la cárcel por actividades clandestinas. Más tarde, después de abandonar el trabajo político, se dedicó a las artes figurativas: en agosto de 1911 fue admitido en el Instituto de pintura, escultura y arquitectura, donde conoció a David Burlyuk.

En la autobiografía Mayakovsky recuerda la noche del 4 de febrero de 1912 como una fecha fundamental para la historia del cubofuturismo:

> Blagorodnoe sobranie. Un concierto. Rachmaninov. *La isla de los muertos*. Escapé del insoportable aburrimiento melodioso. Un minuto después también Burlyuk. Rompimos a reír uno delante del otro. Nos fuimos a callejear juntos…
> Memorable noche. Del aburrimiento de Rachmaninov se pasó al del Instituto, de éste a todo el aburrimiento clásico. En David sentía la indignación de un maestro que había superado a los contemporáneos, en mí el pathos de un socialista convencido de que la morralla se derrumbaría inevitablemente. Nació el futurismo ruso.[13]

El mismo año, una noche de otoño, en la calle Sretensky, Mayakovsky recitó algunos versos suyos ante Burlyuk, diciendo que eran de un conocido:

---

[13] *Ya sam*, en *Polnoe sobranie sochineny*, I, Moscú 1955, p. 19.

David se detuvo. Y después de haberme observado, rugió: «¡Pero estos los ha escrito usted! ¡Pero usted es un poeta genial!» La inmerecida atribución de un epíteto tan grandioso me llenó de alegría. Me lancé enteramente en los versos. Aquella noche de modo completamente inesperado yo me convertí en poeta.[14]

Burlyuk comenzó a presentarlo a los amigos como el «famoso poeta Mayakovsky» y a darle cincuenta kopeks al día, para que pudiera escribir sin inquietudes. En los albores de 1912, en el anuario *Poshchechina obshchestvennomu vkusu* [Bofetada al gusto del público], Mayakovsky, Khlebnikov, Burlyuk y Alexei Kruchenykh presentaron el manifiesto del cubofuturismo, que exhortaba a rechazar a Pushkin, Dostoievsky, Tolstoi y a todo el pasado, proclamando el derecho de los poetas a «aumentar el volumen del diccionario con palabras arbitrarias y derivadas».

A este le siguieron otros anuarios: *Sadok sudei* [El vivero de los jueces II, 1913], *Dokhlaya luna* [La luna desquebrajada, 1913], *Trebnik Troikh* [El Misal de los Tres, 1913], *Rykayushchy Parnas* [El Parnaso rugiente, 1914], *Moloko kobylits* [Leche de yeguas, 1914], mientras las filas del cubofuturismo se llenaban de nuevas figuras fascinantes, como Nikolai Aseev y Boris Pasternak.

3.

Pero aquí nos interesa destacar sobre todo los elementos que daban a las empresas de los cubofuturistas un continuo carácter de espectáculo excéntrico. En el artículo *I nam myaso!* [¡Carne también para nosotros!, 1914] Mayakovsky escribe: «El futurismo es para nosotros, jóvenes poetas, la muleta del torero». Para turbar la conciencia de los burgueses, estos se vistieron con ropas llamativas, se arreglaron con heteróclitas maneras, casi confirmando las teorías de Evreinov sobre la necesidad de hacer de la vida un teatro.

---

[14] *Ibíd.*, p. 20.

En cuanto a Khlebnikov, él ni siquiera necesitó crearse una «máscara». Su jornada terrena fue semejante a la de un actor vagabundo, de un trágico de provincia. Llevaba los jirones de sus manuscritos en la funda de un cojín, como el actor Neschastlivtsev, que en el drama *Les* [La Floresta] de Ostrovsky se lleva en una especie de mochila todas sus cosas: un traje que le ha cosido un judío de Poltava, un sombrero de copa, dos pelucas, una pistola ganada en el juego a un Circasiano de Piatigorsk, un traje de Hamlet ofrecido a Kishinev a cambio de un frac (acto II, escena II).

Representando, en *Zavist* [Envidia], al extravagante soñador Ivan Babichev que da vueltas por las callejuelas de Moscú en bombín, llevando una gran babera con una funda amarilla, Olesha se acordará del cojín de Khlebnikov.

A pesar de la llamativa extravagancia de su vida, Khlebnikov evitaba con timidez las exhibiciones y los escándalos. Raramente los amigos conseguían hacerlo subir sobre una tribuna o un escenario. Por otra parte, recitando sus versos en presencia del público, se detenía en el más bello con un «etcétera», negándose a continuar, o bien estaba pasivo y despistado, en una esquina del escenario, como durante la ceremonia bufonesca que los imaginistas Esenin y Mariengof organizaron en el teatro de Kharkov el 19 de abril de 1920 para consagrarlo «Presidente del Globo Terráqueo».[15]

Si Khlebnikov huía de la multitud como un pájaro asustado, los demás cubofuturistas se sentían por el contrario a gusto en medio de un público aullante y enfurecido. David Burlyuk provocaba a los conservadores, paseando por Moscú con las mejillas pintadas, el monóculo, el sombrero de copa, y con chalecos vistosos sobre el vientre robusto. El poeta Benedikt Livshits había elegido como adorno la gorguera rizada de Pierrot. Larionov y Goncharova paseaban con el rostro adornado de arabescos.

Mayakovsky vistió durante muchos años una blusa de pana amarillo-naranja de anchas rayas negras, a su vez similar a una casaca de jinete y a la blusa de los obreros parisinos en la época del naturalismo. Su color recordaba las azaleas amarillas, que res-

---

[15] Cfr. A. Mariengof, *Roman bez vranya*, Leningrado, 1927, pp. 79-82.

plandecían al sol sobre los montes de Bagdadi y las cortinas, las telas, los adornos georgianos. «El amarillo —escribió Lyudmila Mayakovskaya— fue desde la infancia nuestro color preferido: simbolizaba para nosotros la Georgia asolada.»[16]

Del origen de esta blusa Mayakovsky cuenta:

> Es una forma segura adornarse con corbata. No había dinero. Tomé de mi hermana un pedazo de cinta amarilla. Me lo envolví en el cuello. Furor. Por lo tanto lo más conspicuo y bello en el hombre es la corbata. Evidentemente, si aumentas la corbata, aumenta también el furor. Y puesto que las dimensiones de las corbatas son limitadas, yo recurrí a una astucia: hice de la corbata una camisa y de la camisa una corbata. Efecto irresistible.[17]

Vasily Kamensky recuerda de este modo en sus memorias la primera aparición en público de los cubofuturistas camuflados:

> Burlyuk tenía una levita de cuello adornado con telas variopintas, un chaleco amarillo con botoncitos de plata y el sombrero de copa.
> Mi vestido parisino de color cacao estaba adornado con brocato de oro. Yo también tenía en la cabeza el sombrero de copa.
> Con el lápiz del maquillaje Mayakovsky dibujó sobre mi frente un aeroplano y sobre una de las mejillas de Burlyuk un perrito con la cola levantada.
> Teníamos un aspecto de mascarada, extraordinariamente pintoresco...
> A las doce en punto, cada uno con una cuchara de madera en el ojal, nos presentamos en el Kuznetsky most.
> Caminando con distinción lentamente, con absoluta seriedad, comenzamos a recitar de golpe, uno después de otro, nuestros versos.
> Rígidos, austeros. Sin sonreír.[18]

---

[16] L.V. Mayakovskaya, *Perezhitoe*, Tiblisi, 1957, p. 91.
[17] *Ya sam*, cit., p. 21.
[18] Vasily Kamensky, *Zhizn c Mayakovskim*, Moscú, 1940, pp. 20-21.

La gente los tomó por domadores de circo o por campeones de lucha francesa o incluso por indios de América. Ataviados de este modo, reaparecían cada día en la Tverskaya o en el Kuznetsky, en los cabarets y en los teatros, suscitando estupor, hilaridad y trasiego.

Por lo demás semejantes disfraces no son raros en los anales de la vanguardia: piénsese en los dadaístas o en los pintores de la Bauhaus que, despreciando las indumentarias acostumbradas, adoptaron durante algún tiempo un uniforme suyo, el «Bauhaus-Tracht», constituido por una casaca rusa y por pantalones de embudo, que los hacían semejantes a las figuras del *Triadisches Ballett* de Schlemmer.[19]

Mayakovsky llevaba la blusa amarilla con una elegancia singular. Y si además de la blusa llamativa se le ocurría ponerse el abrigo y el sombrero de copa resplandeciente, no era demasiado diferente del «rey de la pantalla» Max Linder, que en noviembre de 1913 se exhibió en San Petersburgo en el número *Amor y Tango*.[20] Por otra parte este vestido era perfecto para las poses melodramáticas de arrogante y de sensacionalista que él asumía en aquella época:

> Yo soy un impudente, cuyo supremo deleite es irrumpir con la blusa amarilla en un consenso de personas que noblemente conservan bajo dignas levitas, fracs y chaquetas la modestia y el decoro.
> Yo soy un cínico al que le basta una única mirada, para que en el vestido de los que ha mirado permanezcan durante largo tiempo grandes manchas de grasa tan grandes como un plato de dulces.
> Yo soy un cochero que vale la pena admitir en un recibimiento, para que las palabrotas de su oficio poco apropiado para la dialéctica de los salones envuelvan el aire como golpes de hachas pesadas.
> Yo soy un gritón que día a día deshoja febrilmente los periódicos con la esperanza de encontrar en ellos su propio nombre...[21]

---

[19] Cfr. Lothar Schreyer, *Erinnerungen an Sturm und Bauhaus*, Munich, 1956, pp. 193-94.
[20] Cfr. Livshits, *op. cit.*, pp. 179-80.
[21] En el artículo *O raznykh Mayakovskikh* [De los diferentes Mayakovsky, 1915].

La desmedida insolencia en Mayakovsky concierta siempre con una vitalidad exuberante, con una guerrera gallardía, como si el oficio de poeta fuera una continua prueba de fuerza. «Desde ahora en adelante —dice en el artículo *Teper k Amerikam!* [¡Y ahora a las Américas!, 1914]— os mostraremos cotidianamente que bajo las blusas amarillas de payasos había cuerpos de atletas robustos...».

A partir de los testimonios de los contemporáneos su figura sale a la luz de hecho como una mezcla de atlético y de bufonesco. Korney Chukovsky lo define: «Isaías con máscara de apache»[22] y Bagritsky: «toro enfurecido con el sombrero de copa resplandeciente», «sportsman universal con el vestido naranja», «divino sibarita con el cuerpo de bronce», «caudillo de ciudad que aúlla rabiosamente al Sol».[23] A Aseev le parece como un «enorme, terco Sansón rapado».[24] Para Marina Tsvetaeva es por el contrario un «arcángel carretero»[25] y para el lírico bohemio Vítezslav Nezval un «atleta con una agilidad de antílope».[26]

En las fotografías y en los versos del periodo futurista Mayakovsky hace la mueca de un «apache», de un gamberro caballero que pelea con los potentes, para defender a los miserables y a los afligidos. Con su actitud arrogante y con su blusa a rayas parece imitar a los héroes desdeñosos y tenebrosos de las películas por capítulos, de los dramas cinematográficos de entonces. Estamos convencidos de que la «máscara» de Mayakovsky futurista se ha formado bajo la influencia del cine.

---

[22] K.I. Churlovsky, *Futuristy*, San Petersburgo, 1922, p. 71.
[23] En la poesía *Gimn Mayakovskomu* [Himno a Mayakovsky, 1915].
[24] En el poema *Mayakovsky nachinaetsya*, ya citado.
[25] En la poesía *Vladimiru Mayakovskomu* [A Vladimir Mayakovsky, septiembre de 1921] de la antología *Remeslo* [El oficio, 1923].
[26] En la poesía *Mayakovsky v Praze* [Mayakovsky en Praga] de la antología *Skleneny havelok* [La capa de cristal, 1932]. Cfr. también V. Nezval, *Poesías modernas*, Praga, 1958, pp. 34-42.

4.

Los «budetliane» tenían el gusto por la exhibición teatral. La historia de este movimiento es de hecho una serie de veladas hilarantes, de ruidosos debates, de actuaciones que culminan en bronca. El teatro de los cubofuturistas no se debe buscar solamente en los textos dramáticos, sino también en sus espectáculos tramados de extravagancias, de jaleos, de discusiones con el público.

Recordaremos por ejemplo la «Primera velada en Rusia de los creadores de palabras», que se celebró en Moscú el 13 de octubre de 1913.[27] Sobre el fondo de pantallas dibujadas por Lev Zhegin, Kasimir Malevich, Vasily Chekrygin, David Burlyuk, el poeta Kruchenykh balbuceó un parlamento suyo desconectado, salpicando un vaso de té caliente sobre las primeras filas, Nikolai Burlyuk leyó una lección del hermano David (que estaba ausente) con el título *Doitely iznurennykh zhab* [Ordeñadores de sapos extenuados] y Mayakovsky pronunció la conferencia *Perchatka* [El guante], un «guante» de seis dedos, que resumen como atracciones de circo todos sus motivos de aquella época:

1) El gusto corriente y los resortes del lenguaje.
2) Aspectos de las ciudades en las pupilas de los creadores de palabras.
3) Berceuse ejecutada por una orquesta de vierteaguas.
4) Egipcios y griegos que acarician gatas negras secas.[28]
5) Arrugas de grasa en las butacas.
6) Variopintos harapos de nuestras almas.

---

[27] Cfr. Livshits, *op. cit.*, pp. 168-74; Kamensky, *op. cit.*, pp. 25-26; y V. Katanyan, *Mayakovsky: Literaturnaya khronika* (3ª edición), Moscú, 1956, p. 52.

[28] La explicación de esta ocurrencia se lee en el artículo de Mayakovsky, *Bez belykh flagov* [Sin banderas blancas, 1914]: «Acariciando gatas negras y secas, Egipcios y Griegos podían también ellos obtener la chispa eléctrica, pero nosotros no le cantamos un canto de gloria a ellos sino a los que dieron ojos brillantes a las cabezas ahorcadas de los faroles e infundieron la fuerza de mil brazos a los arquitos zumbantes de los tranvías». Volveremos a encontrar el mismo motivo en el primer trabajo dramático del poeta.

No menos curiosa fue la velada del 19 de octubre de 1913 para la apertura del cabaret futurista «Rozovy fonar» [La farola rosa] en Moscú, durante la cual Mayakovsky pronunció los versos punzantes de *Nate!* [¡Aquí están!], irritando a los espectadores burgueses,[29] o la del 11 de febrero de 1915 en el cabaret «Brodyachaya sobaka» [El perro vagabundo] de San Petersburgo, en el que suscitó estrépito y protestas con la mordaz poesía *Vam!* [¡A vosotros!], que marcaba con fuego a los especuladores de guerra.[30]

Desde diciembre de 1913 a marzo de 1914 Mayakovsky, Kamensky y David Burlyuk realizaron una larga gira, recitando versos y pronunciando conferencias con proyecciones.[31] Kharkov, Sinferopol, Kerch, Odessa, Kishnev, Nikolaev, Kazan, Saratov, Tiflis y otras ciudades de provincia pudieron de este modo conocer a los animosos futuristas, de los cuales la prensa de Moscú y San Petersburgo narraba historias inauditas.

Severianin, que se había unido a ellos en Crimea con su imitador Vadim Bayan, después de haber discutido con Mayakovsky, abandonó de repente la brigada. Este litigio hizo aún más sarcástico el viejo contraste entre los dos poetas: Severianin atacó a Mayakovsky y Burlyuk en dos poesías de la antología *Victoria Regia* (1915), y Mayakovsky se burló de su rival en un pasaje del poema *Oblako v shtanakh* [La nube en calzones]:

¿Cómo os atrevéis a llamarme poeta
y, mediocre, gañir como una perdiz pardilla?
¡Hoy
es necesario,
a modo de rompecabezas,
clavarse en el cráneo del mundo!

(vv. 404-9)

---

[29] Cfr. Katanyan, *op. cit.*, pp. 52-53.
[30] Cfr. Kamensky, *op. cit.*, pp. 148-51, y Katanyan, *op. cit.*, pp. 72-74.
[31] Cfr. N. Khardzhev, *Turne kubo-futuristov 1913-14 gg.*, en *Mayakovsky: Materialy i issledovaniya*, Moscú, 1940, y Katanyan, *op. cit.*, p. 58.

5.

A principios de 1914, mientras Mayakovsky y sus amigos continuaban su gira, llegó a Rusia Marinetti.[32] Éste pronunció tres conferencias en Moscú (27 y 28 de enero, 13 de febrero) y dos en San Petersburgo (1 y 4 de febrero). Algún día antes de su llegada, el pintor Mikhail Larionov declaró a un periódico de Moscú que era necesario acogerlo con huevos podridos, porque había traicionado los principios promulgados por él mismo.

Los «budetliane» estaban celosos de su propia independencia. Y en realidad, si se excluye quizás la influencia de ciertos cuadros de Boccioni, como *Fuerzas de una calle*, en las líricas en las que Mayakovsky dibuja tortuosos y convulsionados retratos de ciudades modernas, hay, en poesía y en pintura, escasas analogías de relieve entre el futurismo ruso y el italiano. Toda entretejida de motivos primordiales y asiáticos, e inmersa siempre en un clima de paganismo eslavo, la escritura de Khlebnikov y de Kamensky está en abierto contraste con las páginas de los futuristas italianos. Las tenaces excavaciones en los subterráneos del lenguaje, la aversión por la guerra y por las fantasías imperialistas, el acento de revuelta social y el colorismo descarado de las imágenes daban un carácter muy original a la creación de los cubofuturistas. Las fórmulas explosivas de Marinetti no encontraron seguidores entre los poetas rusos, mientras sus manifiestos sobre el teatro tuvieron una grandísima reputación entre los directores de vanguardia después de la Revolución.

Cuando Marinetti llegó a Moscú, pocos futuristas le rindieron homenaje: en la estación estaba sólo Shershenevich, más tarde líder del imaginismo. Cuando llegó a Rusia como un general de visita a una avanzadilla remota, con la certeza de encontrar grupos de acólitos, no tuvo contactos con aquel pelotón reacio, pero fue arrollado por la multitud entusiasta y amanerada de los recibimientos y de los banquetes, que se apasionaba por sus gestos oradores, por su ingenio polémico, sin prestar fe alguna a los estribillos del futurismo.

---

[32] Cfr. Livshits, *op. cit.*, pp. 211-33, y Kamensky, *op. cit.*, pp. 112-18.

En San Petersburgo Khlebnikov y Livshits, encolerizados contra el gran mundo que le tributaba enfáticos honores, redactaron una orgullosa proclama, para reafirmar la absoluta autonomía de su movimiento:

> Hoy otros indígenas y la colonia italiana sobre el Neva por consideraciones personales caen a los pies de Marinetti, traicionando el primer paso del arte ruso hacia la libertad y el honor, y obligan a Asia a inclinar su noble cuello bajo el yugo de Europa.
> Aquellos que no deseen someterse serán plácidos observadores de la oscura empresa, como en los días ignominiosos de Vehaeren y Max Linder.[33]
> Los hombres de voluntad han permanecido aparte. Ellos recuerdan la ley de la hospitalidad, pero su arco está tendido, y la frente arrugada.
> Extranjero, recuerda a qué país has llegado.
> Los encajes del servilismo sobre los carneros de la hospitalidad.[34]

La tarde del 1 de febrero, mientras Marinetti se aprestaba a hablar, Khlebnikov irrumpió, pálido y jadeante, en la sala llena y se puso a distribuir con gran prisa la declaración, pero el pintor Nikolai Kulbin, que había organizado la conferencia, le saltó encima furioso, arrancando las octavillas.

En Moscú, el 13 de febrero, en la «Sociedad de libre estética», Marinetti, que en la fantasía de Khlebnikov se había transformado en una especie de Chichikov contrabandista, tachó de salvajes a los cubofuturistas, dando de este modo nuevos pretextos a las injurias de los detractores.

Burlyuk y Mayakovsky, de nuevo en Moscú durante algunos días, intervinieron en la conferencia e intentaron tomar la palabra,

---

[33] Verhaeren había estado en Rusia poco después de Max Linder, en noviembre de 1913. Cfr. Livshic, *op. cit.*, pp. 180-83.
[34] Esta frase es una reminiscencia de aquel punto de las *Almas Muertas* en las que Gogol, narrando las intrigas de Chichikov como funcionario de aduana, cita el contrabando a través de la frontera de encajes de Holanda escondidos en las pieles de los carneros (parte I, cap. XI).

pero se les impidió con el pretexto de que era necesario expresarse en francés. Aquella tarde Burlyuk ostentaba «una redingote de poeta del Sínodo y el monóculo; su rostro estaba pintado con tinta china: sobre la mejilla izquierda el perfil de un camello, obra de Sarian, y sobre la derecha misteriosos signos cabalísticos, semejantes a crustáceos».[35]

La polémica con Marinetti, los disfraces y los espectáculos acrecentaron la popularidad del futurismo, que en breve se convirtió en la diana preferida de los periódicos humorísticos y penetró en la literatura de apéndice y en el cine. Florecieron decenas de imitadores provinciales y apareció incluso un «futurista de la vida», el Maciste ruso V. Goldschmidt, atleta y nadador de dinamismo muscular digno de un cuadro de Boccioni.

«El futurista de la vida —escribe Kamensky— era en realidad desesperadamente audaz. Se lanzaba, por ejemplo, en el mar de cabeza, como una golondrina, desde una altísima roca, gritando: ¡Viva Vladimir Mayakovsky!»[36] Como los demás futuristas, también él se mostró en la pantalla, mostrando en la mediocre película *Knyazhna Larisa* [La princesita Larissa, 1917][37] las vigorosas «líneas-fuerzas» de sus bíceps.

6.

Las payasadas, las conferencias y los debates resaltaron las dotes dramáticas de Mayakovsky. Dominaba al público con su altura desmesurada, el ardor de los gestos y el tonante metal de la voz.

Recordando las veladas en el cabaret «Brodyachaya sobaka» de San Petersburgo, Mgebrov anota: «La pesada y enorme figura de Mayakovsky infundía temor entonces a todos; él pronunciaba sus versos con una voz a la que muchos tenían miedo por lo semejante

---

[35] Kamensky, *op. cit.*, p. 116.
[36] Kamensky, *op. cit.*, p. 186.
[37] Cfr. Ven. Vishnevsky, *Khudozhestvennye filmy do revolyutsionnoi Rossii*, Moscú, 1945, p. 130 (n. 1575).

que era a la antigua tromba de Jericó».[38] Y Pasternak, en *Okhrannaya gramota* [El salvoconducto, 1931, p. 96], describiendo sus virtudes vocales y mímicas: «Aquella *e* arruinada[39] que sustituía a la *a*, ondulando como una plancha su dicción, era una característica de actor... En lugar de declamar cada parte por separado, recitaba todo su repertorio de una vez, y más que personalizar cada parte, arriesgaba su vida».

Sus apariciones eran siempre espectáculos. De repente como un actor, entablaba con el escenario discusiones chispeantes de ocurrencias y de juegos de palabras. Cada velada asumía para él el carácter de un desafío al público y al cosmos, pero a la vez el de un arrepentimiento, de un delirio. En su ansia de hipérboles acogía el griterío y las injurias de los espectadores como las flechas de un suplicio, como los clavos de una crucifixión:

> Lo que me hizo subir sobre los Gólgota de los auditores
> de San Petersburgo, de Moscú, de Odessa, de Kiev
> y no hubo uno solo
> que
> no gritara:
> «¡Crucifícalo,
> crucifícalo!».[40]

Su misma poesía, alternando lo trágico y lo burlesco, en la búsqueda de efectos, en los diálogos con los personajes, en la mezcla de gestos, preguntas, exclamaciones, manifiesta una fuerte sustancia dramática. Quien quisiera recomponer el retrato de actor de Mayakovsky, encontraría los detalles en los versos que hablan de su profunda voz:

> Yo me coseré pantalones negros
> con la pana de mi voz.
> Y una blusa amarilla de cinco metros de sol.[41]

---

[38] A.A. Mgebrov, *Zhizn v teatre*, II, Moscú-Leningrado, 1932, p. 238.
[39] La «*e* al revés» («*e* oborotnoe») es una letra del alfabeto ruso.
[40] *Oblako v shtanakh*, vv. 329-35.
[41] *Kofta fata* [La blusa del lechuguino], vv. 1-3.

O aluden a la potencia ensombrecedora de su figura desmesurada:

¿En qué noche
delirante,
enfermiza,
de cuáles Golia fui concebido,
tan grande
y tan inútil?[42]

En consonancia con la estatura del poeta en la poesía de Mayakovsky cada cosa se dilata en proporciones descomunales, «No hay granito de polvo —afirma Chukovsky— que él no sepa cambiar en un Ararat. En sus versos Mayakovsky se sirve de grandezas que nuestros poetas no habían soñado nunca. Diríase que él está eternamente delante del telescopio».[43]

Levantándose cara a cara con el universo, Mayakovsky se mueve en un escenario planetario, y también cuando se comporta como un apóstol de la humanidad sufriente, cuando hurga en el subsuelo de la ciudad moderna, su grito rebota siempre más allá de los confines terrestres, en la inmensidad del espacio.

La fragorosa desfachatez tiene sin embargo su revés en un sentido de soledad, de irritación nerviosa, de pérdida. La desvergüenza es por momentos dañada por notas lúgubres y desgarradoras. El primer Mayakovsky pasa de los enfados soberbios a los estremecimientos de un negro desaliento. Es verdad que su desesperación a menudo se cubre de un humor que imita las argucias de los poetas de la revista «Satirikon» y sobre todo de Sasha Cherny, el cual fue muy conocido antes de la Revolución.[44] Pero también aquel humor es una rotura tormentosa, una mueca ardiente.

---

[42] *Sebe, lyubimomu, posvyashchaet eti stroki avtor* [El autor dedica estas líneas a sí mismo que tanto se ama], vv. 52-57.
[43] Chukovsky, *op. cit.*, p. 65.
[44] Cfr. V. Trenin y N. Khardzhev, *Mayakovsky i satirikonskaya poeziya*, en «Literaturny Kritik», 1934, 4; V. Shklovsky, *O Mayakovskom*, Moscú, 1940, pp. 33-36, e I. Eventov, *Mayakovsky-satirik*, Leningrado, 1941. En la autobio-

La poesía futurista de Mayakovsky nos vuelve a conducir a Dostoievsky, no sólo por la triste semántica de sus paisajes de ciudad, que recuerdan a las sórdidas callejuelas, las tabernas enmohecidas, los tugurios de aquel escritor, sino también por los temblores de histerismo que encrespan sus versos. No por casualidad Pasternak hace decir a Zhivago (VI, 4) que la obra de Mayakovsky parece dictada por uno de los personajes más inquietos de Dostoievsky, como Raskolnikov o el protagonista de *El Adolescente*.

Lo que más encanta en las líricas juveniles de Mayakovsky es la vertiginosa agitación de las imágenes semejantes a números excéntricos, a trucos de malabarista. Sus estrofas están hinchadas de metáforas, que se acumulan como los haces de luz en los cuadros de los futuristas, multiplicándose de modo desordenado y convulso. Él aparece ante nosotros en sus versos gigantesco y ansioso, arrastrándose detrás de pelotones de imágenes, como Gulliver las naves de Blefuscu por el agua. «Muchas veces —dice Olesha— me he ceñido a enumerar las metáforas de Mayakovsky. Y siempre he abandonado al principio la empresa, convencido de que habría sido necesario transcribir casi todos sus versos».[45]

Con inquietud febril Mayakovsky desune los objetos de su posición acostumbrada. Las cosas más pesadas, inmóviles desde hace siglos, levantan el vuelo como locas. Su obra es un incesante jaleo de herramientas que se deslizan y se entremezclan con un amenazador brinco.

Sacudidos por choques y contorsiones, los versos parecen curvarse a causa de un espasmo. En la mímica agitada de los objetos, que voltean desde el suelo, en el dinamismo irrefrenable de las imágenes que se lanzan con llamaradas de colores, es reconocible la influencia de la nueva pintura.

---

grafía Mayakovsky escribe: «Poeta admirado Sasha Cherny. Pero me alegraba su antiestetismo» («*Polnoe sobranie sochineny*, I, Moscú, 1955, p. 19).

[45] Yury Olesha, *Izbrannye sochineniya*, Moscú, 1956, p. 448.

7.

Como ya hemos dicho, David Burlyuk y Mayakovsky se habían conocido en el Instituto de pintura, escultura y arquitectura de Moscú, del cual fueron expulsados el 21 de febrero de 1914, mientras se encontraban de gira. Pero Burlyuk participaba desde 1907 en las reseñas de arte moderno, y Mayakovsky en 1910 había seguido cursos de diseño en los estudios de S. Zhukovsky y P. Kelin. En pintura se interesaban también Kruchenykh, Kamensky, Khlebnikov, Zdanevich. Y viceversa: muchos pintores futuristas, como P. Filonov, K. Malevich, V. Chekrygin, O. Rozanova, compusieron poesías.[46]

La cultura rusa en aquellos años se consumía por el ansia de tener detrás a las nuevas tendencias del arte europeo. En 1908 y 1909, por impulso de Larionov, la revista *Zolotoe runo* [El velo de oro] organizó en Moscú dos memorables exposiciones, en las que aparecieron telas de Cézanne, Matisse, Van Gogh, Derain, Rouault, Vlaminck, Van Dongen, Braque. Los mecenas Morozov y Shchukin adquirían con avidez dibujos de artistas occidentales y la joven pintura francesa era casi más conocida en Moscú que en París.[47]

Los pintores rusos de vanguardia se agruparon al principio en dos grupos: la «Soyuz molodezhi» [Unión de la juventud] de San Petersburgo (P. Filonov, O. Rozanova, I. Shkolnik, etc.), cuya primera exposición se remonta a marzo de 1910, y «Bubnovy valet» [Sota de diamantes] de Moscú (David Burlyuk, Ilya Mashkov, Nikolai Kulbin, Robert Falk, Peter Konchalovsky, Aristarkh Lentulov, Alexandra Exter, etc.), que tuvo su primera exposición en diciembre del mismo año. Más tarde algunos disidentes (M. Larionov, N. Goncharova, K. Malevich, V. Tatlin, V. Bart, M. Chagall, etc.) después de separarse de «Bubnovy valet», dieron vida a un tercer grupo, «Osliny khvost», [Cola de burro], que expuso por primera vez en marzo de 1912.

---

[46] Cfr. N. Khardzhev, *Mayakovsky i zhivopis*, en *Mayakovsky: Materialy i issledovaniya*, Moscú, 1940.
[47] Cfr. Werner Haftmann, *Malerei im 20. Jahrhundert*, Munich, 1954, p. 265.

Las diferencias entre estas dos facciones, que llevaron una contra otra a una encarnizada polémica, eran en el fondo inconsistentes: los afiliados de «Bubnovy valet» se inspiraban en los ejemplos franceses, mientras que los de «Osliny khvost» apuntaban a una fusión de la experiencia occidental con el gusto de los primitivos y con el arte popular ruso. Testimonian sobre todo el carácter de «Osliny khvost» los cuadros de Goncharova y de Malevich, que se inspiraban entonces en motivos campesinos, dibujando en clave cubista escenas y figuras de vida rural, segadores y mujercitas con cubos y rastrillos, los trabajos de los campos, la cosecha del lúpulo, de la miel, de los girasoles, del centeno.

A la exactitud documental de los «peredvizhniki» y al manierismo decorativo de «Mir iskusstva» [El mundo del arte] los seguidores de estos tres grupos opusieron una pintura espesa y angulosa, sensible a los volúmenes y a la solidez de los objetos y, a diferencia del cubismo occidental, saturada de colores alegres. La descomposición plástica de los cubistas que, aun fragmentando las formas en facetas cristalinas conservaban el equilibrio espacial, se armonizó en muchos de sus dibujos con los estímulos cinéticos y las tensiones rítmicas del futurismo.

Pero aquí nos interesa destacar la pasión de los pintores cubo-futuristas por el arte de los «naïfs» y de los primitivos. En aquellos años Derain y Picasso habían descubierto el encanto de las esculturas negras, Josef Čapek se apasionaba por las máscaras y por los amuletos de los salvajes, Kirchner se extasiaba en el Museo Etnográfico de Dresde delante de las figuras talladas por los isleños de las islas Palau. Del mismo modo los pintores rusos se entusiasmaban por los iconos y los emblemas de viejas tiendas, por los utensilios y los juguetes populares, por las estatuas de piedra de las estepas (las «kamennye baby») y sobre todo por las rudas estampas (las «lubochnye kartinki»), que ilustraban con candor alegre novelas caballerescas, aventuras de héroes fabulosos, episodios de los evangelios apócrifos.

David Burlyuk coleccionaba insignias.[48] No hay cuadro de Larionov o de Goncharova en el que no se advierta la influencia del

---

[48] Cfr. Livshits, *op. cit.*, p 44.

«lubok» y de los iconos.⁴⁹ En una carta suya Goncharova escribía: «El cubismo es una cosa bella, aunque no del todo nueva. Las estatuas de piedra escíticas, las muñecas rusas de madera dibujada, que se venden en las ferias, están hechas a la manera del cubismo».⁵⁰ Y Mayakovsky, en el artículo *Rossiya. Iskusstvo. My* [Rusia. El arte. Nosotros] de 1914, afirmaba: «...una pléyade de jóvenes artistas rusos —Goncharova, Burlyuk, Larionov, Mashkov, Lentulov y otros— ya ha comenzado a resucitar la auténtica pintura rusa, la simple belleza de los arcos sobre los arreos, de las insignias, los antiguos iconos de artistas desconocidos, no menos conocidos que Leonardo o Rafael».

Gran parte de estos pintores se embriagaba de Asia y del arte oriental. En el llamamiento *Luchisty i budushchniki* [Rayonistas y futuristas], que apareció en 1913 sobre el almanaque *Osliny khvost i Mishen* [Cola de burro y La diana], suscrito por Larionov, Goncharova y otros, se lee: «¡Viva el bellísimo Oriente! Nosotros nos asociamos a los artistas orientales contemporáneos por un trabajo común».

La exposición «Mishen» [La diana], organizada en Moscú por Larionov (24 de marzo-7 de abril de 1913), presentó junto a los iconos y a los grabados populares, también cerámicas y tallados orientales. En aquella reseña se vieron por primera vez algunos cuadros del pintor georgiano Niko Pirosmanishvili, descubierto por el futurista Ilya Zdanevich. Autodidacta, Pirosmanishvili pintaba por un cuarto de vino emblemas, paisajes, retratos de vendedores ambulantes sobre pedazos de tela plastificada o sobre folios de plancha y adornaba con sus colores resplandecientes los «duchany», los fisgones, donde le daban asilo. Mayakovsky apreció el arte de este «kinto» (vendedor ambulante), cuya biografía de vagabundo miserable y desafortunado recuerda la de Khlebnikov.⁵¹

---

49 Cfr. Viktor Shklovsky, *O Mayakovskom*, Moscú, 1940, p. 20.
50 Cfr. Eli Eganbyuri (Ilya Zdanevich), *Nataliya Goncharova - Mikhail Larionov*, Moscú, 1913, p. 18.
51 Cfr. Nik. Verzhbitsky, *Vstrechi s Sergeem Eseninym*, en «Zvezda», 1958, 2.

8.

En una declaración de 1922 Khlebnikov afirmó: «Nosotros queremos que la palabra siga audazmente las huellas de la pintura».[52] Y más tarde, en 1921, en un poemilla dedicado a Burlyuk, recordando los inicios del movimiento, escribió:

> La extraña fractura de mundos pictóricos
> que presagiadora de libertad, liberación de las cadenas.

De hecho los cubofuturistas construyeron las propias líricas como fusiones cromáticas y relaciones de volúmenes. Por la rudeza escamosa del verso, por la superposición de planos semánticos opuestos, por la dureza tangible de los objetos, que parecen agujerear con aristas agudas el tejido verbal, las páginas de estos poetas derivan plenamente de la nueva pintura. La poesía ya no es un espejo de destelleantes reflejos, un descenso alisado, como en la época del simbolismo, sino una áspera secuela de torsiones y de derrumbamientos.

Muchos elementos del léxico, en sus estrofas, son tomados del repertorio de los pintores cubistas. Piénsese en las letras del alfabeto, que Mayakovsky introduce en los versos como marionetas sonoras y Khlebnikov hace incluso recitar en la tragicomedia *Zangezi*, o bien en las insignias, que en Mayakovsky se repiten con una frecuencia obsesiva.

Blok, en la lírica *Neznakomka* [La Desconocida] de 1906, había detenido la mirada sobre el pequeño cartel de una panadería». Pero la obra de Mayakovsky es un emporio variopinto de insignias y de letras, que brincan torvas en torno al poeta:

> ¡Leed libros de hierro!
> Bajo la flauta de una carta dorada
> treparán farras ahumadas
> y nabos de rizos de oro.[53]

---

[52] Velimir Khlebnikov, *Neizdannye proizvedeniya*, a cargo de N. Khardzhev y T. Grits, Moscú, 1940, p. 334.
[53] *Vyveskam* [A las insignias, 1913], vv. 1-4.

Sus versos muestran a la perfección la efímera euforia de los objetos desencadenados por el cataclismo geométrico de la nueva pintura:

> La ciudad se turbó de repente.
> Un borracho subió sobre los pelos.
> Las insignias abrieron de par abatimiento.
> Escupían
> a veces «O»
> otras «S».
> Y allá arriba,
> donde la oscuridad sollozaba
> y la ciudad
> estaba en vilo asustada,
> se comprobó
> que la «O» se había desinflado
> y suscitaba desprecio la dócil «S».[54]

Moscú nocturna surge en el primer Mayakovsky como un delirante hormigueo de carteles y de objetos animados bajo los destellos de luz de los automóviles y en los oblicuos reverberos de los faroles.

Para acercarse mejor a la sustancia de la pintura, los poetas cubofuturistas se sirvieron también de astucias gráficas, experimentando con los «caligramas» o disecando las palabras en partículas fonéticas. Las antologías de Kamensky *Tango s korovami* [Tango con vacas] y *Nagoi sredi odetykh* [Desnudo entre gente vestida] de 1914 son editadas con intenciones pictóricas en papel pintado de forma pentagonal. Muchos cubofuturistas publicaron sus propios versos como manuscritos litografiados, en los que los borrones y las manchas tenían una función exhortativa.

Estos poetas compartieron con los pintores también la tendencia hacia los temas arcaicos y primordiales. Muchos de ellos despreciaban la cultura contemporánea, ensalzando la edad de piedra, las costumbres trogloditas, las pinturas de las cavernas. En la declaración *Slovo kak takovoe* [La palabra como tal, 1913] Kru-

---

[54] *V auto* [En auto, 1913], vv. 10-22.

chenykh y Khlebnikov escribieron: «Nosotros pensamos que una lengua tiene que ser ante todo una *lengua* y se tiene que recordar algo así como una sierra o la flecha envenenada de un salvaje».

Enardeciéndose por las formas de vida y las gestas de los primitivos, Khlebnikov cantaba a Oriente, Asia, a los «ushkuiniki»,[55] a los númenes, a los demonios eslavos, a las revueltas campesinas de *Stenka Razin* y de Pugachev y a los túmulos escíticos:

> Oh, con los pelos de los ríos turcos
> Asia me recubrió las rodillas...

En un poema de 1912 Khlebnikov imagina que Venus desnuda se traslada a la tundra siberiana, dentro de la cueva de un rudo brujo mongol. Toda su creación es una fuga huraña de los vínculos de nuestra civilización hacia la libre amplitud de las épocas prehistóricas. También cuando fantasea sobre el futuro, Khlebnikov no puede prescindir de introducir en las utopías referencias entusiastas a los primitivos.

Quien se encamina por la selva caótica de sus páginas, tiene la impresión de encontrarse en un mundo mágico de tótems y de fetiches. Él adoraba, por ejemplo, el caballo, e hizo de él el personaje central de numerosas poesías. En sus memorias el poeta Dimitri Petrovsky cuenta:

> La cabeza noble y valiente del caballo aparecía continuamente ante los ojos de Khlebnikov como símbolo y emblema del hombre de nuestras llanuras. Las chimeneas talladas en forma de nucas equinas, las proas en forma de cabeza de caballo sobre los manguitos de los «ushukuiniki» del Volga, el «caballito jorobado»[56] los corceles de las fábulas eran su fijación.[57]

---

[55] Bandoleros de la antigua Rusia que recorrían los ríos sobre grandes barcas llamadas «ushkui».
[56] «Caballito jorobado» («konek-gorbunok»): pequeño corcel alado, presente en un famoso poema fabuloso de Petr Ershov.
[57] Dm. Petrovsky, *Vospominaniya o Velemire Khlebnikove*, en «LEF», 1923, I.

Por otra parte el ingenuo trazo de las figuras, la gracilidad de las construcciones y las continuas desbandadas rítmicas y conceptuales daban a las letras de Khlebnikov un aire infantil, que corresponde al primitivismo de «lubok» de Larionov y de Goncharova. No por casualidad algunas de sus recopilaciones fueron ilustradas por estos pintores.

El gusto por lo primordial, que en Mayakovsky es latente bajo los temas exasperados de la ciudad moderna, triunfa en la escritura exuberante de Vasily Kamensky, propenso también él como Khlebnikov a los motivos asiáticos y a los idilios paganos. Llena de clangores y deslumbramientos alegres, la poesía de Kamensky parece brotar de la fantasía de un niño. Dice Chukovsky: «Cuando leí por primera vez sus cantos, me pareció que en el cielo hubiera arco iris y sobre las calles banderas. Sus palabras son polícromas como huevos de Pascua».[58]

Hoy, aunque paralítico, Kamensky dibuja alegres pinturas que representan con el estilo infantil de su poesía de entonces playas, naves, barcas, cazadores, aeroplanos, patos entre cañaverales. Y con optimismo desgarrador afirma tener todavía veinte años.

9.

Modelándose en la pintura, la poesía adquirió una rugosa concreción. El verso, que con los simbolistas había sido un reclamo de briznas luminosas, una agitación sin contornos, se desprendió de su inercia melódica y, enriqueciéndose de elementos mímicos, de asperezas acústicas, se hizo nudoso, desigual, como una superficie remendada. Los nuevos poetas opusieron las consonantes fricativas trenzadas y los fonemas chillones de ásperas aliteraciones al vocalismo y a las consonantes líquidas de los simbolistas. Las palabras, que permanecían antes sumergidas en el fluir del canto, se hicieron casi tangibles, sobresaliendo como escollos en el cauce de un río seco.

---

[58] Chukovsky, *op. cit.*, p. 34.

A fuerza de contrastar y descomponer las palabras, los cubofuturistas alcanzaron el llamado lenguaje transmental («zaumny yazyk»), informe balbuceo de vocablos falsos, amasijo de tramas fonéticas abstractas, de nexos arbitrarios. Ofreció un primer ejemplo Kruchenykh en diciembre de 1912 con estos versos chirriantes que no tienen ningún sentido:

Dyr - bul - shchyl
Ubeshchur
Skum
vy - so - bu
r - l - ez.

En abril del año siguiente publicó la *Deklaratsiya slova, kak takovogo* [Declaración de la palabra como tal], en la que entre otras cosas se lee: «Las palabras mueren, el mundo es eternamente joven. El artista ve el mundo de una nueva manera y como Adán da un nombre a cada cosa. El lirio es muy bonito, pero la palabra "lilya" es fea, y ha sido profanada y consumida. Por eso yo lo llamo "euy", restaurando la primordial pureza». En una carta a Kruchenykh del 31 de agosto de 1913 Khlebnikov apostillaba feliz esta ocurrencia: «Euy está de acuerdo con la flor. La rápida sucesión de los sonidos hace que la flor plegada extienda sus pétalos».[59]

Kruchenykh inventa palabras a tontas y a locas, expresiones inauditas, que se dirían sacadas del léxico de una tribu de salvajes. Siempre, volviendo a leer a Kruchenykh, nos parece que de este modo debían farfullar los Houyhnhnm encontrados por Gulliver. Él prefiere las bruscas disonancias, los monosílabos guturales, las locuciones crispadas y resonantes. Es significativo que una recopilación suya litografiada en cartón, con dibujos de O. Rozanova, se titule *Utinoe gnezdyshko durnykh slov* [Nidillo de pato de feas palabras].

Fragmentos de «zaum» están presentes en todos los cubofuturistas, también en Mayakovsky, que era siempre proclive por lo demás a los juegos de palabras, a las piruetas verbales, a las absur-

---

[59] Khlebnikov, *Neizdannye proizvedeniya* cit., p. 367.

das mezclas de sonidos.⁶⁰ Khlebnikov se complacía por lo demás en fijar nuevos sufijos a las viejas raíces, haciendo de algunos de sus versos un extraño enredo de incrustaciones sonoras, una especie de escritura aglutinante. Pero los más encendidos «zaumniki» fueron, junto a Kruchenykh, monje flagelante de la palabra, Igor Terentev e Ilya Zdanevich, que se aventuraron ambos en el campo del teatro.

Como para todas las cosas de los hombres, también para el lenguaje «zaum» se descubrieron antiguos orígenes, y los filólogos sostenedores de los futuristas se las ingeniaron para recoger ejemplos del habla de los niños, de la jerga de las sectas y de la literatura del pasado.⁶¹ Por otra parte incluso en Pushkin podréis encontrar versos que suenan de modo «zaum» como los siguientes:

> Ot Rushchuka do staroi Smirny,
> ot Trapezunda do Tulchi...

Los rudos fragmentos fonéticos compuestos por los «zaumniki» se asemejan por su sequedad cortante a los «relieves» y a los «contrarrelieves» que Tatlin estaba fabricando en aquellos años, bastas estructuras prominentes de tela como quillas de naves, abstractos mecanismos de hierro, aluminio, cartón, palisandro, estuco, celuloide.⁶²

Con el «zaum» la poesía llevó hasta el límite la negación total de los valores precedentes, también en este caso recorriendo un camino idéntico al de la pintura.

> Los pintores budetlyany —escribió Kruchenykh— aman servirse de partes anatómicas, de secciones, y los budetlyany creadores del lenguaje de palabras rotas, de medias palabras, de las que extraen hábiles y raras combinaciones (lengua transmental). De este modo se obtiene la máxima fuerza expresiva. Y precisamente en esto se

---

60 Cfr. L. Brik, *Chuzhie stikhi* cit.
61 Cfr. B. Arbatov, *Rechetvorchestvo (Po povodu «zaumnoy» poezii)*, en «LEF», 1923, 2.
62 Cfr. N. Punin, *Tatlin (protiv kubizma)*, San Petersburgo, 1921.

distingue el lenguaje de nuestra época impetuosa, el lenguaje que ha aniquilado la lengua condensada antes.[63]

En su juego abstracto el «zaum» colima con el «rayonismo» de Larionov y con el «suprematismo» de Malevich. El «rayonismo» («luchizm» o «rayonnisme»), del que Larionov presentó el primer intento en diciembre de 1911, diríase una interpretación cubista del impresionismo. Y no hay de qué sorprenderse, si se piensa que Larionov fue al principio un impresionista y lo siguió siendo en el fondo también más tarde, incluso para hacer decir a Mayakovsky: «Aunque invente cada día nuevas tendencias, Larionov, es, sin embargo, un impresionista genial».[64]

Uniendo el análisis prismático de la luz a la descomposición cubista de los objetos, él cortaba paisajes y figuras en una maraña de rayos comparables a las «líneas-fuerzas» de los futuristas italianos. Si se excluyen las contribuciones de Goncharova, el «rayonismo» y el «pneumorayonismo» («pnevmoluchizm»), ideado por Larionov en la primavera de 1914, no tuvieron gran resonancia. Uno de los prosélitos de Larionov, el Zdanevich que se adhirió más tarde al programa de los «zaumniki», intentó con escaso éxito introducir el «rayonismo» en la poesía. De todas maneras los dibujos «rayonistas» fueron en Rusia la primera experiencia de pintura no objetiva.

Analogías más llamativas hubo entre las pruebas de los «zaumniki» y el arte de Malevich, el cual, como veremos, proyectó entre otras cosas las escenas para la obra de Kruchenykh y Matyushin *Pobeda nad solntsem* [Victoria sobre el sol]. Ansioso como Kruchenykh por escabullirse de los esquemas lógicos, Malevich se lamentaba de que el cubofuturismo, en su esfuerzo por hacer el arte autónomo de la naturaleza, se hubiera limitado a remezclar y a romper los objetos. En el manifiesto *Ot kubizma k suprematizmu* [Del cubismo al suprematismo] de junio de 1915 dirá: «Haciendo públicas todas las cosas, los cubofuturistas las han roto, pero no quemado».[65]

---

[63] A. Kruchenykh y V. Khlebnikov, *Slovo kak takovoe*, Moscú, 1913, p. 12.
[64] En el artículo *Zhivopis segodnyashnego dnya* [Pintura de nuestros días] de 1914.
[65] *Ot kubizma k suprematizmu* (2ª edición), San Petersburgo, 1916, p. 6.

El cubofuturismo fue para él solamente un encaminarse hacia la búsqueda de formas abstractas, hacia una pintura fundada en la intuición, en la supremacía de los sentimientos y privada de todo vínculo con el mundo exterior. Anhelaba volver a dar una primitiva pureza (¡la pureza de la nada!) a la superficie pictórica. Nació de este modo el suprematismo.[66]

El negro cuadrado en campo blanco, que Malevich dibujó con gesto temerario en 1913 (el mismo año de la Declaración de Kruchenykh), equivale a las urdimbres fonéticas de los poetas «zaumniki». Si la lírica «zaum» se asemeja a un encaje de fórmulas de brujas, el taciturno cuadrado, clavado en lo blanco, como en una vibrante membrana metálica, tiene igualmente un carácter de exorcismo, de gélida magia.

Desde el simple cuadrado Malevich se dirigió, como es sabido, a más ricas constelaciones: estirpes de triángulos, cubos, trapecios se amontonaron magnéticamente en el espacio de sus cuadros como herramientas y bolos en las manos de malabaristas. Los caprichos geométricos del suprematismo y los criptogramas transmentales prosperaron más tarde en el caos de la Revolución, que parecía también devolver los valores humanos a los albores.

10.

En el artículo *Teatr, kinematograf futurizma*, de 1913 Mayakovsky escribió: «La gran transformación, comenzada por nosotros en todas las ramas de la belleza en nombre del arte del futuro, arte de los futuristas, no se detendrá, ni puede detenerse, delante de la puerta del teatro».

La marcada tendencia al color y a la ornamentación empujó a muchos pintores cubofuturistas (Goncharova, Larionov, Lentulov, Exter, Yakulov, Malevich, etc.) a probar en escenografía.

---

[66] Cfr. Michel Seuphor, *Dictionnaire de la peinture abstraite*, París, 1957, pp. 31-34 y 215-16; Margot Aschenbrenner, *Farben und Formen im Werk von Kasimir Malewitsch*, en «Quadrum», 1957, IV, y el número especial (1957, 15) de «Aujourd'hui: art et architecture» dedicado a Malevich.

Alexandra Exter construyó escenarios cúbicos y juegos de variopintos escenarios para las obras dirigidas por Tairov en el Teatro de Cámara;[67] Goncharova y Larionov inspiraron a los «Ballets Russes» de Dyaguilev[68] con sus escenarios y vestidos resplandecientes.

Los cubofuturistas pensaron concretamente en la posibilidad de instituir un teatro propio en los primeros meses de 1913, después de la adhesión al «Soyuz molodezhi» de San Petersburgo. El 19 de julio de aquel año Kruchenykh, Malevich y el compositor Matyushin, presentes en Usukirko en el «Primer Congreso Ruso de los Rapsodas del futuro», anunciaron en un manifiesto la creación de un teatro «Budetlyanin», que representaría, con el apoyo del «Soyuz molodezhi», trabajos de Mayakovsky, de Khlebnikov y del mismo Kruchenykh.[69]

En el almanaque de Kruchenykh y Khlebnikov *Slovo kak takovoe* de 1913 se habla de la inminente apertura de un «budetlyansky zertsog», o sea, de un teatro futurista. Con un celo digno del almirante Shishkov, el gran purista de las letras rusas, los dos poetas propusieron para la ocasión sustituir con nuevos vocablos de raíz eslava algunos términos derivados de otras lenguas.

Casi todos los cubofuturistas escribieron para el teatro, pero más que todos Khlebnikov. Aunque pueda parecer curioso, muchos dramas de este poeta tienen influencia del simbolismo. No olvidemos por otra parte que fue Vyacheslav Ivanov el que animó las pruebas iniciales de Khlebnikov, el cual asistía entonces asiduamente a sus «miércoles» literarios. Khlebnikov recalcó desde el principio las huellas de aquellos simbolistas que se inspiraban en el paganismo eslavo y en el folclore. El gusto por los mitos y por los arcaísmos relaciona sus primerísimas cosas a las páginas de Gorodetsky y de Remizov.

---

[67] Cfr. Jacques Tugendhold, *Alexandra Exter*, Berlín, 1922, pp. 13-18.
[68] Lothar Schreyer define la pintura teatral de Goncharova «sehr russisch, volkstümlich, märchenhaft bis zum Heiligenstil der Ikonen» (*Erinnerungen an Sturrm und Bauhaus*, Munich, 1956, p. 57).
[69] Cfr. N. Khardzhev, *Iz materialov o Mayakovskim*, en «Tridtsat dney», 1939, 7.

I. Las aventuras de los futuristas

Tomemos por ejemplo el drama *Snezhimochka* [La chica de nieve], «fábula navideña» que recuerda la «fábula primaveral» *Snegurochka* de Ostrovsky y junto motivos del teatro simbolista. Frágil criatura evanescente como la Desconocida blokiana, Snezhimochka llega en invierno a la ciudad desde la selva natal, despertando el estupor de los habitantes con su candidez nerviosa, pero en primavera se disuelve como un suave encantamiento.

Este drama, y lo mismo se diga de los análogos *Chortik* [El diablillo] y *Devy bog* [El numen de las vírgenes], sólo es una ingenua reseña de fantoches silvestres y de maniquíes folclóricos, un tedioso escaparate de reliquias pseudoeslavas. Testimonia su vínculo con el simbolismo esta pregunta de Khlebnikov en una carta del 10 de enero de 1909 a Vasily Kamensky: «¿Qué dice Remizov de mi *Snezhimochka*?».[70]

También está urdida de elementos simbolistas la comedia de Khlebnikov *Gospozha Lenin* [La señora Lenin], cuyos personajes (las Voces de la Vista, del Oído, del Juicio, de la Atención, de la Memoria, del Miedo, del Tacto, de la Voluntad), que son proyecciones de los sentidos y de la conciencia de la heroína, parecen recortados según la teoría del drama de Evreinov.

A los propósitos del cubofuturismo corresponden por el contrario muchas otras comedias, como *Mirskontsa* [El mundo al revés], *Markiza Dezes* [La marquesa Dezes], de la que hablaremos en el próximo capítulo, y sobre todo *Oshibka Smerti* [El error de la Muerte].

En esta última Khlebnikov presenta una taberna, en la que doce alegres cadáveres, después de haber bailado con un pífano entre los dientes en torno a la señorita muerte, se sientan en la mesa para saborear un jugo de guindas en vasos de cristal. De repente llama a la puerta otro difunto, que la Muerte se niega a recibir, porque es el decimotercero. Pero éste, inflexible, quiere beber a toda costa también el fúnebre licor, y hace ruido y amenaza.

La Muerte, que no posee un decimotercer cáliz, aturdida por la arrogancia del huésped, se deja llevar por tener la cabeza «vacía como un vaso». El trece entonces, exultante, exige la cabeza y tan-

---

[70] Khlebnikov, *Neizdannye proizvedeniya*, cit., p. 355.

to se obstina, que la Muerte se ve obligada a desatornillársela, para dársela a él como cáliz a cambio de un pañuelo. Con un pañuelo en lugar del cráneo, la Muerte ya no ve, suplica, se desespera, hasta que cae muerta, mientras los muertos reviven.

Un simple juego verbal, un juego de palabras se transforma en acción dramática, una metáfora da origen a todo un asunto metafísico-burlesco. Del lenguaje «zaum» Khlebnikov se sirvió en el drama *Bogi* [Los dioses], taracea de desatinadas discusiones entre las divinidades de varias mitologías, y en la tragicomedia *Zangezi*, centrada en la figura de un adivino-filólogo que interpreta el gorjeo de los pájaros y desvela el significado recóndito de los acontecimientos históricos. En torno a Zangezi se mueven númenes, aves, letras del alfabeto y los fantoches de la Risa y del Dolor. Los diálogos son impenetrables series de abracadabra, de logogrifos, de trampas sonoras.

Diríase que los trabajos de Khlebnikov no se prestaban demasiado a la representación. Sin embargo el pintor Tatlin, del cual Khlebnikov había exaltado en una lírica de 1916 los «relieves» y los «contrarrelieves», puso en escena *Zangezi* en mayo de 1923 en el Museo de la Cultura Artística de Moscú. El mismo Tatlin, ya en noviembre de 1917, había meditado representar *Oshibka Smerti* y *Gospozha Lenin*.[71] Y Shklovsky consideró después de la Revolución que la crisis del repertorio se pudiera resolver, recitando comedias de Khlebnikov: «Es indispensable —escribía— estrenar *Oshibka Smerti*, una de sus obras con menos enredos».[72]

Como un conjunto de fragmentos transmentales, como una urdimbre de rudos sonidos concibió Kruchenykh el librillo de la obra *Pobeda nad solntsem* [Victoria sobre el sol]. Ilya Zdanevich (Iliazd) compuso bastantes fotocomedias, en las que cada personaje estaba caracterizado por una gama fonética diferente, verdaderas partituras acústicas que traen a la memoria los poemas abstractos de Kurt Schwitters.[73]

---

[71] Cfr. Khlebnikov, *Neizdannye proizvedeniya*, cit., p. 413.
[72] Viktor Shklovsky, *Khod konja*, Moscú-Berlín, 1923, p. 48.
[73] Cfr. Yindrich Honzl, *Slovo na yevishti a ve filmu* (1936), en *K novemu vyznamu umeni*, Praga, 1956, pp. 215-16.

I. Las aventuras de los futuristas

Otro «zaumnik», Igor Terentev, extraña figura de pintor-poeta, tenaz bailarín de «chechetka»[74] y autor de textos disparatados como el *Traktat o sploshnom neprilichii* [Tratado de la indecencia integral], se dedicó a la dirección, dirigiendo después de la Revolución, en la Casa de la Imprenta de Leningrado, algunos espectáculos que desconcertaron al público por la extravagancia vandálica de las ocurrencias. Muchos recuerdan aún su puesta en escena de la novela *Nataliya Tarpova* de S. Semenov, en la que los personajes recitaban también las acotaciones y gran parte de la acción se desarrollaba detrás de una mampara, reflejándose con escorzos inesperados en un espejo inclinado suspendido sobre el escenario.

De la importancia del «zaum» sobre la escena Kruchenykh quiere convencernos en un opúsculo suyo titulado *Fonetika teatra* [La fonética del teatro, 1923]. Él sostiene que el hombre, en el ímpetu y en la indignación, confunde y deforma los vocablos, cambiándolos en una cascada de sonidos desconectados: «en las fuertes emociones todas las palabras se hacen pedazos». Por ello sugiere sustituir poco a poco las viejas comedias por un repertorio de textos transmentales y de acostumbrar entre tanto a los actores a la dicción de breves secuencias fonéticas, que tengan la rapidez de la imagen cinematográfica. Kruchenykh está seguro de que el lenguaje «zaum», construido por veloces «cinepalabras», hará resurgir el arte dramático. Y cuando sobre el escenario, en lugar de los hombres, suban los magnetos, las dinamos, las máquinas, su graznante fragor será, según Kruchenykh, el triunfo del «zaum».

Es interesante notar que las teorías de Kruchenykh coincidieron con los intentos del director Radlov. En San Petersburgo, en su Laboratorio de Investigaciones Teatrales, fundado en diciembre de 1922, Serguei Radlov experimentó con un pelotón de actores una especie de actuación no objetiva que combinaba las bromas fonéticas con una mímica abstracta.

En el ensayo *O chistoy stikhii akterskogo iskusstva* [Sobre la pura sustancia del arte del actor, 1923], que resume aquella experiencia, escribió: «La creación no objetiva es sin duda el vértice y el

---

[74] Danza rítmica, especialmente de «punta y taco».

límite de la sutileza técnica y de la maestría de un actor».[75] También Radlov está convencido de que un lenguaje de articulaciones desatadas, de fragmentos acústicos resaltará mejor la tensión dramática, y encuentra un válido argumento a favor de su tesis en el *Gadibuk*, cuyo texto, bajo la dirección de Vakhtangov (1922), sonaba para los espectadores desconocedores de hebreo como un arcano «zaum».[76]

Esta concepción abstracta del teatro coincide con el suprematismo pictórico, como puede verse en el fragmento siguiente. Hablando del actor, Radlov afirma:

> El movimiento de su cuerpo suscita en el espectador sobre todo sensaciones espaciales. De su habilidad depende crear en quien mira el sentido concreto de las tres dimensiones de este espacio. El cubo de aire, que baña el cuerpo humano, comienza a vivir, atravesado por las líneas de sus movimientos. Estas líneas, tendidas momentáneamente, son percibidas por nuestra memoria como existentes en la realidad. Imaginad que miráis a un hombre que

---

[75] Serguei Radlov, *Desyat let v teatre*, Leningrado, 1929, p. 120.
[76] *Ibíd.*, p. 157. En sus *Zapiski rezhissera* [Memorias de un director], Moscú 1921, pp. 92-93, Alexandr Tairov se detiene también en los efectos del «zaum» en el teatro: «En 1919 —dice— fue estrenada en Moscú la comedia de Vasily Kamensky *Stenka Razin*. La Koonen encarnaba a la princesa persa Meyran. En su papel había un punto en el que nadie, por muchos esfuerzos que hiciera, consiguió comprender una palabra, y sin embargo, pocos pasajes en aquel trabajo centraron tanto la atención de la platea, que estaba además constituida principalmente por espectadores inexpertos o no preparados. El texto decía:

> Ay chyalbura ben
> siverim size chok
> Ay Zalma
> Ay gurmyzh-dzhamanay, etc.

Al principio Kamensky intentó convencernos de que se trataba de locuciones persas, pero después confesó que no pertenecían a ninguna lengua. Sin embargo el público las había seguido con avidez. Sin duda porque su trama fonética había sido introducida con gran maestría en el ritmo y en el sonido de la imagen».

en las tinieblas toma una antorcha con la mano y la mueve rápidamente por el aire. Vosotros veis una serie de círculos, de ocho, de elipses, pero no estáis en condiciones de determinar dónde se encuentra en un momento determinado la mano que tiene la luz. De este modo también el actor esculpe en el espacio varias formas simples que viven en el aire. Aprovechando esto y entrenando en un sentido dado el propio cuerpo, el actor creará delante de nosotros un juego de círculos, de líneas fantásticas, de rombos y de cada especie de formas de ángulos agudos.[77]

Leyendo estas palabras, podemos pensar en la posibilidad de que Radlov pidiera a los actores que se miraran en el espejo de los cuadros de Malevich, de los argumentos geométricos de los suprematistas.

---

[77] Radlov, *op. cit.*, pp. 121-22.

II
Maniquíes en San Petersburgo

1.

El primer trabajo dramático de Mayakovsky se titula *Vladimir Mayakovsky*. Él escribió sus versos entre el verano y el otoño de 1913 en Moscú y en el suburbio de Kuntsevo, donde más tarde trascurrió los últimos años de su vida el poeta Bagritsky.

Esta tragedia tenía originalmente otros títulos: *Zheleznaya doroga* [La calle de hierro] [La línea férrea] y *Vosstanie veshchey* [La rebelión de los objetos].[78] En el repertorio del teatro «Budetlyanin», del que se decidió la institución durante el «Primer Congreso de los Rapsodas del futuro», que se celebró en el verano de aquel año, el trabajo de Mayakovsky aparece con el título *Zheleznaya doroga*, junto a *Pobeda nad solntsem* [Victoria sobre el sol] de Kruchenykh y *Rozhdestvenskaya skazka* [Fábula navideña], o sea *Snezhimochka*, de Khlebnikov. Al otro título se refiere por el contrario Elsa Triolet cuando recuerda sus primeros encuentros con el poeta: «Autant que je me rappelle, il venait de vendre son premier grand poème: *La révolte des objets*, dont je ne trouve trace nulle part, peut-être en a-t-il changé le titre».[79]

El texto enviado a la censura llevaba en la primera página la inscripción: «Vladimir Mayakovsky. Tragedia». El censor, tomando por título el nombre del autor, dio el permiso de representar la «tragedia *Vladimir Mayakovsky*. Para no someterse de nuevo a los rigores de la censura, Mayakovsky aceptó este título,

---

[78] Cfr. Katanyan, *op. cit.*, p. 51
[79] Elsa Triolet, *Mayakovsky, poète russe*, París, 1945, p. 17

que por otra parte expresaba completamente el carácter de su trabajo».[80]

Más que de una tragedia se trata de hecho de un monodrama, de una fragorosa confesión, de la que se despide con ímpetu hiperbólico el yo desesperado del poeta. «El título —observa Boris Pasternak— escondía el descubrimiento genialmente simple de que el poeta no es el autor, sino el argumento de la lírica, que en primera persona se dirige al mundo. El título no era el nombre del escritor, sino el apellido del contenido».[81]

La tragedia tiene dos actos, un prólogo y un epílogo. Además de Mayakovsky (poeta de veinte-veinticinco años), vagan algunas siluetas deformes, que podrían parecer salidas de un museo anatómico: una Conocida suya que no habla, con una altura de cinco-seis metros, un Viejo milenario con gatas negras secas, un Hombre sin un ojo y sin una pierna, un Hombre sin una oreja, un Hombre sin cabeza, un Hombre con el rostro alargado, un Hombre con dos besos, un Mocetón común, una Mujer con una lagrimilla, una Mujer con una lágrima, una Mujer con un lagrimón.

No es fácil extraer una trama de aquella maraña de imágenes. Al inicio asistimos a una fiesta bulliciosa de mendigos en las calles de una ciudad tentacular. Mayakovsky reúne a los pobres, induciéndoles a expulsar de sus refugios a los gordinflones. Pero la alegría es aparente: un gigantesco dolor se cierne sobre la ciudad. Dos revueltas se entrelazan: los pobres se sublevan contra los opresores panzudos y los objetos se rebelan contra los hombres. Contribuyen a hacer más turbia y trastornada la atmósfera del drama Matusalén, que invita a la multitud a acariciar a las gatas, para extraer chispas eléctricas, y el mocetón Común, que acusa de crueldad y de barbarie a la multitud revoltosa.

En el segundo acto prevalecen tonos de tedio, de cansada desconfianza. La revuelta se ha esfumado. Mayakovsky lleva puesta una toga y tiene sobre la cabeza una corona de laurel. Los pobres le rodean ansiosos y las mujeres acumulan montañas de lágrimas

---

[80] Cfr. Fevralsky, *Mayakovsky-dramaturg*, Moscú-Leningrado, 1940, p. 13.
[81] Boris Pasternak, *Okhrannaya gramota*, 1931, p. 100.

a sus pies. ¿Pero qué puede hacer el poeta? Recoge abatido las lágrimas en una maleta y se pone en camino hacia barrios remotos, para lanzarlas con desprecio a un dios primordial, al «oscuro dios de las tempestades».

2.

El único personaje verdadero es Mayakovsky: los otros son fantoches mecánicos, maniquíes modelados para dar apariencia dialógica a un largo, agitado monólogo. Ello hace pensar en las palabras de Artaud: «Des mannequins, des masques énormes, des objets aux proportions singulières apparaîtront au même titre que des images verbales...».[82] Sin embargo, a pesar de su rígido esquematismo, estos muñecos tienen una referencia real: se alargan como proyecciones gráficas de figuras infelices de los bajos fondos, casi sombras monstruosas de humillados dostoievskianos.

Aquí resuena por primera vez en Mayakovsky la protesta contra la arrogancia de los gordos. Sus versos lanzaron flechas ardientes sobre las personas adiposas, y el enorme poeta dieciochesco Apukhtin sufrió más veces las consecuencias de esta antipatía suya.[83] Los obesos de los que se habla en la tragedia son los primeros ejemplares de una estirpe cómica que irrumpirá más tarde en los componentes satíricos, en los escenarios de cine, en las viñetas de Mayakovsky.

La antítesis de miserables y ricachones, el desafío a los prepotentes, la descripción pesada de la revuelta, dan a este trabajo un acento social y nos muestran que en Mayakovsky las experiencias más audaces, la rarezas futuristas tenían siempre un pretexto en las luchas de la época, en las circunstancias concretas.

Como en el poema *Oblako v shtanakh* [La nube en calzones], circula en la tragedia un presagio subterráneo de subversiones futuras. Nos encontramos en la vigilia de hechos grandiosos que cambiaron el rostro del mundo. Todo el trabajo se sostiene sobre

---

[82] Antonin Artaud, *Le Théatre de la Cruauté* (Premier manifeste), en *Le Théatre et son double*, París, 1938, p. 104.
[83] Cfr. El artículo *I nam myaso!* [¡Carne también a nosotros!, 1914] y la lírica *Moe k etomu otnoshenie* [Lo que yo pienso a propósito, 1915].

el hilo de una febril preocupación. Dice, por ejemplo, el Hombre sin una oreja:

Y mi angustia aumenta,
agitada e incomprensible,
como una lágrima sobre el morro de un perro que llora.
(vv. 159-61)

Las acotaciones están también impregnadas por un sentido de ansiedad: «La inquietud se extiende»; «Inquietud. Silbidos de sirenas. Fuera de escena se grita: ¡Los calzones! ¡Los calzones!»; «La inquietud ha aumentado. Se sienten disparos. Un vierteaguas comienza a arrastrar lentamente una nota. Se pone a zumbar la chapa de los techos» «Mil pies pisan la panza tendida de la plaza»; «La agitación rebosa»... Las sirenas y el estruendo de los techos y de los vierteaguas se orquestan en una especie de fondo estridente musical que aumenta el desconcierto.

Erigiéndose en el centro de la multitud furiosa, Mayakovsky se comporta como paladín de los necesitados. Hay una infinita ternura en su amor hacia los humildes:

Yo he escrito todo esto
sobre vosotros,
pobres ratones.
Me molestaba no tener un pecho:
os habría alimentado como una nodriza.
(vv. 512-16)

Se rodea de lisiados, se arrima a los enfermos, se siente culpable de todo el dolor del mundo, como el héroe de un alucinado cuento de Leonid Andreev, que conmovió la fantasía de muchos escritores y especialmente de Blok. Nos referimos a *Zhizn Vasiliya Fiveiskogo* [La vida de Vasily Fiveisky, 1903], historia de un mísero pope perseguido por la suerte, al cual los hombres llevan sus pecados y sus sufrimientos.

En cada uno había tantos padecimientos y tanto dolor suficientes para una decena de vidas humanas, y al pope ensordecido, desconcertado parecía que todo el mundo le hubiera dejado las propias lágrimas y los propios tormentos y esperase ayuda de él con dulzura, pero imperiosamente. Él había buscado una vez la verdad, y ahora lo sofocaba la inexorable verdad de la pena, y en la tormentosa conciencia de su debilidad querría huir a los confines del mundo, apagarse para no ver, no sentir, no conocer. Se había llamado a sí mismo el dolor humano, y el dolor había venido (VII).

De igual modo Mayakovsky acumula las lágrimas de los afligidos, pero es incapaz de socorrerlos, de sostener sobre sus hombros el peso aplastante de todas las amarguras humanas. Como en las líricas de aquellos años, también aquí él se encoleriza a veces con arrebatos de orgullo insolente, pero muy a menudo se descubre débil, inerme, ansioso de hermanarse, demasiado grande, demasiado vacío, desesperadamente solo:

> Desde la mejilla no rasa de las plazas
> goteando como una lágrima inútil,
> yo,
> quizás,
> soy el último poeta.
>
> (vv. 7-11)

Notas de extenuación, de fastidio, de desconsolada melancolía recorren el drama. Ya en el prólogo se delinea un paisaje crispado y quejoso:

> ¿Os habéis dado cuenta ya?
> Se tambalea
> en las avenidas de piedra
> el rostro a rayas del ahorcado tedio,
> y sobre las nucas espumosas
> de los ríos que huyen
> los puentes han levantado los brazos de hierro.
> El cielo llora
> con sollozos sonoros,
> sin control;
> y una nubecita tiene una pequeña mueca

sobre una arruguita de la boquita,
como si a una mujer que esperaba un niño
Dios hubiera lanzado un idiota horrible.[84]

(vv. 12-25)

Para enmascarar el desaliento, Mayakovsky se abandona en algunos pasajes a una torpe sonrisa sarcástica de payaso:

¡Amables señores!
Remendadme el alma,
para que no pueda filtrar su vacío.
Yo no sé si el escupitajo es una ofensa.
Me han explotado. Estoy disecado
como una estatua de piedra.
Amables señores,
si queréis,
ahora danzará delante de vosotros un preciado poeta.

(vv. 60-68)

Las metáforas túmidas y perversas dan a las escenas de esta tragedia una perspectiva torcida. El tejido verbal está como entumecido por continuas contracciones: se arruga, se hincha, se deforma con ritmo espasmódico. Ciertos episodios nos parecen entre los más hirientes del primer Mayakovsky. El intermedio, representado en el segundo acto por el Hombre con dos besos, anuncia, por su gélida y funesta desesperación, tétricas líricas como *Koe-chto po povodu dirizhera* [Algo a propósito de un director de orquesta] de 1915, basada también en el tema del suicidio, tan frecuente en Mayakovsky:

A un hombre grande y sucio
donaron dos besos.
Era un hombre torpe,

---

[84] Los últimos dos versos son una clara reminiscencia de un fragmento del cuento sobre Vasily Fiveysky, en el que Andreev describe cómo la mujer del pope ponía en el mundo a un horrible idiota.

no sabía
qué hacer,
donde cazarlos.
La ciudad
toda de fiesta
cantaba aleluyas en las iglesias,
la gente llevaba los vestidos más bellos.
Pero el hombre tenía frío,
y en las suelas pequeñas agujeros ovales.
Eligió el beso
más grande, y se lo puso
como chanclo.
Pero había un frío malvado,
y le mordió los dedos.
«Pues bien
—hizo al hombre irritad—
¡les lanzaré estos inútiles besos!»
Los lanzó.
Y de repente
a un beso despuntaron las orejas,
se puso a dar vueltas,
gritó con vocecita sutil:
«¡Mamita!»
El hombre se aterrorizó. Envolvió en los harapos
del alma el cuerpecito tembloroso,
lo llevó a casa, para ponerlo
en un marco azulado.
Hurgó en las maletas polvorientas,
buscando el marco.
Y después se volvió hacia atrás:
el beso estaba en el sofá,
descomunal,
gordo,
había crecido,
reía,
¡se enfurecía!
«¡Dios mío!
—rompió en lágrimas el hombre—
no creía cansarme tanto.
¡Es necesario ahorcarse!»

Mientras él se colgaba,
mezquino,
repugnante,
en los saloncitos las mujeres,
fábricas sin humo y sin chimeneas,
construían besos a millones,
de todo género,
grandes,
minúsculos,
con estímulos carnosos de labios batientes.

(vv. 399-451)

Las anécdotas que se concluyen con un escalofrío histérico, con una ocurrencia desgarradora, se repiten a menudo en Mayakovsky, y por otra parte podríamos localizarlas en gran cantidad en los escritores rusos del Ochocientos, desde Gogol a Chekhov. De este último, ¿quién no recuerda el cuento *Smert chinovnika* [La muerte del empleado, 1883], en el que un portero, por haber estornudado sobre la calva de un general, se trastorna hasta morir? Los héroes de semejantes historias son de una timidez morbosa, y su orgasmo produce una absurda tensión, que explota siempre en un gesto irremediable.

Junto a la turgencia de las metáforas y a las cadencias desoladas, lo que más impresiona en *Vladimir Mayakovsky* es la amplitud del horizonte poético. Piénsese en la vastedad del final, en el que Mayakovsky, dejando a jirones el alma «sobre las lanzas de las casas», se aleja hacia los espacios de un mítico septentrión, donde

sobre la mordaza de un tedio infinito
con los dedos de las olas
eternamente
se desgarra el pecho
el océano fanático.

(vv. 501-5)

Ya en este trabajo la acción tiende a trasladarse a un plano cósmico: al final la alusión burlesca a la luna y al firmamento «desgarrado» anuncia los poemas *Oblako v shtanakh* y *Chelovek*

[El Hombre] y la comedia *Misteriya-buff*, en la que Mayakovsky transformará cielo y tierra en arena y escenario de su estrepitosa poesía. De este modo Boris Pasternak expresa el sentido de inmensidad que emana de la tragedia:

> Aquí había de todo. Una avenida, unos perros, unos álamos, mariposas. Barberos, panaderos, sastres y locomotoras de vapor. ¿Con qué finalidad citar? Todos nosotros recordamos el arcano y pesado texto estivo, ahora accesible a cada uno en la décima edición. A lo lejos gritaban a grito pelado las locomotoras. En el barrio laríngeo de su creación estaba su misma absoluta lejanía que hay sobre la tierra. Era aquella finura del espíritu, sin la cual no se es nunca original, aquella infinitud que florece a partir de un punto cualquiera de la vida en una dirección cualquiera y sin la cual la poesía es solamente un malentendido provisionalmente no aclarado. ¡Y cómo era simple todo esto! El arte se llamaba tragedia. De este modo ella debe llamarse.[85]

3.

En el aparato cósmico se infiltran motivos de ironía blasfema. Encontramos aquí los primeros signos de aquella lucha con Dios, que será uno de los temas dominantes de la obra de Mayakovsky:

> Y desde lo alto del cielo Dios enloquecido
> contempla el aullido de la horda humana.
> Las manos entre los harapos de la barba,
> corroídos por la picadura de las calles.
> Él es Dios, pero habla sin callarse
> de cruel expiación, y en vuestras
> pobres almas es un suspiro consumido.
>
> (vv. 94-100)

---

[85] *Ochrannaya gramota* cit., p. 100.

En los poemas el Omnipotente reaparecerá bien como «Supremo Inquisidor» bien como «Soberano de Todo». Aunque de forma sacrílega y casi como un pretexto para un sonoro juego de palabras con Dios, el elemento religioso es muy fuerte en Mayakovsky, y figuras, asuntos, parábolas de la Biblia se repiten en su canto con obsesiva insistencia. *Oblako v shtanakh* pulula de referencias bíblicas; *Chelovek* describe, extrayendo del Evangelio, el «nacimiento», las «pasiones», la «ascensión» del poeta. Pero ya en esta tragedia, como en el ciclo de líricas *Ya* [Yo] del mismo año, es una continua vuelta de reminiscencias religiosas. Proclama, por ejemplo, Matusalén de las gatas:

Yo soy un viejo milenario. Y veo
que en ti sobre la cruz del arroz
está crucificado un grito torturado.

(vv. 83-85)

Bajo la influencia del pintor Chekrygin, que ilustró su primera recopilación, el pequeño volumen litografiado *Ya* (1913), Mayakovsky se apasionaba de iconos y de historias sagradas. Con Vasily Chekrygin visitaba a menudo las salas de la galería Tretyakov reservadas a la antigua pintura rusa.[86] Fue Chekrygin el que lo familiarizó con las fantasiosas teorías del filósofo Fedorov sobre la resurrección de los muertos.[87] El autor de la *Filosofiya obshchego dela* [Filosofía de la obra común], cuyo segundo volumen se presentó póstumo precisamente en aquel año, estaba fascinado por la idea de devolver la vida a los muertos. Sus doctrinas, invadidas por una fe utópica en el futuro y en los progresos de la ciencia, dejaron huellas profundas en la poesía y en el teatro de Mayakovsky.

En referencia al futurista Chekrygin: atormentado por temas apocalípticos, por interminables visiones de cataclismos, él se las ingeniaba para transferir a la pintura litúrgica la síntesis del arte moderno. En los años de la sociedad con Mayakovsky «trabajaba en el cuadro *Golgota* y había concebido un ciclo de telas sobre la

---

[86] Cfr. V. Perkov, *Mayakovsky: Zhizn i tvorchestvo*, I, Moscú, 1951, p. 219.
[87] Cfr. Viktor Shklovsky, *O Mayakovskom*, Moscú, 1940, p. 30.

resurrección de los muertos. Tenía constantemente sobre la mesa la Biblia y los Hechos de los apóstoles».[88] Muchos motivos del primer Mayakovsky tienen una relación directa con las antiguas tablas sagradas y con los dibujos de Chekrygin. Por lo demás en aquel tiempo el interés por la pintura religiosa era bastante vivo entre los artistas de vanguardia. Recuérdese cómo los esmaltes y el resplandor de los iconos, los colores llameantes de las iglesias de Moscú excitaron el talento de Kandinsky en sus primeras búsquedas abstractas.[89]

4.

Existe en Mayakovsky la tendencia a convertir en objetos tangibles los elementos más indefinidos. Hemos citado la historia del hombre que se pone un beso a modo de chanclo. Daremos ahora otros ejemplos. El hombre del rostro alargado afirma:

> También se pueden coser
> de mi alma
> faldas elegantes
>
> (vv. 275-77)

y la Segunda Mujer se dirige de este modo al poeta:

> Aquí tenéis otra lágrima.
> Quizás para un zapato.
> Será una bella hebilla.
>
> (vv. 363-65)

---

[88] Cfr. Perkov, *op. cit.*, p. 219.
[89] Cfr. Haftmann, *op. cit.*, p. 207. En *Erinneurengen an Sturm und Bauhaus* cit., p. 230, Lothar Schreyer refiere estas palabras de Kandinsky: «Ich schätze keine Malerei so hoch wie unsere Ikonen. Das Beste, was ich gelernt habe, habe ich an unseren Ikonen gelernt...».

II. Maniquíes en San Petersburgo

La tragedia está construida íntegramente sobre una sucesión de sustituciones y de metamorfosis. Entidades inmateriales asumen forma concreta. Sustancias abstractas se transforman en prendas de vestuario. Besos y escupitajos se engrandecen como glándulas monstruosas, adquiriendo una ambigua apariencia humana. Dice el Hombre sin una oreja:

> Por encima de la ciudad
> —entre las astas de las banderas—
> una mujer
> —negras cuevas de párpados—
> revolviéndose lanza
> sobre las aceras escupitajos,
> y los escupitajos se convierten en lisiados desmesurados.
> (vv. 127-33)

De este modo la ciudad de Mayakovsky se llena de figuras salpicadas por una metáfora, flácidos muñecos de saliva que estrían fibras filamentosas y babosas su escenario caótico. Semejantes metamorfosis acontecen por otra parte a menudo en el teatro de vanguardia: nos vuelve a la memoria, aunque el clima es diferente, aquel paso de *Les mamelles de Tirésias* de Apollinaire, en el que, antes de transformarse en Tiresias, Thérèse se desabrocha la blusa, y sus mamas, una rosa y una azul, «s'envolent, ballons d'enfants, mais restent retenues par les fils».

Con esta germinación de maniquíes y de lémures está conectada la revuelta de las cosas. Su reacia agitación en las escenas del drama es sin duda una consecuencia de los impulsos cinéticos del futurismo, pero sobre todo del gran desorden provocado por los cubistas en la realidad visiva. El objeto, revalorizado en su concreción densa, se enorgullece, frunce el ceño como un fetiche y tiende a sustraerse al dominio del hombre.

Antes aún que Mayakovsky es Khlebnikov el que representa la siniestra maldad de los objetos que abandonan su lugar acostumbrado, avanzando sin misericordia contra los hombres. Su comedia *Markiza Dezes* [La marquesa Dezes, 1909] delinea, en versos que asemejan a los de *Gore ot uma* [Dolor de ingenio] de Gri-

boedov, una exposición durante la cual los animales y los objetos representados en los cuadros cobran vida, mientras dos visitantes, una marquesa y su confidente, se transforman en estatuas desnudas. En el poema *Zhuravl* [La grulla, 1909] caminos, puentes, vías en revuelta trazan un pájaro horroroso, una gigantesca zancuda, que se levanta sobre la ciudad, amenazando al género humano. Montada con piezas de hierro colado (las chimeneas componen el cuello, un puente forma el tórax), como aquellos dibujos alegóricos de Arcimboldo donde las figuras resultan de la combinación de objetos, esta grúa suspendida asemeja a la negra flecha que se cierne, inexorable, sobre el trazado de una ciudad en el cuadro de Klee *Betroffener Ort* (1922).
Khlebnikov nos advierte:

> Ni siquiera Koshchey[90] fue peor de lo que
> será quizás la revuelta de las cosas.
> ¿Con qué finalidad nosotros las mimamos?

Con el mismo tono hierático habla el Viejo de las gatas:

> Sobre el suelo de las ciudades se han proclamado dueños
> y se arrastran para borrarnos las cosas sin alma.
>
> (vv. 92-93)

> ¡Es necesario quebrar las cosas! No sin razón
> en sus caricias he divisado un enemigo.
>
> (vv. 163-64)

En los versos de Khlebnikov los objetos se desvían del orden tradicional con una lentitud insidiosa, mientras en la tragedia de Mayakovsky se lanzan con una vehemencia insolente que invade lo burlesco. El Hombre sin una oreja declara:

---

[90] Koshchey (o Kashchey), ser mítico de las fábulas rusas, viejo demacrado, huesudo y malvado.

> ¡Si aferras una nota,
> te manchas de sangre los dedos!
> Y el músico no puede sacar las manos
> de los blancos dientes de las teclas enfurecidas.
>
> (vv. 142-45)

e inmediatamente después continúa, con ansia creciente:

> ¡Yo caminaba, sacudido por estremecimientos,
> abriendo de par en par los brazos,
> y por todas partes sobre los tejados danzaban las chimeneas,
> con las rodillas esbozando un 44![91]
>
> (vv. 142-45)

El brinco continuado de los objetos que cogen el vuelo en desorden aporta a ciertas escenas el aspecto de un vacilante «mundo al revés»:

> Lentamente,
> asustado,
> el pelo de una manecilla
> se rizaba en la calva coronilla de los tiempos.
> Y de repente
> todas las cosas
> se lanzaron,
> maltratando la voz,
> hundiendo las telas de los nombres gastados.
> Los escaparates de los mesoneros,
> como a una señal de Satanás,
> chapotearon solos en el fondo de las cantimploras.
> A un sastre sorprendido
> se le escaparon los pantalones,
> moviéndose

---

[91] En la lírica *Moe k etomu otnoshenie* [Lo que yo pienso a propósito, 1915] es una imagen semejante:
> y los labios rollizos como una borla
> son atados en forma de 88 (vv. 7-8).

—¡solos!—
¡sin las piernas humanas!
Alegre,
con las negras fauces abiertas,
rodó desde una habitación una cómoda.
Los corsés descendían, temiendo caer,
de los rótulos «Robes et modes».[92]
Cada chanclo es inaccesible y severo.
Las medias-pelanduscas
guiñan, frívolas, los ojos.

(vv. 299-323)

A pesar del torcido ceño, los objetos tienen en Mayakovsky algo funambulesco, como si su espanto debiera de repente reventar en una gran risa. Estos objetos-payasos, que se agitan como mordidos por una tarántula, son muy diferentes de aquellos que en los mismos años, en los «Ready-Mades» de Duchamp, se segregaban en una gélida incongruencia, en una pose de inútiles trofeos. El arte moderno nos ha acostumbrado a objetos que, separándose cada vez más del hombre, se reducen a una escuálida soledad: tenemos en mente ciertos dibujos de los surrealistas, donde, aflojados como muelles, apariencias de una vegetación mohosa, las cosas languidecen en superficies espectrales. En Mayakovsky sin embargo la historia de los objetos no llega tan lejos. En *Misteriya-buff* ellos encuentran su confianza en los hombres. Más tarde, en el periodo del constructivismo, al variopinto cachivache que se agita en la tragedia suceden herramientas obedientes, utensilios de desnuda sequedad. Pero el estruendo de aquel motín resuena tenue en los episodios de *Klop* [La chinche], en los que los objetos aislados como panoplias de un mundo anticuado murmuran su sordo rencor.

De la revuelta descrita en *Vladimir Mayakovsky* se recuerda a Yuri Olesha al inicio de *Zavist* [Envidia], allá donde, uniendo al

---

[92] En los rótulos se lee también en una didascalia del primer acto: «Los transeúntes llevan como comida el arenque de hierro de una insignia, un enorme bollo de oro, pliegues de terciopelo amarillo.»

tema del poeta los «gags» de las primeras películas cómicas de Chaplin, hace decir a su Kavalerov:

> Las cosas no me aman. Un mueble intenta ponerme la zancadilla. Una esquina cubierta de barniz una vez me ha hincado los dientes literalmente. Con la manta tengo siempre relaciones muy complejas. La sopa que me sirven no se enfría nunca. Si una nimiedad cualquiera —una moneda o un botón de la camisa— se cae de la mesa, normalmente rueda bajo un mueble que no se consigue desplazar. Yo me arrastro a gatas por el suelo, y levantando la cabeza, me doy cuenta de que el aparador se ríe (I, I).

5.

Leyendo las escenas de *Vladimir Mayakovsky*, nos hacen pensar en algunos trabajos de Andreev, como *Zhizn Cheloveka* [La vida del Hombre, 1907] y *Tsar Golod* [Rey Hambre, 1908]. Y en realidad, por el alegorismo esquemático, por el clima pulgoso y febril, por el contraste con el que contraponen la tétrica miseria a los abusos de los gordos, aquellos dramas parecen anunciar esta tragedia.

En el Quinto Cuadro de *Zhizn Cheloveka*, por ejemplo, aparecen «rostros semejantes a máscaras de partes increíblemente engrandecidas o empequeñecidas: rostros narigones y privados de nariz, de ojos tan abiertos con ferocidad hasta salir de las órbitas o bien reducidos a angostas grietas, a puntos apenas visibles, con el buche y el mentón minúsculo, con los pelos despeinados, erizados y sucios, que recubren a alguien la mitad de la efigie.» Y en *Tsar Golod*, en el Segundo Cuadro, se exhiben «prostitutas triviales, gamberros y sus compañeras, alcahuetes, rateros, asesinos, mendigos, lisiados y otros desechos de la gran ciudad, todo lo más horroroso que pueden dar la indigencia, el vicio, el delito y la eterna, insaciable hambre del espíritu».

Del mismo modo que en Mayakovsky, en los dramas de Andreev los personajes, indistintos y simbólicos, son concebidos como voces de un coro. Amalgamados por una fosca semejanza, por una expresión de terror demente, se agolpan en un informe bullir de cuerpos enroscados, separándose el uno del otro con un desorden irrefrenable en una carrera de exclamaciones y de gemidos. Deriva de ello un fresco babélico, que quiere representar el alboroto y los contrastes de la ciudad moderna, pero se pierde desgraciadamente en los ríos de una hinchada retórica.

En Mayakovsky la visión del tumulto está, por suerte, ventilada por destellos de humor. Pero no hay duda de que en la descripción de la revuelta de los pobres él se refiere a *Tsar Golod*, cuyas escenas, inspirándose en las danzas macabras del barroco, representan precisamente la vana revuelta de los trabajadores y de la plebe hambrienta contra los saciados.[93]

Seguros de esta relación, es ahora el momento de decir que la tragedia de Mayakovsky tiene muchas analogías con la dramaturgia del simbolismo. En 1909-10, durante los meses transcurridos en la cárcel en Moscú, se había sumergido en la lectura de los simbolistas, escribiendo también versos, más tarde perdidos, en el espíritu de aquel movimiento. Como sus dramas, su primer trabajo teatral está todo impregnado de lirismo y se centra en la figura dominante del poeta.

De este modo, si miramos con atención, el futurista que desencadena los objetos, el apóstol de los miserables, el Deucalión que suscita fantasmas a partir de los besos y la saliva se revela una variante de los héroes trastornados del simbolismo. La tendencia a cambiar los personajes en fantoches, en rígidos emblemas que expresen con modos abstractos el horror del mundo real, y además el clima de angustia y la falta de acción acercan extremamente esta tragedia a los componentes dramáticos de aquella escuela. Como en los textos del simbolismo, los motivos de la lábil trama no tienen desarrollo, pero se esfuman en una aureola lírica; las ocurrencias de los diversos personajes son fragmentos de un largo monólogo del poeta; y la totalidad se resuelve en una confesión desolada, en un escorzo de autobiografía. Pero añadimos que Ma-

---

[93] Es curioso que también en Andreev se encuentre el motivo de las insignias. En el Cuadro Segundo *de Zhizn Cheloveka* el Hombre, caído en la miseria, exclama: «¡Las insignias! El jamón es dibujado con tal viveza, que se podría devorar con todo el hierro».

yakovsky, apropiándose de estos esquemas, disipa las alusiones místicas y sobre todo aquel dualismo metafísico, que era atributo constante del teatro de los simbolistas.

Ya hemos revelado en el anterior capítulo que la fábula escénica de Khlebnikov *Snezhimochka* hunde las raíces en *Neznakomka* [La Desconocida] de Blok. Los frágiles dramas blokianos influyeron en poetas de cada corriente. Uno se sorprende al descubrir las huellas incluso en un prolijo ejercicio dramático del creador de imágenes Vadim Shershenevich, *Vechny zhid* [El eterno judío, 1916], que contamina mediocremente el trabajo de Mayakovsky con *Balaganchik* [La barraca de los saltimbanquis] de Blok.

Nuestro poeta amaba las canciones desgarradoras, las *romanzas* gitanas húngaras de Blok, y conocía bastantes de memoria.[94] No hay por qué sorprenderse si algunas expresiones de su tragedia (como, por ejemplo, «con capa y con máscara de tinieblas») tienen metáforas blokianas. Allá donde narra haber encontrado el alma enredada en una «bata azul», el personaje de Mayakovsky nos hace pensar en el Poeta infeliz, que en *Neznakomka* busca «entre las azules nieves» la misteriosa criatura caída del cielo.[95] Las marionetas de *Balaganchik* asemejan a las larvas inquietantes de los lisiados. En lo Conocido del poeta, muñeca enorme que la multitud arroja entre los bastidores, identificamos a la Colombina de Blok, «novia de cartón», que se derrumba bajo la tempestad de nieve.

Y además por su frémito de revuelta la tragedia se refiere a *Korol na ploshchadi* [El rey en la plaza], en cuyas escenas extiende un idéntico sentido de temor, un presagio de ineluctable ruina. La invasión frenética de la revuelta y la espera impaciente de naves simbólicas desde países lejanos dan a este drama, que es el más articulado entre los de Blok, una atmósfera borracha y delirante. Hay aquí un personaje, el Bufón, que en su hablar a modo de proverbios anticipa al Viejo de las gatas. Y las pequeñas rosas Voces que brincan dentro de nubes de polvo, acrecentando la absurda

---

[94] Cfr. Shklovsky, *O Mayakovskom* cit., p. 69, y L. Brik, *Chuzhie stikhi* cit.
[95] Cfr. B. Rostotsky, *Mayakovsky i teatr*, Moscú 1952, p. 56.

aprensión, sirvieron quizás de modelo a los minúsculos Besos saltarines de la tragedia de Mayakovsky.

Pero también las acotaciones, verdaderas líricas en prosa (como en todos los dramas de los simbolistas), tienen en los dos trabajos la misma entonación. Compárense los dos fragmentos siguientes:

> Blok: «... El crepúsculo se adensa rápidamente. El cuerno del viento toca la trompeta, se levantan globos de polvo, el vendaval se ha encendido, la multitud refunfuña con sonido grave en la lejanía...»
> Mayakovsky: «La inquietud ha aumentado. Se sienten disparos. Un vierteaguas comienza a arrastrar lentamente una nota. Se pone a zumbar la chapa de los techos».

En *Vladimir Mayakovsky* se hace realidad la fusión entre actor y poeta, que había sido durante mucho tiempo contemplada por Blok. Pero si Blok, a través de sus personajes (especialmente en los de Pierrot en *Balaganchik*) aparece clorótico y maravillado, como una imagen de Laforgue, Mayakovsky sale de la tragedia concreto y terrestre, con todos los impulsos y las escorias de la realidad.

Ahora, nos parece que, reanudando los dramas líricos de los simbolistas, él se atiene en el mismo tiempo a las teorías de Evreinov sobre el monodrama. Es conocido que Nikolai Evreinov propugnaba un género escénico, cuyos personajes fueran sólo reflejos de los cambios interiores del protagonista. Pues bien, en la tragedia de Mayakovsky las figuras del coro son aspectos diferentes del héroe principal, o mejor el héroe se hace añicos, como en un juego de espejos deformados, en toda una serie de semblanzas monstruosas, que expresan las gradaciones de su desánimo hiperbólico.

6.

Nos parece significativo que para su primera obra de una cierta amplitud Mayakovsky haya elegido la forma teatral, no sólo escribiendo un trabajo del que era el personaje-piloto, sino poniéndolo en escena él mismo y recitando la parte principal. Y es curioso que en el artículo *O raznykh Mayakovskykh* [De los diferentes Mayakovsky] de 1915 él hable del poema *Oblako v shtanakh* [La nube en calzones] como de su «segunda tragedia».

El monodrama fue incluido en el repertorio del «Primer teatro en el mundo de los futuristas», que representó sus espectáculos en San Petersburgo en las postrimerías de 1913 en el escenario del «Luna-Park» (en la calle Ofitserskaya), donde había tenido sede desde 1906 a 1909 el Teatro Dramático de Vera Komissarzhevskaya. Actores torpes y estudiantes privados de toda experiencia teatral representaron el 2 y el 4 de diciembre la tragedia de Mayakovsky, alternándola, el 3 y el 5, con el melodrama *Pobeda nad solntsem* [Victoria sobre el sol] de Kruchenykh con música de Mikhail Matyushin.

A diferencia del texto de Mayakovsky, tan denso de contenidos, el librillo de la obra se diluye en una amorfa papilla de sonidos. Aglomerado de palabras vanas, rudo balbuceo sin nexo, tenía algo de troglodita, como toda la poesía de Kruchenykh, poesía desierta como un cráneo atrozmente calvo. A sus trucos fonéticos correspondieron sin embargo maravillosamente las escenas del suprematismo y la dirección de Malevich, el cual con astutas combinaciones de luces descomponía en figuras geométricas a los actores y a los objetos.[96]

Pero vamos a la tragedia. Las escenarios estaban constituidos por simples fondos dibujados. Para el prólogo y el epílogo P. Filonov, que en aquellos años insistía también en el motivo de la ciudad que tortura a los hombres, había pintado sobre un cartón negro de forma cuadrada un montón inclinado de objetos, de manchas, de letras del alfabeto. Los fondos dibujados por I. Shkolnik para el primer y el segundo acto representaban a la ciudad como una telaraña de calles, de casas rodeadas, de faroles, de insignias, de postes telegráficos.

Al abrirse el telón, el fondo de cartón negro, enmarcado por paños de percal oscuro, estaba inmerso en la penumbra: el espectáculo se iniciaba con un lúgubre desfile de lisiados.

---

[96] Cfr. Livshits, *op. cit.*, pp. 187-91.

El actor Mgebrov cuenta:

De los bastidores desfilaban lentamente, el uno detrás del otro, los personajes: fantoches vivos de cartón. El público intentaba reír, pero la risa se rompía, porque todo esto, lejos de ser ridículo, era espeluznante. Pocos de los que se encontraban en la sala habrían podido explicarse la razón. Si me voy al teatro pensando en asistir a un espectáculo y humillar a un payaso, y de repente el payaso se pone a hablar de mí seriamente, la risa se hiela sobre mis labios. Desde el inicio, la risa se apagó, comenzó a sentirse de golpe la aprensión del público, una aprensión desagradable. Habría querido reír una vez más, había venido por esto. Y esperaba, mirando ávidamente la escena...[97]

En el crepúsculo guiaba a los lisiados un hombre que llevaba las antorchas del funeral de librea blanca y de sombrero de copa blanco.[98] Aparecido por la izquierda, como una demoníaca apariencia de Hoffmann, a la chitacallando avanzaba a lo largo del negro fondo de Filonov, alumbrándolo con el reflejo de una linterna, para desaparecer después por la derecha. Sobre las huellas caminaban a duras penas el Hombre sin un ojo y sin una pierna, el Hombre sin una oreja, y todos los demás. Cerraba el profundo desfile Matusalén de las gatas, semejante a aquellos «abuelos del torneo», que embaucaban a los curiosos de la barandilla de las casetas.

Cada uno de los lisiados, vestidos de un blanco hábito, llevaba delante de sí una especie de escudo, sobre el que estaban dibujados, como en un blasón, sus atributos, los signos de la monstruosidad. Manos, piernas, rostros deformes se apilaban en una maraña de piezas anatómicas, en una terrible heráldica. Sobre el empavesado del Viejo trepaba un montón de gatas negras. Los rostros, manchados tanto como para desagradar a las rudas ma-

---

[97] Mgebrov, *op. cit.*, p. 278.
[98] Nuestra descripción se funda en los testimonios de Mgebrov (pp. 271-84), Livshits (pp. 183-86), Perkov (PP. 233-38), Rostotsky (pp. 32-48), Katanyan (pp. 56-58) y además en aquellas de O. Matyushina y L. Zheverzheev, en *Mayakovskomu: sbornik vospominany i statey*, Leningrado, 1940.

quilladoras de los campesinos rusos en las fiestas navideñas, estaban completamente escondidos tras los escudos, y se asomaban de vez en cuando, para entonar sus ocurrencias. De modo análogo los místicos de *Balaganchik* se escondían dentro de redingotes anticuados, emergiendo por momentos, para lanzar exclamaciones de horror. Para que el escudo estuviera continuamente dirigido a los espectadores, los lisiados estaban obligados a moverse lentamente, por líneas rectas y paralelas al escenario, siempre contra el público. Declamaban los versos con perezosa lentitud, separando rítmicamente las sílabas, entre larguísimas pausas.

No se puede argumentar a partir de todo esto que la puesta en escena de la tragedia discrepara mucho de los espectáculos del simbolismo. Nos encontramos siempre en el ámbito de aquel teatro estatuario, en el que el actor, maniquí de gestos gélidos y apagados, tenía que armonizar con los paneles pictóricos del fondo, como figura de un bajorrelieve. Estos cartones dibujados no hacen presagiar las formas cúbicas, las escenarios en tres dimensiones, que aparecerían dentro de poco en el Teatro de Cámara.[99] El hábito-escudo en sustancia asemeja a la superficie plana de una tela, y los personajes-escudos sólo son cuadros en movimiento, en una especie de muestra animada, como en la comedia de Khlebnikov *Markiza Dezes*. Estamos todavía lejos de los hábitos angulosos y prismáticos, de estilo cubista, que Alexandra Exter dibujará algunos años después para las películas de Tairov.

Los hábitos, los paños, los fondos, la dicción monótona y lenta, el movimiento rectilíneo de los maniquíes nos reconducen a los métodos del llamado teatro «convencional», experimentados por Meyerhold con Vera Komissarzhevskaya en 1906-907.[100] Y es sin duda una extraña coincidencia que la tragedia fuera recitada precisamente sobre el escenario en el que Komissarzhevskaya había expresado con los tonos del simbolismo la ansiedad morbosa de la época. Los versos de Mayakovsky encendieron de nuevo en aquel lugar los mismos estremecimientos de inquietud que en di-

---

[99] Cfr. Konst. Derzhavin, *Kniga o Kamernom Teatre*, Leningrado, 1934, pp. 68-69.
[100] Cfr. *Sbornik pamyati V. F. Komissarzhevskoi*, Moscú, 1931.

ciembre de 1906 habían suscitado las melodiosas cadencias de *Balaganchik*.[101] Pero, en comparación con la puesta en escena de *Vladimir Mayakovsky*, la representación del drama blokiano había sido mucho más audaz, sobre todo por aquel pasaje en el que los escenarios volaban por el aire, casi anuncio del constructivismo.[102]

Mayakovsky llevaba su «hábito» acostumbrado: la blusa a rayas amarillas y negras, el abrigo, el sombrero de copa, adornándose en el segundo acto sólo por una toga y de una corona de laurel. Después del cortejo de los lisiados, entraba en el escenario iluminado y se quitaba abrigo y sombrero de copa, para dejarlos en manos de un siervo de la escena. Más tarde desde una elevación del terreno cubierta de calicó marrón recitaba sus versos, dirigiéndose al público: los recitaba en posición oratoria, sin cuidarse demasiado del coro que le gravitaba en torno. Mientras los lisiados se arrastraban detrás de los escudos con paso rígido y unido, Mayakovsky se extendía por el escenario, sobresaliendo entre aquella agitación de muñecos desproporcionados como dibujos infantiles.

La plasticidad vigorosa de los gestos, el timbre de la voz, la mímica del rostro revelan en él un actor de grandes promesas. Y un crítico conservador, Alexandr Kugel (Homo Novus), aun considerando cobarde el trabajo, escribe sobre el intérprete:

> El señor Mayakovsky tiene una óptima voz, una buena dicción, un rostro expresivo, un aspecto teatral. Si pusiera aparte sus necedades para ser actor, se convertiría en un excelente enamorado. En el tiempo libre podría escribir versos discretos de los espectáculos y de las pruebas, sin alternarlos para *réclame* con desvergonzadas necedades.[103]

---

[101] Blok estaba presente en el espectáculo de Mayakovsky. Cfr. Livshits, *op. cit.*, pp. 185-86; Shklovsky, *O Mayakovkom* cit., p. 57; Perkov, *op. cit.*, p. 235.
[102] Cfr. Nikolai Volkov, *Meyerhold*, I, Moscú-Leningrado, 1929, p. 278.
[103] En «Teatr i iskusstvo» del 8 de diciembre de 1913, n. 49.

Ya en este primer intento se manifestó plenamente la tendencia de Mayakovsky a transformar el teatro en una tribuna polémica. La preocupación por los humillados se unía de hecho a una actitud patética de desafío, de ruidosa protesta contra los burgueses. Las hinchadas imágenes se desbordaron con fuerte arrogancia sobre la sociedad entorpecida y almidonada de aquellos años, que ocultaba bajo una manida pátina dorada la propia vaciedad. La tragedia provocó indignación y clamores entre el público que abarrotaba el teatro. «La acribillaron a silbidos» subraya el poeta en la autobiografía.[104] Sobre las reacciones de los espectadores merece la pena leer un fragmento de las memorias de Mgebrov:

> Mayakovsky, con su blusa amarilla, caminaba y fumaba como uno cualquiera. En torno a él daban vueltas los fantoches, y en sus raros movimientos, en sus extrañas palabras había mucho de incomprensible y de espantoso, como en la vida. Y el público que escuchaba con las orejas tendidas, el público con sus risas y jocosidades banales era también incomprensible. Espantosas e incomprensibles resonaban las frases de Mayakovsky sobre el escenario. Él decía: «sobre vosotros, pobres lisiados...» Y la gente, como única respuesta, se ponía a dar risotadas, y su carcajada recordaba un tímido raspar de ratones en una puerta abierta. «No se vaya, Mayakovsky» gritaba el público en broma cuando él, confuso, recogía con afán en un saco grande las lágrimas y las hojas de periódico y sus juguetes de cartón y las bromas de la platea, en un gran saco de tela áspera: los recogía para irse a la eternidad, hacia espacios inmensos y hacia el mar...[105]

Mgebrov habla de «juegos de cartón». Y en realidad las lágrimas, que las mujeres amontonaban a los pies de Mayakovsky, eran saquitos de diferentes tamaños; rudos saquitos con forma de labios

---

[104] *Ya sam* cit., p. 22. Muchos vieron en aquel trabajo solamente una farsa: no hay que sorprenderse de ello, a principios de 1914, el empresario B. Evelinov meditará ponerlo en escena en su teatro de opereta. Da noticia de ello el pintor Lentulov, que dibujó los bocetos. Cfr. Katanyan, *op. cit.*, p. 66.

[105] Mgebrov, *op. cit.*, pp. 279-80.

eran los besos. ¿Y qué decir de lo Conocido del poeta? Livshits recuerda:

> La muñeca de cartón con una altura de cinco-seis metros, de mejillas bermejas, vestida de harapos y, a pesar del hábito femenino, comparable a una especie de Papá Noel, gustaba seriamente a Mayakovsky, como por otra parte todas estas lagrimillas, lágrimas y lagrimonas brillantes de oropel y semejantes a enormes vejigas natatorias. Él se alegraba como un niño de los juguetes deslucidos, y cuando intenté bromear sobre aquellas herramientas en mi opinión toscas, su rostro se entristeció. Sólo más tarde comprendió que había algo de hoffmaniano en este encuentro del poeta lírico con las propias imágenes, encarnadas en objetos tangibles.[106]

7.

Aunque sea un trabajo experimental, la tragedia de Mayakovsky tiene un calor humano que es raro encontrar en otros textos dramáticos de la vanguardia europea. Permaneciendo en el ámbito del teatro de pintores, nos vienen a la mente dos actos únicos de Kokoschka. *Mörder Hoffnung der Frauen* y *Sphinx und Strohmann*, de 1907, que dieron inicio a la dramaturgia expresionista.

Ahora, a pesar del esquematismo y los movimientos rígidos, los personajes de Mayakovsky brotan de la miseria y de los dolores de aquellos años; a pesar de las hipérboles y las situaciones estrambóticas, la tragedia germina a partir de precisas circunstancias sociales. Véanse por el contrario los intentos de Kokoschka: el primero proyecta en una tétrica y selvática antigüedad el motivo del morboso contraste entre los sexos; el otro, definido «ein Curiosum», rehaciéndose en Grabbe, amontona motivos de pretenciosa metafísica, de humor negro, de talante diabólico.

Estas complicadas armaduras, llenas de espectros y de larvas grotescas, revelan una opaca aridez celebral.[107] Por cuanto raro,

---

[106] Livshits, *op. cit.*, p. 186.
[107] Cfr. Hans Maria Wingler, *Der Sturm*, Feldafing Obb., 1955, y Comentario a: Oskar Kokoschka, *Schriften*, Munich, 1956.

el Viejo de las gatas nos parece más aceptable que las criaturas de Kokoschka, de aquel Firdusi, por ejemplo, que menea una gran cabeza de paja giratoria y lleva, unida a un hilo, una vejiga de cerdo como símbolo del alma.

En el barrio fantástico del teatro de vanguardia tiene lugar a menudo el encuentro con seres abstractos, autónomos. Se asoma a nuestra memoria una pantomima de Schlemmer, *Das Figurale Kabinett*, de 1922, «mitad tiro al blanco y mitad Metaphysicum abstractum», amasijo de geométrico y de burlesco, en el que actuaban figurillas mecánicas, como el Gran Rostro Verde todo Nariz, el Cuerpo violín, el Cuadriculado variopinto, el «Mejor Señor», el Rosáceo, el Turco, el Elemental, el Discutible, el Abstracto-Lineal.[108]

Hay sin duda alguna analogía entre estas apariencias y el coro de la tragedia de Mayakovsky, como por lo demás entre los escudos emblemáticos de los lisiados y las máscaras exorbitantes que llevaban los actores del teatro expresionista en la «Sturm-Bühne» de Berlín y en la «Kampfbühne» de Hamburgo.[109]

Pero, ante los fantasmas verbales emanados de la fantasía de Mayakovsky, se piensa en el sufrimiento de multitudes oprimidas, en la desesperación de gente repudiada. Involucrado en los casos del propio tiempo, el poeta no se pierde en un laberinto de complicados virtuosismos. De aquel muestrario alegórico de horrorosos maniquíes se trasluce el ambiente real de la ciudad rusa con sus multitudes humilladas, con sus estridentes contrastes, en la vigilia de la Revolución.

---

[108] Cfr. Hans Hildebrandt, *Oskar Schlemmer*, Munich 1952, p. 22.
[109] Cfr. Schreyer, *op. cit.*, pp. 20-33.

III
Hacia la tierra prometida

1.

Los futuristas, y especialmente Mayakovsky (que se encontraba entonces en San Petersburgo), acogieron la Revolución como un huracán que barrería el academicismo y la morralla retórica. Soñaban que el nuevo régimen se liberara del lastre cultural y de toda la pálida oleografía de los burgueses. En nuestro poeta los acontecimientos de Octubre parecieron fortalecer el ardor guerrero, el desprecio polémico, la alegría exuberante de los colores y de los sonidos. En la embriaguez de la gran subversión, se prodigó en giros poéticos, en discusiones y en la difusión de manifiestos, que no tardaron en suscitar la indignación de nuevos beatos asustados por su vehemencia.

El 5 de diciembre de 1917 Mayakovsky se trasladó a Moscú. La ciudad bullía de cafés literarios, donde, en torno a poetas y escritores, se daban cita traficantes, soldados de permiso, aventureros de toda ralea. Recordamos la «Cuadra de Pegaso», receptáculo de los creadores de imágenes, el «Cofrecito musical», el «Pittoresque», adornado con colores llamativos desde Yakulov a Tatlin, «estupendo juguete entre las manos de gente demasiado adulta» según las palabras de Ehrenburg.[110] Con sus veladas ruidosas estos encuentros sufragaban la escasez de los periódicos, impresos entonces en papel de embalaje con pésima tinta.

Mayakovsky asistió al «Café de los poetas», refugio de los cubofuturistas, fundado en el otoño de aquel año por Vasily Kamensky y por el «futurista de la vida» V. Goldshmidt en una angosta lavan-

---

[110] Ilya Ehrenburg, *A vse-taki ona vertitsya*, Moscú-Berlín, 1922, p. 26.

dería del callejón Nastasinsky.¹¹¹ Tatlin, Yakulov, Lentulov, Mashkov y otros pintores habían adornado esta «cabaña de cowboys» (como la definió Mayakovsky), trazando curiosos arabescos sobre las paredes embadurnadas de tinta negra. David Burlyuk dibujó una serie de extravagantes imágenes: torsos hinchados de mujeres, grupas equinas con muchas patas, listas variadas, y letreros como «Ordeñad sapos extenuados» y «Al diablo, vacas sin cuernos y planchas».¹¹² Según Kamensky, nuestro poeta pintó sobre una pared «un elefante rojo con la trompa retorcida y sobre la panza la firma: Mayakovsky».

Aquí, junto a Kamensky y a Burlyuk, Mayakovsky daba cada noche un espectáculo, recitando versos propios. En un periódico de la época se lee:

> Mayakovsky es descarado, brillante y sagaz. Y quizás es también un bárbaro, pero de aquellos de la periferia de Nueva York. No pelea con los infelices «odontólogos» que se daban cita en el Café de los poetas, sino con destreza de púgil los noquea simplemente, dejándolos sin respiración. De su boca cuadrangular vuelan, no palabras, sino piedras tonantes de un torrente alpino. Él quiere ser monumental, pero como un verdadero yankee ve la grandiosidad en forma de números gigantescos. Por ello prefiere los personajes y los objetos milenarios, con mil brazos y mil ojos. Sus ideas son cosmogónicas, pero no es Dante, es Walt Whitman. Le gustaría dominar los elementos, pero los elementos por él amansados serían un poco operísticos, como en Bryusov.¹¹³

Con Burlyuk y Kamensky, Mayakovsky redactó en marzo de 1918 el único número de la «Gazeta futuristov» [Periódico de los futuristas], publicando en él una carta abierta a los trabajadores, la lírica *Nash marsh* [Nuestra marcha] y la «poesía-crónica» *Revolyutsiya*. Después de haber interpretado tres películas, de las que

---

[111] Cfr. Kamensky, *Zhizn s Mayakovskim* cit., pp. 190-203.
[112] Cfr. S. Spassky, *Moskva*, en *Mayakovskomu*, Leningrado, 1940, p. 73
[113] Nat Inber, *Kafe poetov*, en «Teatralnaya gazeta», Moscú, 17 diciembre 1917, n. 51.

hablaremos a continuación, en junio de 1918 volvió a San Petersburgo. El «Café de los poetas» se había cerrado el 14 de abril.

En aquellos días futurismo y Revolución parecían ensimismarse, la novedad de las formas coincidía con la renovación política. Los artistas de vanguardia, que en el derrumbamiento de las viejas costumbres habían vislumbrado la llegada de una inesperada libertad formal, consideraban el futurismo la única tendencia capaz de expresar el fermento de la época. Fueron los cubofuturistas los primeros en infundir en las propias obras el ritmo, los temas, los propósitos de la Revolución: piénsese en el proyecto de Tatlin para un monumento a la Tercera Internacional, en la comedia *Misteriya-buff* y en el poema *150 000 000* de Mayakovsky, en el drama *Stenka Razin* de Kamensky, en las películas de Meyerhold. Por otra parte, por diversas divulgaciones, el futurismo había penetrado ahora en todas partes, e incluso el teatro de Tairov, recurriendo a las escenas fantasiosas de Yakulov, cultivaba, como dijo Mayakovsky, un «dulzón futurismo para las damas».[114]

También ahora entre los futuristas prevaleció la pintura:

Las calles son nuestros pinceles.
Las plazas nuestras paletas

sentencia Mayakovsky en *Prikaz po armii iskusstva* [Orden al ejército del arte, 1918].

A comienzos de 1918 fue instituido, en el ámbito del Narkompros, (Comisaría del Pueblo para la Instrucción), el IZO, o bien «Otdel izobrazitelnykh iskusstv» [Sección de las Artes Figurativas], organismo estatal con plenos poderes, presidido por el pintor D. Shterenberg. El IZO estaba articulado en dos «grupos artísticos» autónomos: el de San Petersburgo, del que formaron parte Mayakovsky, O. Brik, N. Altman, N. Punin, y el de Moscú, que ensalzaba figuras como Malevich, Tatlin, Kandinsky, Rodchenko, y O. Rozanova, N. Udaltsova, I. Mashkov, R. Falk. A través del IZO el régimen soviético prestaba su consenso a las corrientes

---

[114] *Otkrytoe pismo A.V. Lunacharskomu* (1920), en *Polnoe sobranie sochineny*, XII, Moscú 1937, p. 27.

más audaces. Esta sección, cuartel general de la vanguardia, tuvo en su mano las escuelas, las galerías, los periódicos, constituyó un fondo y una comisión de adquisición, y organizó en breve tiempo múltiples muestras de pintura no objetiva.

Aunque se adhirieran a la causa del comunismo, los artistas del IZO reafirmaban aquella autonomía de la forma que había sido desde el principio el motivo dominante de todas las proclamas de los cubofuturistas. Un axioma semejante aparecía aún revolucionario en un país donde las búsquedas formales eran juzgadas como signos de decadencia, cavilaciones ajenas a la llamada «espiritualidad» rusa.

Los teóricos y los pintores del IZO apostaron fanáticamente por los aspectos técnicos del arte, rivalizando con los críticos y con los filólogos de la escuela «formalista» (Shklovsky, Brik, Jakobson, Eichenbaum, etc.), que habían apoyado desde los orígenes el cubofuturismo.[115] Había estrechos vínculos entre estos grupos: Osip Brik, por ejemplo, pertenecía tanto al IZO como a la Opoyaz (Sociedad para el Estudio del Lenguaje Poético). Por otra parte el método «formal» tenía también sus raíces en el cubismo. Los filólogos del Opoyaz de San Petersburgo y del Círculo lingüístico de Moscú, encendidos partidarios de Khlebnikov y de Mayakovsky, exploraban la estructura de una obra como un instrumento mecánico, descomponiéndola en sus elementos. Desintegraban los textos con furor analítico, escrutando, pedazo a pedazo, las relaciones, el tramado sonoro, los trucos estilísticos. La precisión de laboratorio se unía en ellos a una actitud maldita propia de café literario. Construyendo las propias teorías sobre los experimentos de los cubofuturistas, justificaron sus proezas verbales en una serie de indagaciones singulares y chispeantes.

Pero volvamos a la pintura. Triunfaba el suprematismo. Se llegó incluso a adornar con tapices no objetivos los flancos de los trenes y las calles de las ciudades. Enormes paneles escondieron las agrietadas fachadas de los viejos edificios. En un «decreto» de 1918, firmado por Mayakovsky, por Kamensky y por Burlyuk, destacan estas palabras:

---

[115] Cfr. Viktor Erlich, *Russian Formalism*, La Haya, 1955, pp. 45-50.

Artistas y escritores son obligados a tomar sin demora ollas de colores y a iluminar, a dibujar con los pinceles de su propia maestría las ancas, la frente y el pecho de las ciudades, de las estaciones y de las manadas de vagones ferroviarios eternamente en fuga.[116]

De este modo el pueblo ruso pudo admirar al aire libre grandiosas escenografías de Chagall, de Exter, de Shterenberg, de Altman. Vitebsk, por ejemplo, fue un día cambiada en una especie de fabuloso barrio de la pintura moderna: los tranvías, los escaparates, las casas se cubren de brillantes colores. Serguei Eisenstein cuenta:

> Una extraña ciudad de provincia. Toda de rojos ladrillos escuálidos y ahumados, como muchas ciudades de las regiones occidentales. Pero ésta es más extraña que las demás. Aquí, en las vías principales, una blanca tinta recubre los ladrillos rojos. Y en el fondo blanco se esparcen círculos verdes. Cuadrados naranjas. Rectángulos azules. Es la Vitebsk de 1920. Por sus muros de ladrillos ha pasado el pincel de Kasimir Malevich.[117]

De este modo el arte de vanguardia bajaba del ambiente cerrado de las galerías hasta la multitud:

> ¡Sobre las calles, futuristas,
> tamborileros y poetas![118]

Respaldado por el IZO, en San Petersburgo, Mayakovsky se sintió más seguro en su lucha. Se publicó con el título *Rzhanoe slovo* [La palabra de centeno] una pequeña antología de líricas de futuristas, precedida por un artículo suyo y por una afectuosa advertencia de Lunacharsky, el primer comisario del pueblo para la instrucción. Y cuando, en diciembre de 1918, Osip Brik y Nikolai Punin fundaron el periódico *Iskusstvo Kommuny* [El arte de la

---

[116] *Dekret Nº I o demokratizatsii iskusstv*, en *Polnoe sobranie sochineny*, XII Moscú 1937, pp. 14-15.
[117] *Zametki o V. V. Mayakovskom*, en «Iskusstvo kino», 1958, I.
[118] Mayakovsky, en *Prikaz po armii iskusstva*.

Comuna], órgano del IZO, él publicó algunas poesías que tienen caducidad de «edictos», poesías que sorprenden por la intensidad de los enlaces fonéticos, por la escritura lanzada e impetuosa.

La tendencia batalladora del periódico y el tono emancipado de aquellos versos provocaron un conflicto, dentro del Narkompros, entre el IZO y la «Sección Museos y Defensa del Pasado». Mayakovsky no desperdiciaba una ocasión para burlarse y desmoralizar a este grupillo de conservadores, y ellos gritaban a la «barbarie» de los futuristas, acusándoles de querer destruir el patrimonio de siglos de cultura. Les irritó sobre todo la poesía *Radovatsya rano* [Es pronto para alegrarse, 1918], en la que Mayakovsky, retomando motivos acostumbrados del futurismo, afirmaba:

¿Y de Rafael os habéis olvidado?
¿Os habéis olvidado de Rastrelli?
Es hora
de que los proyectiles gorjeen
sobre las paredes de los museos.
¡Con las gargantas bombardas fusilad la antigualla!
Sembrad la muerte en el campo adversario.
No os pongáis a tiro, mercenarios del capital.
Y el zar Alejandro
¿Se yergue todavía
sobre la Plaza de las Revueltas?
¡La dinamita!
Hemos alineado los cañones sobre la orilla,
sordos a las costumbres de los guardias blancos.
¿Pero por qué
no se ataca aún a Pushkin?
¿Y a todos los demás
generales clásicos?

Esta protesta insolente contra el pasado, pero especialmente contra los ropavejeros del pasado, parece concebida en competición con la oda *My* [Nosotros, 1918] del poeta proletario Vladimir Kirilov, que invitaba también a incinerar a Rafael y a derrocar a los museos. Pero sólo es una amena bravata, una paradoja polémica. Ya hemos referido que Mayakovsky admiraba la antigua pintura de iconos, y también Pushkin, en el fondo estaba por él, como más tarde demostró en la poesía *Yubileynoe* (1924), dedicada a él.[119] Sin embargo la «Sección Museos» con su sagrado fervor ve en aquellos versos una exhortación a la violencia, y a Lunacharsky le tocó calmar a los conservadores enfurruñados.[120]

2.

En el verano de 1918, en una casa en Levashoro en San Petersburgo, en el ferrocarril de Finlandia, Mayakovsky compuso la comedia en versos *Misteriya-buff*, concebida ya antes de la Revolución de Octubre.[121] El 27 de septiembre leyó su nuevo trabajo en casa de Osip y Lilya Brik, en presencia de Lunacharsky y de Meyerhold.[122]

Los personajes de *Misteriya-buff* son siete pares de «puros» (un gordo francés, un australiano con la mujer, un oficial italiano, un oficial alemán, un mercader ruso, el negus abisinio, un chino, un corpulento persa, un rajá indio, un pachá turco, un pope, un estudiante, un americano) y siete pares de «impuros» (un deshollinador, un farolero, un conductor, una sastra, un minero, un carpintero, un jornalero, un hogareño, un zapatero, un herrero, un panadero, una lavandera, un pescador y un cazador esquimal).

Después del diluvio, «puros» e «impuros» de todas las partes del mundo acuden al polo boreal, único lugar seco. Puesto que el aluvión amenaza también al polo, construyen un arca y se ponen a navegar hacia el monte Ararat. De repente, mientras los «impuros» se encuentran bajo cubierta, los «puros» dan un golpe de estado, aclamando soberano al negus abisinio. Pero, dándose cuenta de que el déspota devora a más no poder, decretan que

---

[119] Cfr. Ripellino, *op. cit.*, pp. 297-306.
[120] Con el artículo *Lozhka protivoyadiya* [Una cuchara de antídoto], en «Iskusstvo Kommuny» del 29 de diciembre 1918, n. 4.
[121] La primera idea de *Misteriya-buff* se remonta al mes de agosto de 1917. Cfr. *Ya sam*, en *Polnoe sobranie sochineny*, I, Moscú, 1955, p. 24.
[122] Cfr. Katanyan, *op. cit.*, p. 107.

la autocracia está superada y, lanzándose al mar, blandean a los «impuros», para instituir con ellos la república. Sin embargo nada cambia: los «impuros» están obligados a plegar la espalda al servicio de los «puros», que piensan atiborrarse. «A uno la rosquilla, al otro el agujero» observa con arrogancia el francés, y el mercader, siguiéndoles la corriente: «Alguien tendrá también que comerse las semillas, no para todos es la sandía».

Descontentos de una república que se revela un «zar de cien bocas», los «impuros» arrojan desde las murallas a los burgueses, continúan navegando de mala gana hacia el monte Ararat. Pero las provisiones escasean. Mientras el hambre los atormenta, ellos ven llegar sobre el agua, como un milagro, al Hombre común.[123] Salido sobre la toldilla, él afirma en un nuevo «sermón de la montaña» que no es el Ararat, sino la Tierra Prometida la meta, y representa a este barrio como un paraíso de delicias.

Inmovilizados por sus palabras, los «impuros» abandonan el arca y, trepando sobre los árboles y los estandartes, «por pasarelas solares y escaleras de arco iris», a través de las nubes se adentran en el infierno. Los diablos, capitaneados por Belcebú, brillan de alegría por la presa inesperada, pero el jornalero los frena y asusta, contando los horrores de la tierra, ante los cuales empalidecen las torturas del infierno.

De aquí, siempre en busca de comida, los «impuros» pasan al paraíso, donde, entre filas monótonas de ángeles, tienen morada, suspendidas como en las «glorias» de los viejos teatros, las figuras decorativas de Rousseau y de Tolstoi. El barbudo Matusalén (doble del Viejo de las gatas) les acoge con insípidas comidas de nubes y con discursos paternos. Los «impuros» huyen de este lugar tedioso, en el que los ángeles engañan al tiempo, bordando sobre los cirros las iniciales de Cristo.

Y he aquí a ellos al final ante las puertas pintadas de la Tierra Prometida. Incrédulos, temen volver a caer en una ciudad cualquiera del pasado, pero el farolero, subiendo sobre su escalera, describe desde lo alto a los compañeros las maravillas que les esperan. Las puertas se abren de par en par, y los objetos exultantes se mueven

---

[123] En la carta: el Hombre simplemente (Chelovek prosto).

hacia los «impuros», llevando pan y sal en señal de bienvenida. La comedia se cierra con un himno de triunfo, que recuerda los *hosannas* de los poetas proletarios.[124]

Mayakovsky había citado la confrontación entre Revolución y diluvio universal ya en la «poesía-crónica» *Revolyutsiya* (1917), afirmando: «Es el primer día del diluvio trabajador», y en *Nash marsh* [Nuestra marcha, 1917], que comienza:

> ¡Batid en la plaza las pisotadas de las revueltas!
> ¡En alto, cadena de cabezas soberbias!
> Con el agua de un nuevo diluvio
> lavaremos las ciudades de los mundos.

En *Misteriya-buff* el tema de los lisiados se cambia, por lo tanto, por el de los «impuros» y el poeta-apóstol se convierte en el Hombre común (no por casualidad también esta parte fue interpretada por Mayakovsky). En *Korol na ploshchadi* [El rey sobre la plaza] de Blok una multitud titubeante esperaba misteriosas naves de países lejanos. Aquí es por el contrario la clase trabajadora la que se embarca en un intrépido viaje hacia el futuro. Si en *Vladimir Mayakovsky* prevalecen lúgubres notas de pena, aquí irrumpe, alegre, el entusiasmo del poeta por la victoria del proletariado.

3.

La explicación del título se lee en el programa que Mayakovsky redactó en 1921, cuando la comedia fue recitada en un circo de Moscú, en honor del III Congreso del Komintern:

> *Misteriya-buff* es nuestra gran revolución, condensada en versos y en acción teatral. Misterio: lo que es grande en la revolución;

---

[124] Cfr. E. Naumov, *Mayakovsky v pervye gody sovetskoy vlasti (1917-1922)*, Moscú, 1950, y A. Metchenko, *Tvorchestvo Mayakovskogo 1917-24 gg.*, Moscú, 1954. Además: Peter Yershov, *Comedy in the Soviet Theatre*, Londres, 1957, pp. 14-26.

ridículo: lo que en ella es ridículo. Los versos de *Misteriya-buff* son las palabras de los mítines, el griterío de las calles, el lenguaje de los periódicos. La acción de *Misteriya-buff* es el movimiento de la multitud, el conflicto de las clases, la lucha de las ideas: miniatura del mundo entre las paredes de un circo.

Una mezcla por lo tanto de «sagrado» y de burlesco. Para dar una idea de las dimensiones de la subversión de Octubre, Mayakovsky da a su trabajo una amplitud cósmica, incluyendo el paraíso, el infierno, la Tierra Prometida. Lo que más sorprende a la primera lectura es el gran número de referencias religiosas. La aparición del Hombre común parece inspirada en la de Cristo en un cuadro famoso del pintor del siglo XIX Alexandr Ivanov, que el poeta solía admirar en la galería Tretyakov, y su discurso recalca, como se ha dicho, el «sermón de la montaña». Alterando las palabras de Cristo «Dichosos los pobres, porque es de ellos el reino de los cielos» (Mateos, V, 3), el Hombre común proclama:

Mi paraíso es para todos,
excepto para los pobres de espíritu.

(vv. 880-81)

Este personaje recuerda al héroe del poema *Chelovek* [El Hombre, 1916-17]. Por otra parte el final del capítulo «El nacimiento de Mayakovsky» en *Chelovek* anuncia el sermón del Hombre común, y viceversa, el episodio del paraíso en *Misteriya-buff*, con su atmósfera de angélico tedio, repite el capítulo «Mayakovsky en el cielo». Se olvida que ya en el poema aparecen las figuras de la lavandera, del panadero, del zapatero.

Aunque parezca extraño en un futurista, Mayakovsky imita en esta comedia los misterios medievales, y no sólo para el tema bíblico, sino por los intentos alegóricos, los personajes y los lugares sobrenaturales, la pintoresca mezcla de lo solemne y de lo cómico. Lo ridículo prevalece sobre lo «sagrado», como en aquellos textos de la Edad Media, en el que las escenas ridículas se dilatan en detrimento de las litúrgicas. Piénsese en el fragmento bohemio *Mastichkar* [El Ungüentario], donde las ocurrencias vulgares de un charlatán y de sus siervos rebasan el motivo de las tres Marías, que van en busca de bálsamos para el cuerpo de Cristo.

En los primeros años del comunismo poetas y directores hojearon ansiosamente la Biblia y los Evangelios, para encontrar en ellos analogías con los acontecimientos que habían asolado Rusia. Andrei Bely, en el poema *Khristos voskres* [Cristo ha resucitado, 1918], habla del cumplimiento de un «misterio universal». En la conclusión de los *Doce* (1918) de Blok la imagen de Cristo avanza en el vendaval por las calles nevadas de San Petersburgo, a la cabeza de doce soldados rojos. Y Esenin, en un ciclo de poemillas enjoyados de 1918, cuyas metáforas son un amasijo de religiosidad patriarcal y de arrogancia blasfema, ensombrece la Revolución como la llegada de un nuevo Nazaret, de un primitivo paraíso campesino. Entre las páginas aún verdean los versos de *Inoniya*, que desde el inicio fluyen en una cascada de semejanzas bíblicas:

> No me asustarán la ruina,
> ni las lanzas ni los dardos de las lluvias:
> de este modo afirma según la Biblia
> el profeta Esenin Serguei.
> Mi tiempo ha llegado,
> no me aterra el silbido del látigo.
> El cuerpo, el cuerpo de Cristo
> escupo por la boca.

Siempre en 1918, el director Evgeny Vakhtangov anotaba en su diario (24 noviembre):

> Es necesario poner en escena el *Caín* (tengo un plan audaz, aunque absurdo). Es necesario poner en escena *Les Aubes*, es necesario representar la Biblia. Representar el espíritu sedicioso del pueblo. Se me ha ocurrido un pensamiento: sería bonito si alguien escribiera un trabajo sin partes singulares. En cada acto recita sólo la multitud... Se mueven hacia el obstáculo. Lo conquistan. Se exaltan. Entierran a los caídos. Entonan el canto universal de la libertad.[125]

---

[125] E. Vakhtangov, *Zapiski, pisma, stati*, Moscú-Leningrado, 1939, p. 127.

Algunos días antes (25 de octubre) el mismo Vakhtangov, soñando que representaba un drama sobre Moisés liberador de su pueblo, había ideado el final de este modo: «Noche. Lejano, más allá de los límites tangibles del espacio, un fuego. En la noche se escucha el canto de esperanza de millares de pechos que se acercan. Va el pueblo, ansioso de construir la propia libertad.»[126] Del mismo modo Stanislavsky buscó en la Sagrada Escritura un paralelo a los desastres de la guerra fratricida, poniendo en escena, el 4 de abril de 1920, el *Caín* de Byron.[127]

Había en aquellos días en los poetas y en los hombres de teatro la fiebre de entrelazar retratos monumentales, alegorías enrevesadas que reflejaran los extraordinarios acontecimientos de la época. Miraban a las lejanías, perdiéndose en ingenuas estructuras de comparaciones y de símbolos. Puede servir de ejemplo la ampulosa *Legenda o Kommunare* [Leyenda del Revolucionario] de Petr Kozlov, representada en el Proletkult de San Petersburgo en 1919, en el que el Hijo del Sol y el Hijo de la Tierra, venciendo a las fuerzas del mal, forjaban en una herrería sobre los montes un Revolucionario, que descendería a las fábricas y a las minas, para incitar a los trabajadores y para conducirles, a través del desierto, a un futuro radiante.[128] Entre 1918 y 1921 los poetas del «Proletkult» de San Petersburgo y los de «Kuznitsa» [La Herrería] de Moscú, en un amorfo flujo de salmos, de himnos, de cantinelas, cantaron la Revolución como una agitación sideral.[129]

Mayakovsky no era ajeno a esta tendencia llamada «cosmismo», que ensanchaba los espacios del universo el fermento político de aquellos años. Los hechos de Octubre fueron para él el incentivo de asombrosas utopías, de fantasiosas visiones planetarias. En una carta abierta suya a los trabajadores, de 1918, se encuentran estas palabras:

---

[126] E. Vakhtangov, *op. cit.*, pp. 123-24.
[127] Cfr. K. Stanislavsky, *Moya zhizn v iskusstve*, en *Sobranie sochineny*, I, Moscú, 1954, pp. 378-83. Además: P. Markov; N. Chushkin, *Moskovsky Khudozhestvenny teatr*, Moscú-Leningrado, 1950, pp. 47-48.
[128] Cfr. Mgebrov, *op. cit.*, pp. 480-96.
[129] Cfr. A. Voronsky, *Prozaiki i poety « Kuznitsy»*, en *Literaturnye portrety*, II, Moscú, 1929.

A ninguno se le ha concedido saber por qué soles gigantescos será iluminada la vida del futuro. Quizás los artistas cambiarán en arco iris de cien colores el gris polvo de las ciudades, quizás de las cimas de los montes resonará sin tregua la música fragorosa de los volcanes cambiados en flautas, quizás las olas de los océanos serán obligadas por nosotros a picar las redes tendidas desde Europa a las Américas.[130]

En la advertencia a la segunda versión de *Misteriya-buff*, anticipándose a la época de los «Sputniki», dirá: «Hoy la voluntad de millones anhela la Comuna, y dentro de cincuenta años, quizás, al ataque de lejanos planetas se lanzarán sus naves acorazadas».

4.

Muchos elementos de *Misteriya-buff*, como la brevedad de las escenas separadas a modo de viñetas, la marcha rítmica como canción, la agilidad verbal de los personajes, y la misma estructura llamativa, espectacular, nos remiten a aquellas formas de teatro que florecían en otra época en las ferias rusas, bajo las llamadas «montañas heladas».[131]

Las «montañas», que cada año para las semanas de Carnaval y de Pascua eran levantadas sobre amplias plazas, eran dos torres opuestas de madera, adornadas en lo alto de pérgolas en estilo oriental. Desde las torres descendían, sobre andamios degradantes, dos trampolines cubiertos de hielo y adornos sobre los bordes de pequeños abetos plumosos. Sobre estas pendientes el pueblo montaba en trineo, como sobre el hilo de un espejo cóncavo, aca-

---

[130] *Otkrytoe pismo rabochim*, en *Polnoe sobranie sochineny*, XII, Moscú, 1937, p. 13.
[131] Cfr. V. Vsevolodsky-Gerngross, *Istoriya russkogo teatra*, Leningrado-Moscú, 1929. II, cap. X: A. Ya. Alexeev-Yakovlev, *Russkie narodnye gulyanya* (bajo la dirección de Evg. Kuznekov), Leningrado-Moscú, 1948; *Russkaya narodnaya drama XVII-XX vekov* (bajo la dirección de P. Berkov), Moscú, 1953.

bando durante largo tiempo en la llanura. A los lados de las «montañas», iluminadas por candiles de mica a colores, se amontonaban barracas y museos de cera, tiovivos, y «castillos» de marionetas.

De los géneros que animaban las ferias, sobre todo el «raek», la «petrushka» y las canciones de los «abuelos del carrusel» influyeron en *Misteriya-buff*. He aquí en pocas palabras lo que era el «raek»: una caja con dos o más lentes de aumento sobre la pared anterior, en cuyo interior se deslizaba, tendida entre dos rodillos, una franja de cuadraditos populares de colores chillones. Normalmente eran ingenuas vistas de ciudad, que pintores inexpertos habían dibujado con perspectivas torcidas. Los curiosos miraban en las lentes, mientras el «raesnik», el *panoramista*, movía la franja, acompañando los cuadritos con una sonora canción, tramada por maliciosas alusiones.

No diferentes de los chistes de los «raeshniki» eran los alegres sermones de los titiriteros, que mostraban la «broma» de Petrushka, secuencia de pequeñas escenas brillantes, en las que el chapucero fantoche castigaba con duros latigazos a los muñecos rivales. Como el «raek» y las escenitas de la «petrushka», también las argucias de los «abuelos del carrusel» tenían estampas populares. Semejantes a las «paradistes» del Boulevard du Temple, estos charlatanes tenían la tarea de atraer a la gente con rumorosos discursos. Alojados en los balcones de los tiovivos y de las barracas, con la barba de tela, una hopalanda gris ceniza toda llena de remiendos y un sombrero redondo de copa, recitaban bastas canciones de despropósitos, obstaculizando su decir con referencias punzantes a los hechos contemporáneos.

Estos géneros tuvieron una gran fortuna entre el pueblo y Mayakovsky se hace eco de las cadencias, para dar a su texto la inflexión de formas tradicionalmente familiares a la gente simple e inculta que aglomeraba ahora los teatros.

Para el episodio en el infierno, Mayakovsky se acordó sin duda de las pantomimas de las barracas. Cuando, en octubre de 1917, le propusieron escribir para la Casa del pueblo de San Petersburgo una «revista» satírica (esquema inicial de *Misteriya-buff*), el poeta se puso en contacto con el director de espectáculos de feria Alexei Alexeev-Yakovlev. Cuenta éste último en sus memorias que Mayakovsky observó durante mucho tiempo en la utilería de la Casa del pueblo un modelito del infierno, que él estaba plasmando.[132] El infierno era normalmente en las barracas un enorme demonio panzudo, de cuyas fauces abiertas de par en par saltaban fuera diablillos en maya roja y con el tridente. Clavado en la tierra, el demonio engullía a los malvados, emitiendo por las narices y por las orejas nubes de humo.

Mayakovsky amaba los trucos y las «ilusiones» escénicas, y no es para excluir que aquel modelito haya influido sobre su concepción del infierno. Los diablos de *Misteriya-buff* provienen de hecho de los teatros y de las imprentas populares y no manifiestan ninguna afinidad con los demonios de la poesía y de la pintura decadentes, que tenían aspecto de arañas monstruosas de negros tentáculos.

Los simbolistas, también ellos, sufrieron el encanto de las ferias. No hay duda de que Blok, en *Balaganchik*, volvía a pensar en las arlequinadas de las barracas de San Petersburgo. En sus versos sin embargo la alegría resonante de aquellos espectáculos se esfuma en afligida ironía. Las figuras de las barracas, las máscaras, se convirtieron siempre en la poesía simbolista en evaporadas semblanzas de hielo, mantos vocales, espectros danzantes en la tempestad de nieve.

En *Misteriya-buff*, al contrario, los géneros de las ferias se transforman sin perder nada del brío, de la rudeza plebeya, de los colores vistosos. Se podría casi argumentar que la materia verbal del futurismo coincide con la del teatro popular. No se puede decir lo mismo de otra comedia de la época, que intenta relacionarse con los géneros de las ferias: *Blokha* [La pulga, 1925] de Zamyatin, adaptación del cuento de Leskov sobre los artesanos de Tula que herraron las patitas de una microscópica pulga de acero. En *Blokha* las ocurrencias de las barracas, del «raek», de la «petrushka» son trasladadas a cuadritos estilizados y preciosos, comparables a las «miniaturas» que presentaba el cabaret «Letuchaya Mysh» [El Murciélago] de Moscú antes de la Revolución.

La identidad de las páginas de Mayakovsky con la creación popular se hace sobre todo perspicua si se compara *Misteriya-buff*

---

[132] Alexeev-Yakovlev, *op. cit.*, pp. 160-63.

con la comedia sobre el zar Maximiliano.[133] Taracea de disparates a trizas, de episodios pintorescos, aferrada al tema-raíz en el curso de una larga transmisión oral, este trabajo estuvo de nuevo en auge después de los acontecimientos de Octubre, en años en los que el teatro popular aparecía tan moderno como una poesía de Khlebnikov o un cuadro de Malevich. Y Alexei Remizov lo volvió a publicar en 1920 en una redacción, que es un verdadero «collage» de las diferentes versiones.

Como *Misteriya-buff,* la comedia sobre el zar Maximiliano construye también las propias ocurrencias sobre un muy vivaz juego de paranomasias, de calambures, de recursos fonéticos. También ésta reúne personajes de varias partes del mundo y acorta las distancias semánticas en una ingenua perspectiva como «lubok», intercambiando motivos sagrados y profanos con la misma destreza con la que los payasos en el circo se intercambian el sombrero.

Y viceversa: en el tono de sus párrafos, en el presentarse a quemarropa, algunos de los «puros» imitan a los paladines y a los arrogantes de aquella comedia. El negus es una copia de Maximiliano, y el pope, «armario con barba», allá donde pronuncia un sermón para la elección del negus, asemeja a los dos curas borrachines que, recitando una socarrona parodia del rito ortodoxo, unen en matrimonio al zar Maximiliano con una diosa pagana.

5.

La primera comedia soviética se separa por lo tanto de los moldes de la dramaturgia burguesa, inspirándose en las formas del teatro de feria. La fusión de motivos populares y de imágenes futuristas genera efectos curiosos. La Tierra Prometida, por ejemplo, es un cruce entre un barrio del suprematismo y un idílico paraíso de «lubok»: «Se amontonan hasta el cielo las moles abiertas de par en par de fábricas y de viviendas diáfanas. Envueltos de arco iris, estacionan los trenes, los tranvías, los automóviles, y en el medio

---

[133] Cfr. Viktor Shklovsky, *Khod konya*, Moscú-Berlín 1923, pp. 48-50, y Perkov, *op. cit.,* II, Moscú, 1956, pp. 84-86.

hay un jardín de estrellas y de lunas, adornados con guirnaldas con la corona resplandeciente del sol».

En contraste con la ciudad desolada de *Vladimir Mayakovsky*, la ciudad del futuro aparece para el poeta como un despreocupado país de jauja, brillante de comidas, banderas, botellas. No por casualidad el farolero, habiéndose encaramado a mirar más allá de los muros, anuncia a los «impuros»:

Los árboles florecen,
pero no de flores: de bocadillos.

(vv. 1350-51)

Aquí las cosas no son las amenazadoras señales de un mundo aburrido. A los calzones y a las ropas, que en *Vladimir Mayakovsky* bajaban de las insignias para agredir a los hombres asustados, les siguen objetos racionales, como el coche, el libro, el pan, la sierra, el martillo, aligerados de peso por las insignias del socialismo. Si en *Vladimir Mayakovsky* las cosas actuaban fuera de escena, y se había oído hablar de su revuelta sólo a través del hablar febril de los maniquíes, aquí se asoman a escena, interviniendo en el diálogo. Felices de haberse emancipado de los burgueses, los «compañeros objetos» obedecen con entusiasmo a los «impuros».

Debajo del tejido de imágenes los versos de *Misteriya-buff* dejan vislumbrar la influencia de los términos políticos, de las palabras de orden, de las frases polémicas de aquellos años. Los «impuros» quieren personificar la solidaridad proletaria, la disciplina de clase, el internacionalismo. Si los personajes de *Vladimir Mayakovsky* eran muñecos pasivos, sombras inertes del poeta, los «impuros» se mueven autónomos, resisten el viaje por sí solos. Pero a pesar de ello, confesémoslo, son rígidos y aburridos, desesperadamente uniformes, como las fichas de un casillero. El hecho de que se trasladen al infierno, como los héroes de las fábulas que penetraban en la ultratumba volviendo vivos después de haber afrontado nubarrones de demonios, no los hace nada interesantes.[134]

---

[134] Cfr. DM. Moldavsky, *Mayakovsky i folklor*, en *Russkaya sovetskaya poeziya i narodnoe tvorchestvo*, Leningrado, 1955.

Nos parecen mejor conseguidos los semblantes de los «puros». Descienden de los «gordinflones» del monodrama, y es característico que el poeta, en un resumen de 1919, los haya representado como pelotitas sobre patitas filiformes, dibujando por el contrario a los «impuros» como cajas cúbicas, angulosas. En la sátira de Mayakovsky estos fantoches asumen el aspecto de seres anómalos, de ridículas atracciones, semejantes a aquellos «fenómenos» que eran presentados en una época en las barracas de los saltimbanquis.[135] A este grupo se une la Dama histérica, cuya excitación en el medio de la tabla nos hace volver a pensar en las ansias y en los temores del Común mocetón de *Vladimir Mayakovsky*.

Con el grupo de farsa de los «puros» Mayakovsky da inicio a aquellas máscaras sociales que constituirán una parte importante en el teatro de la Revolución. Durante muchos años las tablas soviéticas tratarán a los personajes a modo de carteles: los proletarios como héroes positivos y los burgueses con los lazos del más elemental grotesco.

Pocos de nosotros querrían ahora aprobar una repartición esquelética como aquella sobre la que se ramifica la comedia de Mayakovsky. Los esquemas nos fastidian, aunque estén revestidos de fantasía y de metáforas. ¿Y quién podría convencernos de que el mundo está netamente roto en dos recintos opuestos, que una línea precisa, obsesiva, divida el negro del blanco, la virtud del delito? Pero en aquellos días los poetas y los artistas, en el ardor de la Revolución, amaban actuar como juglares, representando a los hombres y a la vida con despiadados contrastes alegóricos, como en una grandiosa «moralidad».

---

[135] En nuestra opinión, la familia de los «puros» sirvió a Ehrenburg de modelo para la novela *Neobychaynye pokhozhdeniya Khulio Khurenito i ego uchenikov* [Las extraordinarias aventuras de Julio Jurenito y de sus discípulos, 1922], donde los partidarios del emprendedor filósofo Jurenito se reúnen también provenientes de diversos países: el francés Delhaie, el alemán Karl Schmidt, el americano mister Cool, el intelectual ruso Alexei Spiridonovich Tishin, el italiano Ercole Bambucci, el negro Aysha, el mismo Ehrenburg.

6.

No fue fácil encontrar un escenario para representar *Misteriya-buff*. Los viejos teatros, que se consideraban «templos» del arte puro, rechazarían una comedia de tan marcada tendencia política. Sin embargo, para interés de Lunacharsky y de Meyerhold, Mayakovsky leyó el guión a los actores del Alexandrinsky. Pero ellos eran tan retrógrados, que la comedia sonó en sus oídos como un sacrilegio: se persignaban, sobrecogidos por aquella mezcla de religioso y de blasfemo. Otros teatros de San Petersburgo y de Moscú esgrimieron diferentes pretextos, pero en realidad para no comprometerse en una situación aún incierta.[136]

Así Mayakovsky y sus amigos decidieron organizar ellos mismos las representaciones de *Misteriya-buff* para el primer aniversario de la Revolución. Maria Fedorovna Andreeva, que presidía los espectáculos de la Comuna de San Petersburgo, les concedió un circo roto y decandente, pero inmediatamente se cambió de opinión, retirando el permiso. Después de muchas vicisitudes obtuvieron al final, por intervención de Lunacharsky, el Teatro del drama musical.

El 12 de octubre de 1918 en los periódicos de San Petersburgo una llamada invitaba a los que desearan interpretar *Misteriya-buff* a presentarse al día siguiente (un domingo) en la sala de los conciertos del Instituto Tenishev. Mayakovsky leyó la comedia a los pocos curiosos que respondieron a la llamada, Meyerhold hizo conocer el plan de dirección y Malevich mostró los bocetos de las escenas. Puesto que el tiempo apretaba, fue reclutado a la buena de Dios un grupillo de aficionados, de alumnos de escuelas dramáticas, de actores de cabaret. Y como había ya sucedido para *Vladimir Mayakovsky*, el espectáculo fue preparado deprisa, con escasas pruebas. El poeta cuenta:

---

[136] Cfr. A. Fevralsky, Introducción al vol. III del *Polnoe sobranie sochineny*, Moscú, 1934, y Comentario a: Mayakovsky, *Teatr i kino*, I, Moscú, 1954. Además: Katanyan, *op. cit.*, pp. 107-13, y Perkov, *op. cit.*, II, pp. 87-91.

III. Hacia la tierra prometida

Los adictos al teatro hacían todo lo posible por obstaculizarnos. Bloqueaban las entradas y escondían los clavos.
Nos prohibieron incluso exponer una copia impresa de *Misteriya-buff* en su mostrador de venta, envuelto por la aureola del arte y de las tradiciones.
Solamente el día del espectáculo llevaron los manifiestos y los bordes sin colores, declarando que no habían recibido la orden de pegarlos.
Debí colorearlos a mano.
Nuestra sirviente Tonya fue con los manifiestos y las chinchetas para el Nevsky y, donde entraba la chincheta, pegaba un manifiesto inmediatamente arrancado por el viento.[137]

Dos días antes de la representación, el 5 de noviembre, sobre la «Petrogradskaya Pravda» Lunacharsky escribió sobre la comedia, deseándole un caluroso éxito. Y aquí es oportuno recordar de nuevo que Lunacharsky apoyó siempre al poeta, favoreciendo sin reservas sus iniciativas y los propósitos. Y Mayakovsky, a su vez, lo estimó mucho, aunque a menudo polemizó con él, como, por ejemplo, en la discusión sobre la puesta en escena de *Les Aubes* de Verhaeren en el Teatro de Meyerhold (1920).[138] Hombre de gran erudición y de raro equilibrio, Lunacharsky, aunque partidario del realismo tradicional, no detestaba las novedades y los experimentos. Aun defendiendo enérgicamente los valores del pasado, siguió con diligencia los intentos de la vanguardia y fue comprensivo con las ocurrencias más audaces.

Misteriya-buff fue, por lo tanto, representada el 7, 8, 9 de noviembre de 1918 con dirección de Meyerhold (asistentes el mismo poeta, Lilya Brik, V. Solovev). Mayakovsky interpretaba al Hombre común pero, por la ausencia de otros actores, debió encarnar también a Matusalén y a uno de los diablos.

Las escenas de Malevich combinaban estructuras arquitectónicas y telones de fondo decorativos. Un gran hemisferio de color

---

[137] *Tolko ne vospominaniya* (1927), en *Polnoe sobranie sochineny*, XII, Moscú, 1937, p. 199.
[138] *Vystupleniya na dispute o postanovke « Zor» E. Verkharna v teatre RSFSR*, ivi, pp. 324-29.

ultramarino designaba el globo terrestre, formas cúbicas sugerían el arca. El infierno era una sala gótica rojo-verde, y el paraíso, de tonos grises, alineaba variopintas vejigas de nubes. Una tela suprematista, un amplio arco y la estructura de una máquina indicaban la Tierra Prometida. La dicción monótona y salmodiante de los «impuros», vestidos todos de gris, asemejaba a las melodeclamaciones que se celebraban entonces en el Proletkult de San Petersburgo bajo la guía de Mgebrov.

Las críticas fueron violentas y malévolas. Los adversarios protestaron contra la intrusión de la política en el teatro, y un cierto A. Levenson, más tarde emigrado, publicó, el 12 de noviembre, una crítica despiadada en el periódico *Zhizn iskusstva* [La vida del arte], afirmando que el trabajo no se destinaba a las masas trabajadoras. Desgraciadamente esta opinión era también compartida por Andreeva, que dio la orden de eliminar la comedia del repertorio, porque era «incomprensible» para los proletarios.

Fue lanzada de este modo por primera vez una acusación, que acompañará, como un bajo continuo, la existencia del poeta hasta los últimos días. Plumíferos y funcionarios aplicados, fanáticos sacerdotes del partido divulgarán con ritmo creciente la tonta leyenda de su oscuridad, inculpándolo por error de ser incomprensible para el nuevo público.

De todas maneras este espectáculo tiene un valor considerable en la historia de la escena soviética, porque fue el primer trabajo común de Mayakovsky y de Meyerhold. El director encontró en Mayakovsky el «propio» poeta, como lo había encontrado en Blok en la época del simbolismo.

Viendo que los viejos teatros no estaban adaptados ni dispuestos a representar las nuevas comedias, en noviembre de 1918 Mayakovsky presentó a Lunacharsky el plan de un «Teatro volante» («Letuchy teatr»), «libre organización de revolucionarios de la escena». Con un mínimo de equipo y con actores jóvenes, este teatro móvil debería llevar a los más remotos países el repertorio de los futuristas, y en primer lugar *Misteriya-buff* y *Stenka Razin* de Kamensky.

7.

Misteriya-buff influyó en las representaciones populares (*instsenirovki*), que se desarrollaron en Rusia entre 1919 y 1921. Con este propósito es necesario recordar que Mayakovsky trabajó en vano para que su comedia fuera representada al aire libre, el 1 de mayo de 1919, en la plaza Lubianskaya en Moscú.[139] Y más tarde, en 1924, el director georgiano Kote Mardzhanishvili (Mardzhanov) meditó ponerla en escena como acción de masa en la montaña de David que se yergue en Tbilisi.[140]

En los días de la Revolución la embriaguez de la lucha encendió en el pueblo ruso una irrefrenable avidez de espectáculos. Los lutos, el tifus, la carestía, la gangrena no debilitaron el ansia de representar, de montar desfiles y ceremonias. La Rusia devastada y hambrienta pululaba de escenarios experimentales, de estudios y laboratorios escénicos, de escuelas, secciones y subsecciones dramáticas. En cada ciudad, en cada fábrica, en cada destacamento militar nacían y desaparecían con la rapidez de molinetes grupos y círculos teatrales. «Se multiplican como infusorios. Ni la falta de combustible, ni la penuria de víveres, ni la Triple Entente: nada puede detener su desarrollo».[141]

Mítines, desfiles, reuniones, maniobras: todo se cambiaba en espectáculo. «Y recita, recita Rusia. Sucede un extraño y espontáneo proceso de metamorfosis de argumentos vivos en argumentos teatrales».[142]

Este anhelo frenético de una vida ilusionada para contraponer a las molestias y a los sufrimientos no era nuevo por otra parte en el pueblo ruso: piénsese en las representaciones de los condenados a

---

[139] Cfr. La intervención del poeta en la polémica *Nado li stavit «Misteriya-buff»* (30 de enero de 1921), en *Polnoe sobranie sochineny*, XII, Moscú, 1937, p. 336. Además: Katanyan, *op. cit.*, p. 121.
[140] Cfr. Fevralsky, Comentario a: Mayakovsky, *Teatr i kino* cit., I, pp. 475-77, y Nik. Verzhbicky, *Vstrechi s Sergeem Eseninym*, en «Zvezda», 1958, 2.
[141] Viktor Shklovsky, *Drama i massovye predstavleniya*, en *Khod konya*, Moscú-Berlín, 1923, p. 59.
[142] *Ibíd.*, p. 60.

cadena perpetua descritas por Dostoievsky en las *Memorias de la casa de los muertos* (I, II).

Mientras el país era puesto patas arriba por la guerra civil, miles de personas, invadidas por una especie de teatromanía, participaron en espectáculos monumentales, que se referían a las procesiones y a los «pageants» de la Edad Media, a las fiestas populares de la Revolución Francesa.[143] De los límites del edificio teatral, la ficción dramática se trasladó a las calles, animando desfiles, mascaradas, misterios.

Las «instsenirovki» tuvieron su centro en San Petersburgo. Fiestas y triunfos dieron vida en las fiestas proletarias a las gélidas calles de la ciudad desolada. Los días pasaban en una secuela de duras privaciones: días de frío, de epidemias, de miseria. «Estábamos sumidos en el hambre, como los peces en el agua, como los pájaros en el aire».[144] La gente desmantelaba las casas para tener troncos para quemar, hacía interminables colas para una escasa ración de podridos arenques, de patatas congeladas. Sin embargo las ceremonias se sucedían con ritmo irresistible. Se representaba delante de los austeros palacios, sobre las escaleras, en los cruces, a lo largo de los canales, sobre las plataformas de los tranvías adornados de estandartes y de paños dibujados.

En los espectáculos de masa encontramos, invariadas, las características de *Misteriya-buff*. Como el trabajo de Mayakovsky, las tramas esquemáticas de las «inscenirovki» oponían la epopeya proletaria a la farsa burguesa, los virtuosos a los ridículos, alineando, por un lado, la multitud anónima de los trabajadores, y por otro, los enemigos de clase, los monarcas, los hombres políticos de Occidente, con maquillajes y vestidos grotescos, con atributos inmutables, como los bufones de una comedia de máscaras.

Igual que en *Misteriya-buff*, estos espectáculos se basaban en una especie de dualismo antifonal, en un juego de marcados contrastes, realizados como carteles. También ellos ponían por medio objetos, utensilios engrandecidos, herramientas de una nueva emblemáti-

---

[143] Cfr. Nina Gourfinkel, *Théatre russe contemporain*, París, 1931, pp. 122-45.
[144] Viktor Shklovsky, *Peterburg v blokade*, en *Khod konya* cit., p. 31.

ca; lanzaban deslumbrantes colores (sobre todo el rojo); y, como la primera representación de *Misteriya-buff*, asociaban también elementos arquitectónicos a telones de fondo dibujados.

Para aclarar nuestra comparación, nos pararemos en algunas de las «inscenirovki» que fueron recitadas en San Petersburgo en 1920. El 1 de mayo de aquel año, en el peristilo y sobre los escalones de la Bolsa, dos mil personas interpretaron *Misterya Osvobozhdennogo truda* [El Misterio del Trabajo liberado: dirección de A. Kugel y Yu. Annenkov]. Un cortejo de esclavos desfilaba a los pies de la escalinata, mientras en el pórtico estaban, como en un escaparate, las figuritas de los bufones (un monarca oriental, un sultán, el papa, Napoleón, un mandarín, el rey de la Bolsa, un mercante ruso), preparados para largarse delante de los esclavos en revuelta. Grandes telas suspendidas entre las columnas representaban los muros de la Tierra Prometida. Caída la falsa muralla, aparecía el país encantado del socialismo con el árbol de la libertad.

A veces prevalecieron los motivos burlescos, como, por ejemplo, en *Blokada Rossii* [El bloqueo a Rusia, 20 de junio; dirección de S. Radlov], en el que las máscaras eran personalizadas por los payasos del Teatro de la Comedia popular y los proletarios por soldados rojos. La acción se desarrollaba en un espejo de agua: uno de los bufones, Lord Curzon, con un acorazado en miniatura asediaba una pequeña isla que simbolizaba Rusia.

La partitura de las ceremonias de masa incluía fuegos artificiales, silbidos de sirenas, detonaciones, redoble de tambores, luminarias, ondeo de banderas. Y los participantes eran a veces tan numerosos, que los directores debían guiar las maniobras desde un puente de comando con teléfonos y señales ópticas. Así sucedió durante los dos espectáculos más complicados: *K mirovoy Kommune* [Hacia la Comuna universal, 19 julio: dirección de S. Radlov, N. Petrov, A. Piotrovsky, V. Solovev, K. Mardzhanov] y *Vzyatie Zimnego dvortsa* [La toma del Palacio de Invierno, 7 noviembre: dirección de N. Evreinov, A. Kugel, N. Petrov, K. Derzhavin, Yu. Annenkov].

En este último la repartición de los personajes en dos grupos antitéticos era puesta en relieve por dos inmensos escenarios construidos enfrente del Palacio de Invierno, uno para el coro proletario, el otro para las máscaras de los blancos. En la oscuridad de la noche los escenarios se iluminaban alternativamente, presentando, como las piezas de un montaje, los episodios de la Revolución en los dos campos contrarios. Cuando más tarde el Palacio era atacado por los insurrectos, en todas sus ventanas se perfilaban, como sombras chinas, pantomimas fulminantes de discusiones y de enfrentamientos.[145] Los momentos heroicos se entremezclaban también aquí con escenitas funambulescas: la conclusión, por ejemplo, mostraba la fuga de Kerensky disfrazado de mujer por la plaza desierta. Con el mismo relieve satírico la figura de Kerensky aparecerá en las páginas de nuestro poeta.

8.

Entre la primera y la segunda versión de *Misteriya-buff* se integra la actividad de Mayakovsky en la ROSTA. De ella diremos por qué está íntimamente unida a su creación dramática. Trasladado a Moscú en la primavera de 1919, Mayakovsky trabajó en la ROSTA, la Agencia Telegráfica Rusa, desde octubre de aquel año hasta febrero de 1922, dibujando carteles y componiendo su comentario en versos.[146]

Había sido el pintor M. Cheremnykh el que sugirió fijar grandes carteles en los vacíos escaparates de las tiendas de Moscú. El primero fue colgado en septiembre de 1919 en una tienda de la estrecha y tortuosa Tverskaya, y en breve también otros escaparates se adornaron de carteles, que infundían brío en la gris existencia de la ciudad.

Moscú, obstruida por montañas de nieve, era entonces un conglomerado de oscuras, sucias casas, de cuyas ventanas despuntaban, como horrorosos periscopios, los tubos de lata de las estufas. Agujeros de proyectiles ennegrecían como sombras de cuervos la frente de los edificios. Y entre tanta escualidez los carteles atraían

---

[145] Cfr. Nicolas Evreinoff, *Histoire du théâtre russe*, París, 1947, pp. 426-30, y N. Petrov, *Massovye revolyutsionnye prazdnestva*, en «Teatr», 1957, 8.
[146] Cfr. Katanyan, *op. cit.*, pp. 125-27.

a los transeúntes con la vistosidad de los colores, con el acento impetuoso de los versos.

Al ser expuestos en tiendas polvorientas los manifiestos de la ROSTA, dibujados al principio en una sola copia, tomaron el nombre de «ventanas». Más tarde, reproducidos a mano mediante «antifaces» de cartón, aparecieron también en los círculos, en las estaciones, en los trenes de propaganda.

Aunque tomaran parte en ello también Cheremnykh y Malyutin, y esporádicamente otros pintores como A. Lavinsky, D. Moor, A. Levin, V. Roskin, A. Nyurenberg, el más agudo fue en esta empresa Mayakovsky: con su determinación y su encanto tuvo compacto aquel grupo en jornadas difíciles, y él mismo se dedicó con un entusiasmo febril, revelando una rara prontitud para convertir en rimas y viñetas los hechos recientes.

El trabajo era anónimo, y muchas de aquellas «ventanas» se han perdido, pero se calcula hoy que Mayakovsky ha escrito más del 80 por ciento de los textos y dibujado no menos de 400 carteles.[147] Las «ventanas» consistían en una serie de viñetas alineadas como en la mesa de un juglar, con expresiones lacónicas e incisivas. Era necesario dibujar y versificar los sucesos en un destello, cogiendo al vuelo una noticia del frente, un decreto, una frase de Lenin.

En una enorme habitación, nublada por el humo de una «burzhuyka», envueltos en la piel por el frío cortante, los pintores de la ROSTA transformaban en vivas imágenes con rapidez telegráfica, día a día como antiguos analistas, los vertiginosos acontecimientos de la época. Mayakovsky recuerda: «Trabajaba hasta las dos de la noche y me acostaba, poniéndome bajo la cabeza, no una almohada, sino un simple tronco, para no sumergirme en el sueño y para trazar con tiempo con tinta china las pestañas a los diferentes Khudenich y Denikin».[148]

Fundándose en los comunicados, sobre los artículos de los periódicos, sobre los documentos del partido, las «ventanas» erigidas por

---

[147] Cfr. V. Duvakin, *"Okna ROSTA" i ikh politicheskoe i literaturnoe znachenie*, en *Tvorchestvo Mayakovskogo*, Moscú, 1952. Del mismo véase el comentario al vol. III del *Polnoe sobranie sochineny*, Moscú, 1937.

[148] *Tolko ne vospominaniya* cit., pp. 196-97.

Mayakovsky representan una Rusia asolada por la guerra civil, por epidemias, por revueltas, destrozada por el apremio de los ejércitos blancos y por la agitación económica. Para seguir los múltiples acontecimientos que se acumulan y para no omitir ningún episodio del cataclismo que subvierte al país, Mayakovsky salta, en aquellos carteles, de un tema al otro de modo inquieto, sin darse tregua. Y ahora humilla a Denikin, ahora ataca a Pilsudski; le toma el pelo a Wrangel y después pasa a inculcar consejos contra el tifus y el cólera, se burla de Lloyd George e inmediatamente después exhorta a dar ayuda a los mineros hambrientos.

Las coloreadas pantomimas de aquellas «ventanas» ponen también en comparación, como en *Misteriya-buff*, los proletarios y las máscaras. Por un lado solemnes trabajadores con herramientas y banderas, soldados rojos implacables con la bayoneta calada. Por el otro hinchados burgueses en sombrero de copa con lazadas y cuchillos, engreídos gordinflones de nuca porcina, gordos señores polacos, guardias blancas que rechinan los dientes, mencheviques delgados y compasivos con la perilla como cabras y los quevedos, y además Denikin, Khudenic, Wrangel, Clemenceau, Wilson, Lloyd George.

En las diversas viñetas los dos campos se enfrentan en una secuencia de encuentros, de fingimientos, de fugas, de asaltos, a los que asisten impasibles, en pasaje de emblemas, las monstruosas personificaciones del Hambre, del Frío, del Cólera, del Tifus, de la Ruina.

Para atraer la fantasía de un público elemental, Mayakovsky eligió como modelo de sus carteles las formas teatrales y figurativas del pueblo. La instalación de sus viñetas es semejante a la del «lubok», los personajes parecen salidos de la «petrushka», y los versos de las didascalias retoman las cantilenas del «raek» y los chistes de los «abuelos del carrusel», utilizando proverbios, adivinanzas, canciones del folclore.

Pero ello no quita que la palabra y el dibujo de Mayakovsky conserven también en la ROSTA la impronta específica del futurismo. A pesar de la prisa y las angustias del tiempo, Mayakovsky cuidó el estilo del cartel, haciendo de él un género experimental, que hoy parecerá quizás desenfocado como las viejas películas (también en el movimiento precipitado de los personajes torcidos), pero a nosotros nos gusta aún por su ingenuo ímpetu, por el lenguaje afilado, por las indirectas satíricas.

Aunque muchos le reprocharan estropear el ingenio, Mayakovsky valoró siempre su trabajo en la ROSTA, definido por él «registro protocolario del más difícil trienio de lucha revolucionaria, hecha con las manchas de los colores y con el sonido de las consignas».[149]

Ocasiones, pensamientos, motivos, metáforas de aquellos carteles vuelven a aflorar en su producción siguiente. Aún en el poemilla *Vo ves golos* [A plena voz, 1930] él se representa como «cantor del agua hervida», en recuerdo de los días en los que incitaba, en sus manifiestos, a no beber el agua corriente, por el azote del tifus.

Pero sobre todo nos interesa poner de relieve que la segunda versión de *Misteriya-buff*, por la importancia y la elección de las máscaras, por las referencias políticas y especialmente por las alegorías del quinto acto, deriva, como ahora veremos, de las «ventanas» de la ROSTA, tanto como para parecer en ciertos pasajes la trascripción dramática o incluso el «libreto» de las pantomimas a colores.

9.

En octubre de 1920 la experiencia adquirida en la ROSTA y el cambio de la situación indujeron a Mayakovsky a reescribir *Misteriya-buff* para el nuevo teatro que Meyerhold estaba organizando. Por otra parte él consideraba el texto de su comedia una simple trama, que se debiera retocar y acrecentar continuamente, para adaptarlo a las circunstancias recientes. La premisa en la segunda versión de hecho nos advierte:

> *Misteriya-buff* es el camino. El camino de la revolución. Nadie podría predecir con exactitud qué montañas deberemos aún volar nosotros que la recorremos. Hoy penetra las orejas la palabra Lloyd George, pero mañana olvidarán su nombre los mismos Ingleses.

---

[149] *Proshu slova* (1930), en *Polnoe sobranie sochineny*, XII, Moscú, 1937, p. 278.

Hoy la voluntad de millones anhela la Comuna, y dentro de cincuenta años, quizás, se lanzarán sus aéreos acorazados al ataque de lejanos planetas.
Por esto, abandonado el camino (forma), he cambiado algunas partes del paisaje (contenido).
En el futuro todos aquellos que quieran recitar, poner en escena, leer, publicar *Misteriya-buff*, que cambien el contenido, haciéndolo contemporáneo, actual, inmediato.

Y el programa del espectáculo en el circo añade:

La Revolución ha disuelto cada cosa: no hay diseños cumplidos, no puede haber ni siquiera una comedia cumplida. *Misteriya-buff* es el esqueleto de una comedia, un movimiento que cada día se incrusta de otros acontecimientos, que pasa cada día por nuevos hechos.

Las diferencias entre la primera y la segunda redacción son considerables. El comerciante ruso se convierte en un especulador; el francés se transforma en Clemenceau; al oficial italiano y al estudiante suceden Lloyd George y un diplomático; el alemán ya no es un militar, sino un burgués de Berlín. A la estirpe de los «puros» pertenecen también la Dama de las cajas de cartón (variante de la Dama histérica), siempre preparada para cambiar de camiseta, el intelectual vanidoso y charlatán, y el conciliador menchevique que, en sus esfuerzos por poner de acuerdo a los contendientes, enfrenta a unos contra otros. Ellos emprenden el viaje junto a los «impuros», pero la primera, que es despreciada por la rudeza de aquellos, prefiere quedarse en el infierno, el segundo se entretiene en el paraíso, y el otro, después de una breve estancia entre los ángeles, junto a Tolstoi, se escapa a Berlín, para volver a asomar al final en la Tierra Prometida.
Entre los «impuros» un soldado rojo y un maquinista sustituyen al deshollinador y al zapatero (pero por un descuido del poeta estas figuras, ausentes en el elenco de los personajes, despuntan inesperadas en el segundo acto). El Hombre común se llama ahora Hombre del futuro. Los «puros», que los trabajadores habían des-

plazado del arca, reaparecen avispados en el infierno, y también los demonios se lamentan de la codicia del negus. En el paraíso, a las viejas figuras se añade Sabaoth (que ya Esenin había integrado en sus poemillas de 1918).

Mayakovsky descompuso del modo siguiente el tercer acto de la primera redacción: hizo del primer cuadro el tercer acto (el infierno) y derivó el acto cuarto (el paraíso) del cuadro segundo, recavando un sexto acto (la Tierra Prometida) del tercer cuadro. Enteramente nuevos son el quinto acto, que describe un imaginario Barrio de los Añicos, y el prólogo, donde el poeta bromea con el realismo ilusorio del Teatro de Arte, oponiendo su concepción del teatro como espectáculo asombroso.

La segunda redacción refleja con gran viveza los acontecimientos de los meses en los que fue elaborada. Y es tan densa de datos políticos, como para hacer pensar en un género muy difundido en los albores del teatro soviético, el «periódico viviente» («zhivaya gazeta»), que comentaba las circunstancias del momento en números de variedad correspondientes a las diferentes rúbricas de un periódico, alternando escenitas satíricas, locuciones corales, diagramas animados. Se cita la guerra civil y la intervención occidental, la penuria de víveres, las raciones, las cartillas, la inflación. Se habla de las concesiones al capital extranjero (ley del 23 de noviembre de 1920), del proyecto de electrificación discutido en diciembre de 1920 en el VIII Congreso de los Soviets, del debate sobre los sindicatos desarrollado en noviembre de aquel año en marzo de 1921: todos argumentos sobre los cuales Mayakovsky entre tanto insistía en sus carteles.

Pero también las referencias más precisas son ocasiones de fantasiosas ocurrencias. La electrificación, por ejemplo, se convierte en el pretexto para recuperar el tema de la electricidad, que lo fascinaba, como manantial de prodigios, desde el tiempo de la tragedia *Vladimir Mayakovsky*. En el paraíso el maquinista estimula a los «impuros» a arrancar los dardos de los rayos de las manos de Sabaoth, para convertirlos en corriente eléctrica. Y en la Tierra Prometida, delante de las maravillas de la electricidad, el farolero prorrumpe en palabras que concuerdan con las sentencias del Viejo de las gatas.

Intento de propaganda industrial dramatizada, el quinto acto refleja la lucha del gobierno soviético contra la ruina económica, tema que Mayakovsky toca también en algunas «ventanas» y en la poesía *Prikaz N° 2 armii iskusstv* [Orden N. 2 al Ejército de las artes, 1921].

Salidos del paraíso, los «impuros» llegan al Barrio de los Añicos, donde montañas de ruinas y chatarras les impide el camino. Bajo los desechos se levanta el gemido de objetos sepultados. Los proletarios se ponen a excavar, exhumando de los escombros una locomotora que implora «pan negro del Don» y un barco que codicia «nafta de Bakú». Y aquí se presenta el fantasma de la Ruina con su horda de traficantes y de holgazanes, apariencia alegórica que se diría venida de una moralidad medieval, vieja repugnante imperiosa que reencontramos en decenas de manifiestos y en el poema *150 000 000*, escrito entre 1919 y el 1920. Los «impuros» consiguen ponerla en fuga y con el carbón y la nafta reavivan la locomotora y el barco, retomando el viaje hacia la Tierra Prometida.

En este cartel dialogado el elemento didascálico es empujado al extremo y las ocurrencias tienen el tono afirmativo y enérgico de las expresiones de la ROSTA. En el sexto acto la Tierra Prometida asemeja a un brillante arsenal de objetos: saltan fuera automóviles, coches, trenes, tenazas, un martillo, el azúcar, el pan, una sierra, un cepillo, una hoz, una bota, un paño e incluso un eje con una palanca. En cuanto a las máquinas-personajes, recordamos que a continuación subirán más veces sobre el escenario en los espectáculos de Meyerhold: en *Zemlya dybom* [La tierra en desorden, 1923] el director llevará al escenario motociclos y autovehículos militares y en *Okno v derevnyu* [Ventana sobre el campo, 1927] máquinas agrícolas.

Las cosas y las comidas corren al encuentro de los «impuros», las máquinas entonan un himno de alegría. Parecería hacerse realidad el triunfo de los hombres sobre los objetos. Y por el contrario se tiene la impresión de que los «impuros» se pierden en la multitud anónima de las cosas, llegando a ser ellos mismos instrumentos, partes mecánicas de un universo trabajador. Uno se acuerda de los cuadros de Léger, aunque en Léger los mecanismos que envuelven al hombre tienen una hierática y dura frialdad, mientras en *Misteriya-buff*, acalorándose, infunden en un afectuoso júbilo su dinamismo.

Imitando las imágenes gráficas de la ROSTA, los «puros» tomaron en esta versión un aspecto aún más burlesco. Un verdadero payaso es el menchevique entrometido, mientras el alemán que llega al polo primero, anunciando el diluvio, trae a la memoria las caricaturas de Grosz. El desfile, al inicio, de tipos tan variopintos como el negus, el turco, el chino, el persa, el pope, el rajá, el menchevique, se acerca a los desfiles de los circos. Y ciertos pasajes o didascalias (por ejemplo: «el negus por error intenta sentarse sobre Lloyd George semejante, como dos gotas de agua, a una morsa») anticipan las bromas de los guiones que Mayakovsky escribió más tarde para el circo de Moscú.

Todas estas máscaras entrarán dentro de poco en las pequeñas formas del teatro soviético, y especialmente en los espectáculos de cabaret de los grupos que tuvieron como nombre «Sinyaya bluza» [La blusa turquesa].

10.

El 29 de diciembre de 1920 Mayakovsky leyó la segunda versión de *Misteriya-buff* a los actores del Teatro RSFSR Primero, que se había inaugurado el 7 de noviembre con la puesta en escena de *Les Aubes* de Verhaeren. De este complejo, que se proponía llevar a cabo, bajo la guía de Meyerhold, el llamado «Octubre Teatral», él formaba parte como asesor artístico. Las pruebas comenzaron el 5 de enero de 1921 con la asidua intervención del poeta.[150]

Apenas se supo que Meyerhold se disponía a representar *Misteriya-buff*, se levantaron las protestas de los acostumbrados poetastros y burócratas. Y Mayakovsky se puso a dar vueltas de barrio en barrio, volviendo a leer el texto en los círculos y en las cercanías, para demostrar a los malvados que la comedia, no sólo era comprendida, sino que era acogida con pleno favor por los trabajadores. Ello

---

[150] Cfr. Katanyan, *op. cit.*, p. 141.

no valió sin embargo para atenuar los clamores: el trabajo corría peligro de ser eliminado del repertorio.[151]

Para abreviar las calumnias, el 30 de enero, el Teatro RSFSR Primero organizó, en presencia de representantes del Partido y de instituciones culturales, un debate resolutivo sobre el tema «¿Es necesario poner en escena *Misteriya-buff*?» Mayakovsky cuenta:

> Leí *Misterya* con la vehemencia con la que está obligado a leer aquel que debe calentarse a sí mismo, además de al auditorio, para no congelarse.
> Se llegó hasta el final.
> Hacia el final uno del Soviet de Moscú (que estaba allí, quién sabe por qué, con el violín) atacó la *Internacional,* y la platea congelada se puso a cantar, aunque no fuera día de fiesta.[152]

Poniendo en relieve la sustancia proletaria de la comedia, la asamblea recomendó proseguir las pruebas y propuso su impresión en gran tirada y la representación en todos los escenarios rusos en la fiesta del 1º de mayo. Parecía que ello bastara para remover los obstáculos, pero se interpusieron otros impedimentos. Escuchemos una vez más a Mayakovsky:

> El espectáculo de gala estaba preparado.
> Y he aquí que, en la vigilia, llegó una nueva carta con la orden de suspender la representación, y en el Teatro RSFSR fueron pegados los anuncios de un muy banal concierto celebratorio.
> Sin perder tiempo Meyerhold, yo y la célula del teatro nos trasladamos al partido. Se comprobó que alguien había definido *Misteriya* como una cosa rara, no adecuada a la repetición solemne, y que algún otro se había ofendido por la burla de Tolstoi...
> Se constituyó una comisión bajo la presidencia de Draudin. Leí de noche *Misteriya* a la comisión. Draudin, que evidentemente

---

[151] Cfr. A. Fevralsky, *Pervaya pesa Oktyabrya* (*K desyatiletiyu moskovskikh postanovok «Misteriya-buff»*), en «*Sovetsky Teatr*» 1931, 9, y *Postanovki «Misteriya-buff»*), introducción al vol. III del *Polnoe sobranie sochineny*, Moscú, 1934.
[152] *Tolko ne vospominaniya,* cit., p. 200.

no tenía escrúpulos de las viejas tradiciones literarias, se puso de mi parte y al final comenzó a caminar arriba y abajo por la habitación, repitiendo con nervios: —¡Estúpidos, estúpidos, estúpidos!— contra aquellos que habían prohibido la comedia.[153]

Y de este modo, el 1º de mayo de 1921, *Misteriya-buff* se estrenó bajo la dirección de Meyerhold y de Valery Bebutov. Dice Mayakovsky en la autobiografía: «Abriéndome paso a través de lentitudes, odios, trabas burocráticas, torpezas, represento la segunda versión del misterio».[154]

El escenario fue abolido. En su lugar los escenógrafos A. Lavinsky y V. Khrakovsky colocaron una voluminosa construcción que imitaba las líneas de un arca. Un balconcito en lo alto hacía de plancha. El episodio del paraíso se desarrollaba a medias, en una especie de toldillo. De aquí dos escalerillas descendían al pavimento, sobre el que destacaba, al nivel de la platea, un hemisferio macizo, surcado por una red de signos geográficos. En el episodio del infierno, rotando sobre el propio haz, el hemisferio mostraba una sección cortada, de donde saltaban fuera los demonios. A la izquierda, por casi toda la altura de la escena, se levantaba un semáforo, de cuyo pedestal tres cables eran tendidos oblicuamente hacia la plancha. Había también un pequeño saledizo, desde el cual hablaba el Hombre del futuro.

Estructuras arquitectónicas habían desechado por lo tanto los telones de fondo pictóricos. Como el texto, también los «lugares asignados», los escenarios múltiples a tres planos imitaban los recursos del teatro medieval. En ciertos puntos la acción se difundía entre el público. En el último acto el farolero se agarraba a un palco de proscenio, para describir a los proletarios los milagros de la Tierra Prometida, y al final, en el escenario, comparecían utensilios de madera dibujada, con actores que decían los chistes.

En los vestidos de V. Kiselev las telas estaban adornadas con trozos de periódicos. Hemos visto los bocetos: de modo similar a El Lissitsky, que pegará fotografías de rostros a los dibujos de los vestidos

---

[153] *Tolko ne vospominaniya* cit., pp. 200-1.
[154] *Ya sam* cit., p. 26.

para la comedia de Tretyakov *Khochu rebenka* [Quiero un niño], Kiselev pegó fragmentos de papel impreso a sus esbozos para *Misteriya-buff*. Recordamos el dibujo para Clemenceau: pantalones a rayitas, frac, sombrero de copa y una pechera compuesta de fragmentos de un libro francés (*L'honnête famille*). En una variante de este boceto, trazada por Kiselev en 1924, Clemenceau tiene los guantes color paja, las polainas amarillas, una rosa sobre los ojos.

Los «impuros», privados de maquillaje, con blusas azules de trabajo, resultaron pálidos y monótonos. Pero bastaba la representación chillona de los «puros», inspirada en los carteles satíricos y en la excentricidad de los circos, para dar a este espectáculo un carácter alegre y ruidoso.[155] En el tercer acto los demonios con colas, bombines y corazas tenían la apariencia de payasos, y el muy conocido payaso Vitaly Lazarenko, en el papel de diablo, descendía desde lo alto con una cuerda, ejecutando ejercicios acrobáticos.

Igor Ilinsky, que será más tarde el inolvidable intérprete de *Klop* [La chinche], encarnó con mímica burlesca la parte del menchevique. Barbudo, con la peluca rojiza, torcía detrás de las lentes los puntos de las pupilas asustadas y, agitando con la izquierda como una herramienta de circo el paraguas abierto, con la derecha buscaba convulsamente cerrar la capa abierta de par en par por el viento.[156] Fue ésta para Ilinsky la primera de una larga serie de interpretaciones caricaturescas de personajes políticos.

El espectáculo estaba compuesto de parodias musicales. Un ritmo de «cakewall» acompañaba a la entrada del negus, y los demonios, en el inicio del tercer acto, entonaban un coro sobre el motivo convival de la *Traviata*. Los ángeles, a su vez, piaban con vocecitas temblorosas. Todo ello nos recuerda que un año después Vakhtangov, en su puesta en escena de la *Turandot* de Gozzi, hará sonar un vals sobre peines enrollados de papel de seda.[157]

---

[155] Cfr. A. Fevralsky, *Desyat let teatra Meyerholda*, Moscú, 1931, pp. 28-29.
[156] Cfr. G. Chaychenko, *Rabota I. V. Ilinskogo nad obrazami v pesakh Mayakovskogo*, en *Tvorchestvo Igorya Vladimirovicha Ilinskogo*, 1955 (disertación en el GITIS de Moscú) e Igor Ilinsky, *Sam o sebe*, en «Teatr», 1958, 8 (cap. 15).
[157] Cfr. N. Gorchakov, *Rezhisserskie uroki Vakhtangova*, Moscú, 1957, pp. 150-51.

Misteriya-buff se repitió hasta el final de la estación (7 de julio). El poeta añadía de cuando en cuando nueve chistes sobre hechos recientes, para actualizar cada vez más el trabajo.

11.

Al espectáculo siguieron discusiones y polémicas. Se realizaron algunos debates, en uno de los cuales, en la Unión de los poetas, el 22 de mayo, el crítico I. Axenov instituyó un paralelo entre la comedia de Mayakovsky y el teatro isabelino. Como había sucedido para la primera redacción, también ahora la resuelta tendencia política suscitó el rencor de los intelectuales de derecha, mientras las novedades de la forma chocaban contra la mezquindad de los funcionarios del partido.

El 24 de junio la segunda versión se estrenó en el Primer Circo Estatal de Moscú en honor del III Congreso del Komintern, en la versión alemana de Rita Rayt, que trabajaba con Mayakovsky en la ROSTA. Para la ocasión el poeta compuso un nuevo prólogo y un epílogo dirigidos a los «heraldos de la Comuna universal» y aumentó el segundo acto con un breve diálogo entre el menchevique y los «impuros».

Tomaron parte en ello, dirigidos por Alexei Gromovsky, centenares de actores de diferentes teatros y estudios de Moscú. Idearon sus escenarios N. Altman y E. Ravdel, la música fue escrita por Yury Sakhnovsky, el cual utilizó melodías típicas de las diferentes naciones (como *Yankee doodle*, *Du mein lieber Augustin*, etc.) y aires de la opereta de Lecocq *La fille de Madame Angot*, representada en la estación anterior en el Estudio musical de Nemirovich-Danchenko.

Si Meyerhold se había inspirado en las formas del circo y de los carteles, Gromovsky transformó la comedia en una comedia de hadas refinada y brillante, semejante a las revistas y operetas que pondría en escena más tarde en el Teatro de Cámara judío.

En el inicio arlequines rojos con antorchas se desplazaban por la pista con el sonido de las fanfarrias. Cada uno de los «puros» estaba acompañado por una multitud pintoresca de conacionales.

Los diablos llevaban negros vestidos de cuero y los «impuros» los acostumbrados monos turquesas.

En vez de una sola Dama histérica aparecieron dos. Revoloteaban desde lados opuestos de la arena con vestidos ceñidos, una en azul, la otra en rosa. Detrás de cada una correteaba un negrillo «groom» con un montón de elegantes cajas de cartón a rayas que parecían tomadas de los armarios de una tienda parisina...

El espectáculo se desarrolló en un mar de luces variopintas, que inundaban la arena bien del azul de las olas marinas, bien de escarlatas llamas infernales...

La acción culminó en la marcha victoriosa de los «impuros» y en un desfile de todos los participantes, al canto de la *Internacional*, de la que hizo eco la platea plurilingüe.[158]

Hubo sólo dos reposiciones, el 25 y el 26. «Al tercer día —dice Mayakovsky— el espectáculo fue desmontado: los cabecillas del circo habían decidido que los caballos habían permanecido parados durante demasiado tiempo».[159]

Después de esta representación las diatribas llegaron a ser más virulentas. Los gastos excesivos ofrecieron la oportunidad a algunos círculos retrógrados del partido para ataques inexorables. Y el periódico *Kommunistichesky trud*, más obstinado que los demás, la tomó con el Teatro RSFSR, echándole también la culpa de la pomposa puesta en escena del circo. Acusados de derroche, Bebutov y Meyerhold, en una carta del 1º de julio, declararon ser ajenos a la empresa. Pero ello a pesar de su teatro, acabada la estación, ya no pudo volverse a abrir. Y los organizadores del espectáculo para el Komintern sufrieron una medida disciplinar.

El gasto de medios, se entiende, era sólo un pretexto para obstaculizar un trabajo que se separaba de los esquemas habituales. Entre tanto el Gosizdat rehusaba dar a la imprenta la segunda versión de *Misteriya-buff,* aduciendo otro pretexto, la penuria de

---

[158] Rita Rayt, *Dvadcat let nazad*, en *Mayakovskomu*, Leningrado, 1940, pp. 128-30. Cfr. también A. Fevralsky, «*Misteriya-buff*»: *opyt literaturnoy stsenicheskoy istorii pesy*, en *Mayakovsky: materialy i issledovaniya*, Moscú, 1940.

[159] *Tolko ne vospominaniya* cit., p. 201.

papel. En marzo de 1930, en una velada en la Casa del Komsomol de la Krasnaya Presnya, Mayakovsky dirá: «Hoy me habéis llamado vuestro poeta, pero nueve años atrás las editoriales rechazaron la publicación de *Misteriya-buff* y el director del Gosizdat proclamó:

—Estoy orgulloso de que no se imprima una tontería como ésta. Naderías semejantes son barridas con una escoba de hierro».[160]

La segunda versión se publicó el 15 de junio como suplemento del periódico *Vestnik teatra* [El mensajero del teatro], pero el Gosizdat, del que la revista dependía, sostuvo que la comedia había aparecido «ilegalmente» y negó el honorario al poeta. «Durante muchos meses —escribió— intenté obtener la compensación, pero me devolvían la petición con alguna acotación o con dictámenes verbales de este tenor:

—Me honro en no pagar una estupidez semejante».[161]

Sólo después de un recurso y de dos juicios, Mayakovsky pudo retirar en harina, azúcar y trigo limpio el equivalente de los versos. Entre tanto *Misteriya-buff* llegaba también a la provincia. Ya en 1921 en Ekaterimburgo (Sverdlovsk) el club KHLAM[162] presentó la segunda versión en un circo con dirección de Grigory Alexandrov, el futuro colaborador de Eisenstein. El 1º de mayo de 1922 *Misteriya-buff* fue estrenada en Irkutsk por Nikolai Okhlopkov, que el año anterior en el mismo día, había dirigido una acción de masa, *Borba truda i kapitala* [La lucha del trabajo y del capital] en un claro sobre las orillas del río Angara.[163]

---

[160] *Vystuplenie v Dome Komsomola Krasnoy Presni na vechere, posvyashchennom dvadtsatiletiyu deyatel nosti* (25 marzo 1930), ivi, pp. 306-7.
[161] *Tolko ne vospominaniya* cit., p. 201.
[162] Abreviación de «Khudozhniki, literatory, artisty, muzikanty» (Pintores, literatos, artistas, músicos).
[163] Cfr. A. Fevralsky, Postanovki «*Misteriya-buff*», introducción al vol. III del *Polnoe sobranie sochineny*, Moscú, 1934.

El 4 de noviembre de 1923, en Kazan, los actores del grupo de vanguardia KEMST[164] interpretaron la comedia en una nueva versión, que fue definida «tercera redacción». Además de integrar en ella diferentes referencias actuales (como la cuestión del Ruhr o el terremoto en Japón), el director B. Simolin, que había participado antes en el espectáculo del Teatro RSFSR Primero, reescribió el quinto y el sexto acto sobre los temas de la carestía y de la NEP, trasladando al séptimo acto la visión de la Tierra Prometida.[165]

12.

En 1920-21 la contribución de Mayakovsky al teatro soviético no se limita a la segunda redacción de *Misteriya-buff*. Él intervino en numerosos debates, levantando la voz en defensa de la nueva dirección. Y en las polémicas que estallaron después de la representación de *Les Aubes*, respaldó a Meyerhold, discutiendo incluso con Lunacharsky, que había etiquetado el espectáculo de extravagancia futurista.[166]

Para el Primer Teatro filodramático del Ejército Rojo, del que había sido llamado a formar parte en enero de 1921, Mayakovsky se proponía reducir el poema *150 000 000* y volver a definir el guión de una acción de masa esbozada por soldados actores.[167]

---

[164] Abreviación de «Konstruktivizm, experiment, masterstvo, sovremennost, teatralnost» (Constructivismo, experimento, oficio, modernidad, teatralidad).

[165] La primera versión, notablemente reducida, fue interpretada en noviembre de 1923 por jóvenes actores en la Escuela Experimental de Educación Estética de los Niños, en Moscú. Cfr. Katanyan, *op. cit.*, p. 196. Una cuarta versión (redactada por V. Katanyan) fue representada el 2 de noviembre de 1957 en el Teatro de la Sátira en Moscú, bajo la dirección de V. Pluchek, escenas de A. Tyshler y música de R. Shchedrin. Cfr. Vladimir Ognev, *Doroga revolyutsii*, en «Teatr», 1958, 2.

[166] *Vystupleniya na dispute o postanovke «Zor» E. Verkharna v Teatre RSFSR* (22 noviembre 1920), en *Polnoe sobranie sochineny*, XII, Moscú 1937, pp. 324-29, y *Otkrytoe pismo A.V. Lunacharskomu*, ivi, pp. 26-30.

[167] Cfr. Katanyan, *op. cit.*, pp. 144-45.

Para Igor Ilinsky, que debía encarnar Wun Hi en la *Geisha* de Sidney Jones, improvisó algunas estrofillas sobre temas de actualidad,[168] y para un Teatro de la opereta política, que después no fue abierto, prometió redactar un nuevo libreto de *La Belle Hélène* de Jacques Offenbach.[169]

En aquellos años los autores dramáticos se deleitaban cambiando los viejos guiones, introduciendo los más estrafalarios reclamos en las circunstancias y en los problemas del presente. De este modo, por ejemplo, el comediógrafo Nikolai Erdman, en 1924, modernizó el vodevil del siglo diecinueve *Lev Gurych Sinichkin* de D. Lensky, entremetiendo brisas y entreactos de argumento soviético.

La inquietud de volver a plasmar los textos de otras épocas, para extraer significados políticos, tocaba a veces lo ridículo: en 1921, en «Vestnik teatra», un anónimo articulista sugirió dirigirse a Mayakovsky, para que rehiciera el libreto de la obra *Zhizn za tsarya* [La vida para el zar] de Glinka, transfiriendo los acontecimientos a la espesura de la guerra polaco-soviética de 1920.[170]

Durante el trabajo en la ROSTA el poeta compuso el número de circo *Chempionat vsemirnoy klassovoy borby* [Campeonato de la lucha de clase universal], del que hablaremos más tarde, la poesía escenificada *Vsem Titam i Vlasam RSFSR* [A todos los Tit y los Vlas de la RSFSR], la «relación teatral» *Vcherashny podvig* [La empresa de ayer] y tres comedietas de propaganda para el Estudio experimental-demostrativo del Teatro de la Sátira de Moscú.[171]

Las tres comedietas, escritas entre marzo-abril de 1920, se centran todas en el tema del 1º de mayo. He aquí los títulos: *A chto, esli?... Pervomayskie grezy v burzhuaznom kresle* [¿Qué sucedería si?... Quimeras del 1º de mayo en un sillón burgués], *Peska pro*

---

[168] Cfr. A. Fevralsky, *Mayakovsky-dramaturg*, Moscú-Leningrado, 1940, p. 32; Katanyan, *op. cit.*, p. 434; I. Ilinsky, *Sam o sebe*, en «Teatr», 1958, 7 (cap. II).

[169] Cfr. I. Eventon, *Mayakovsky-satirik*, Leningrado, 1941, pp. 162-64, y Katanyan, *op. cit.*, p. 142.

[170] Cfr. Katanyan, *op. cit.*, pp. 434-35.

[171] No confundir con el Teatro de la Sátira revolucionaria (Terevsat), existido en 1920-22, ni con el actual Teatro de la Sátira, fundado en 1924.

popov, koi ne ponimayut, prazdnik chto takoe [Comedieta sobre los popes que no comprenden qué es una fiesta], *Kak kto provodit vremya, prazdniki prazdnuya* [Cómo cierta gente pasa el tiempo, celebrando las fiestas].

El 1º de mayo de 1920 había sido declarado «subbotnik», o sea día de trabajo gratuito. Los trabajadores renunciaban al reposo semanal, para arreglar herramientas, barrer la nieve, embellecer el aspecto de la ciudad. Las comedietas toman como pretexto el «subbotnik», para burlarse de los ociosos desechos de la vieja sociedad.

En *A chto, esli?...* el burgués Ivan Ivanovich, borracho, sueña con la vuelta de la monarquía, pero el 1º de mayo lo despierta bruscamente, llamándolo al trabajo. En *Peska pro popov* el pope Svinuil se insinúa en el cortejo proletario del 1º de mayo, lamentándose de que la ceremonia se desarrolle sin él, y está obligado por los trabajadores a coger la pala. En *Kak kto provodit vremya* el poeta quiere probar que las fiestas burguesas (Pascua, Navidad, Fin de año) acaban en suciedad y en comilonas, y en la conclusión introduce a dos trabajadores que, el 1º de mayo, barren los rechazos de las viejas fiestas.

Las tres comedietas debían formar un único espectáculo, como demuestran la identidad de los motivos y de la estructura y la presencia de un personaje común, el Teatro de la Sátira.[172] En *A chto, esli?...* y en *Peska pro popov* esta figura tiene la tarea de levantar el telón entre un acto y otro, y sólo raramente comenta la acción, mientras en la tercera comedia pronuncia también chistes difundidos, como un «conferenciante» de cabaret o, mejor, un pregonero de feria.

---

[172] Sólo *A chto, esli?...* fue representada por el Estudio del Teatro de la Sátira en mayo de 1920, bajo la dirección de A. Zonov y vestuario de I. Malyutin (compañero de Mayakovsky en la ROSTA), las otras dos fueron prohibidas. Para la intervención de Lunacharsky, Terevsat representó el 29 de enero de 1921 *Peska pro popov* (con escenas de Malyutin). En 1922 el director del Teatro de la Sátira, L. Subbotin, puso en escena *Kak kto provodit vremya* en una reunión militar. Cfr. A. Fevralsky, Comentario a: Mayakovsky, *Teatr i kino*, I, Moscú, 1954, pp. 482-83, y Katanyan, *op. cit.*, pp. 128 y 130.

Las dos primeras, de tres actos cada una, se mezclan en las gestas de un único héroe, la otra está por el contrario en cuatro actos, de los que los tres primeros presentan cada uno nuevos personajes, que reaparecen después todos juntos en el último.

Reencontramos en estas escenitas las características hipérboles de Mayakovsky. El pope tiene «una cama con un millón de edredones»; en Navidad los padres, colgando baratijas sobre el árbol, dejan caer una lluvia de fragmentos que sumerge a los niños; y en Nochevieja los borrachos, después de haber peleado entre ellos, arrojan una botella sobre el Año Nuevo, que ha entrado sin pedir permiso.

Figuras como Ivan Ivanovich, «burgués redondo», o los glotones que en Pascua se atiborran hasta reventar, o el pope Svinuil, «demonio panzudo» provienen de las caricaturas de la ROSTA. También aquí el mundo burgués se perfila como un barrio bufonesco de la Crápula, llena de fantoches adiposos, de odres y sacos de trigo.

Estamos una vez más en el ámbito del teatro folclórico: y no sólo las máscaras, sino el corte de las escenitas, los malentendidos grotescos, el juego verbal nos remiten a la «petrushka» y al «raek». Los resultados sin embargo son muy diferentes de los de *Misteriya-buff*. Aunque Mayakovsky imbuya de su propio calor incluso los temas más áridos, en estas breves comedias los esquemas ideológicos frenan el impulso poético, y las metáforas y los trucos no siempre consiguen reavivar la sequía de tesis demasiado esqueléticas.

En agosto del mismo año Mayakovsky escribió la poesía *Vsem Titam i Vlasam RSFSR* [A todos los Tit y los Vlas de la RSFRS], que fue publicada el 22 de octubre en *Vestnik teatra* con la definición de «comedia» y con sugerencias para la puesta en escena. La ROSTA quería entonces organizar un «prodagitteatr», o bien un teatrillo de propaganda para el aprovisionamiento, en el cual un actor ilustraría al público de provincia una secuencia de carteles sobre argumentos actuales, declamando sus expresiones en versos. El texto de Mayakovsky debía formar parte del repertorio de este teatro.[173]

---

[173] Cfr. Katanyan, *op. cit.*, p. 131.

En cuartetas graciosas, que se alinean como viñetas, Mayakovsky cuenta la historia de dos ricos hermanos campesinos, Tit, «estúpido como una piedra», y Vlas, listo y taciturno. Puesto que su «izba» se está derrumbando, Vlas manda a Tit en busca de clavos a la cercana ciudad. Pero la ferretería no trabaja, los trabajadores desfallecen de hambre. Con tal de no ceder su trigo, Tit prefiere volverse con las manos vacías. Durante el camino el caballo de Tit pierde una herradura y el tonto está obligado a pasar la noche en un bosque, donde lo devoran los lobos. Vlas por el contrario, habiéndose trasladado a la ciudad, da a los trabajadores su trigo, y la fundición se pone de nuevo a trabajar, fabricando clavos, hoces y arados para los campesinos. Ésta es la moraleja:

> Nada está más claro que esta canción,
> tiremos las falsas habladurías.
> Hermanos, llevad rápido el trigo,
> para que no os coman los lobos.

Aunque descarnada y elemental como el dibujo de un «primitivo», la parábola de Tit y Vlas se relaciona, en la cadencia, en los juegos de palabras, en las rimas, a ciertos himnos y apólogos burlescos que Mayakovsky escribía al comienzo del futurismo.

A noviembre de 1921 se remonta otra comedia de propaganda de título *Vcherashny podvig* [La empresa de ayer] o bien *Chto sdelano nami s otobrannymi u krestyan semenami* [Qué hemos hecho con las simientes tomadas a los campesinos]. Desnudo cartel didáctico en cuatro actos, esta «relación teatral» quería asegurar a los campesinos de las regiones fértiles que sus simientes habían llegado a las zonas del Volga flageladas por la carestía.

Exhortados por el personaje simbólico de la RSFSR, que tiene una función semejante a la del Teatro de la Sátira en las comedietas, los campesinos entregan de mala gana las simientes al gobierno, enviando a uno de ellos al Narkomprod (la Comisaría del pueblo para el aprovisionamiento), para cerciorarse de que las simientes lleguen sin subterfugios a las regiones hambrientas.

Más que un texto dramático, *Vcherashny podvig* parece una exposición de cuadros explicativos, de espejillos y diagramas, que describen minuciosamente las fases del campo para las semillas. Sus versos ásperos, plagados de porcentuales y cocientes, anuncian los poemas «estadísticos» de Ilya Selvinsky.

Por el carácter de «relación» desangelada, por la rigidez de los personajes que escupen cifras como instrumentos automáticos, por la ausencia de aquel fantasioso humorismo que rescata otros textos políticos de Mayakovsky, esta comedia resulta monótona y aburrida, aunque constituye un notable documento de los horrorosos meses de inedia y de la reluctancia de los campesinos a ejecutar los decretos soviéticos.

Se ignora si ha sido representada. Según *Teatralnaya Moskva* del 29 de noviembre de 1921, la compañía de Foregger se proponía representar en una *tournée* en Ryazan un nuevo trabajo de propaganda de Mayakovsky. Es probable que se tratará de *Vcherashny podvig*.[174]

13.

En 1920 Mayakovsky concibió un drama centrado en las figuras de Lenin y de Einstein, en el cual comparecería también Dios, cantando arias de ópera y melodías populares. Da noticia de ello Matthias en su libro *Genie und Wahnsinn in Russland* (Berlín 1921) con las siguientes palabras:

> Er schreibt jetzt ein neues Drama, dessen Hauptpersonen: Lenin, Einstein und ein Dritter seinen werden, dessen Namen er nicht verraten wollte. Ausserdem Kommt Gott darin vor, den er Volkslider und sogar bekannte Opernarien singen lässt.[175]

En aquellos días Mayakovsky se apasionaba con los conceptos de Einstein, soñando con reflejar en la propia poesía las novedades de la ciencia. Narra con este propósito Roman Jakobson:

---

[174] Cfr. Katanyan, *op. cit.*, p. 160.
[175] Cfr. A. Fevralsky, *Mayakovsky-dramaturg*, Moscú-Leningrado, 1940, p. 116.

En la primavera de 1920 volví a una Moscú asediada, llevando nuevos libros desde Europa e informaciones sobre el trabajo científico de Occidente. Mayakovsky me obligó a repetirle muchas veces lo que sabía sobre la teoría general de la relatividad y sobre las discusiones que ella había suscitado. La liberación de la energía, el problema de la duración, la cuestión de si una velocidad que supere a la de la luz no es un movimiento inverso en el tiempo: todo ello entusiasmaba a Mayakovsky. Raramente lo había visto tan atento y absorto. «¿No piensas —me preguntó de repente— que de este modo será conquistada la inmortalidad?» Lo miré con estupor, murmurando palabras de duda. Pero él, con su obstinación hipnotizadora, conocida sin duda por todos los que lo conocieron de cerca, contrajo los pómulos, exclamando: «Y yo estoy por el contrario perfectamente convencido de que no habrá más muerte. Los difuntos serán resucitados. Encontraré a un físico que me explique punto por punto el libro de Einstein. No es posible que yo no haya comprendido. Le pagaré la ración académica». En aquel instante se me desveló un Mayakovsky completamente diverso, dominado por la necesidad de vencer a la muerte. Poco después me dijo que estaba preparando el poema *Chetverty Internatsional* (rebautizado después en *Piaty Internatsional*), en el que hablaría de todo esto... Meditaba entonces enviar a Einstein el radiomensaje: A la ciencia del futuro el arte del futuro.[176]

El poeta se ajustaba a los más audaces postulados de la ciencia y a las invenciones de las novelas utópicas (especialmente de la de Wells) con el deseo de dar valor a la propia fe en la resurrección de los muertos. Y es curioso que esta creencia, que le deriva —como dijimos— del filósofo Fedorov, se reforzara en Mayakovsky en los años en los que más intensamente luchaba por un arte materialista y terrestre.

El drama sobre el que habla Matthias no fue escrito, y su idea se inculcó en el poema incompleto *Piaty Internatsional* [La Quinta Internacional], en el que Mayakovsky trabajó entre 1921-22.[177] El vínculo entre los fragmentos de *Piaty Internatsional* y el dibujo del

---

[176] Cfr. Katanyan, *op. cit.*, p. 158.
[177] El prólogo del poema salió en la revista «Krasnaya Nov» (1922, 3) con el título *Chetverty Internatsional* [La Cuarta Internacional].

drama resulta evidente a partir de los versos en los que el poeta declara:

> Yo quiero alinearme
> en las filas de los Edison,
> en las de los Lenin,
> junto a los Einstein.

En las páginas de este poema, intercalado de pasos en prosa, Mayakovsky imagina que destornilla su propio cuello, alargándolo sobre las selvas y los campanarios. A medida que crece la largura de su nuca, él abraza con la mirada un espacio cada vez más amplio, vislumbrando desde lo alto, no sólo Rusia, sino la totalidad de Europa y los demás continentes.

El cuello se extiende hasta las nubes, entre el ensordecedor agolparse de las olas radiofónicas. Desde allá arriba Mayakovsky discierne, en la distancia del futuro, la extensión de la Revolución por el mundo y ayuda a los suyos, escondiéndolos bajo cortinas de nubes, mostrando con los faros de los ojos los puntos para atacar, arrojando relámpagos y chaparrones sobre las columnas enemigas. Y al fin la tierra se le aparece, como será en el siglo XXI, alegre y feliz como en los sueños de los viejos utópicos. Motivos semejantes caracterizan también el poema *Letayushchy proletary* [El proletario volante, 1925], donde Mayakovsky describe con fragorosas hipérboles la última guerra aérea del futuro, deteniéndose después en describir la existencia despreocupada de los hombres del siglo XXX.

En *Piaty Internatsional* la parodia de sí mismo (del propio cuello de jirafa definido «escalera de bomberos» y «prismáticos de cien ligas») sirve por lo tanto de pretexto al poeta para animar un caleidoscopio de imágenes planetarias. También aquí regresan las máscaras y la geografía burlesca de *Misteriya-buff*, pero los elementos satíricos pierden relieve frente a la extravagancia de la nuca que se desata como una interminable antena, en un cuadro digno de los «caprichos» de Bracelli.

Reprochando a Mayakovsky el hecho de entregarse demasiado a la elocuencia política, muchos olvidan cómo él sabía extraer sugestiones fantásticas a partir de los argumentos más grises. Transpone a menudo las concretas minucias de la vida soviética a un pasaje cósmico, a una especie de espectáculo universal. Con inventiva inagotable ideaba tramas grandiosas, inmensos puentes lanzados sobre los siglos y sobre el espacio. En 1923, en el prefacio de la recopilación *Veshchi etogo goda* [Cosas de este año], publicada en Berlín, anunció que estaba escribiendo entre otras cosas una comedia en dieciséis cuadros «desde la época de Adán y Eva en adelante».[178]

La inquietud de competir con el tiempo y con el universo y junto al gusto por lo artificioso y por lo gigantesco le empujaban a proyectar en la propia creación las lejanías de la tierra y del firmamento, las parábolas bíblicas, y sobre todo los escenarios quiméricos del futuro. En pocos poetas es tan asiduo y tan exasperado el tema del futuro.

---

[178] *Polnoe sobranie sochineny*, XII, Moscú, 1937, p. 69.

IV
La época del constructivismo

1.

Algunos estudiosos rusos, obnubilados por los prejuicios del realismo, silencian la contribución de la vanguardia en la formación del teatro soviético. De sus manuales inexactos y engañosos se debería deducir que el admirable florecimiento teatral de los años veinte es atribuible al mérito de los escenarios conservadores.

La verdad es muy diferente. Los teatros tradicionales asimilaron con cauta lentitud y a menudo con reluctancia la nueva realidad, separándose de mala gana de sus esquemas acostumbrados. A los escenarios ilustres, como el Maly o el Alexandrinsky, les costó, anquilosados por una antigua experiencia, apropiarse del ardiente material de la Revolución. Y el mismo Teatro de Arte, que por la asidua introspección de la vida interior había perdido el sentido del espectáculo, permaneció aparte en aquellos días de temerarias proezas formales.

Semejantes teatros de derecha se las ingeniaron para pasar de los detalles naturalistas a un estilo patético y monumental que respondiera a los grandiosos acontecimientos, y más de uno buscó en los trabajos de los clásicos analogías con el presente. No fueron sin embargo los acolchados escenarios tradicionales, sino los tumultuosos de la vanguardia los que expresaron el ímpetu y el fervor de la Revolución. Los teatros conservadores parecían entonces solamente la pálida reliquia de una edad superada. Más tarde, a medida que los moldes del naturalismo retomaban la ventaja y los personajes psicológicos iban reemplazando a las máscaras sociales, el Maly, el Alexandrinsky, el teatro de Stanislavsky volvieron a prevalecer. Pero en los primeros años no tuvieron demasiada fortuna.

El público de obreros, de soldados y de campesinos, madurado entre los cataclismos y las batallas, permanecía indiferente a los cuadros de género, a las «atmósferas», a los coloquios en sordina. No nos parece exagerar afirmando que los experimentos de las izquierdas respondían en el fondo a una precisa exigencia de los nuevos espectadores.

Lo que no quiere decir sin embargo que los hombres de la vanguardia estuvieran todos prendados por el comunismo. Meyerhold fue una excepción. La mayor parte de los directores innovadores (Tairov, Foregger, Ferdinandov, Gromovsky, Radlov, etc.) se unió al régimen soviético más por entusiasmo artístico que por consenso ideológico.[179] Pero era precisamente este entusiasmo el que daba rienda suelta a la imaginación, infundía en sus espectáculos, borrachos de sonidos y de luces, el espíritu del gran huracán de Octubre. No ensombrecían siempre en los contenidos los acontecimientos políticos (a los contenidos se les daba entonces poca importancia), pero el vórtice de nuevas formas, que ellos desencadenaban sobre los escenarios, equivalía al ritmo agitado de la Revolución.

Favorecidos por Lunacharsky, que había dejado a los teatros autonomía de elección y de orientación, estos directores se dejaron llevar por las tentativas más extrañas, las pruebas más temerarias. Compusieron los arabescos mímicos de los actores y los colores intensos de las escenas en tramados visuales no objetivos. Dieron mayor peso a la abstracta belleza de los sonidos que a la sustancia lógica de las palabras. Y, cruzando los angostos confines del viejo teatro dramático, se valieron de los recursos del circo, del cine y del music-hall.

La hipertrofia de las ocurrencias y de los trucos compensó en los primeros años la penuria de trabajos dramáticos, amenazando sin embargo con reducir a los poetas a simples abastecedores de tramas, que los directores manipularían arbitrariamente.

---

[179] Cfr. P. Markov, *Teatr* (en el ciclo *Iskusstvo i literatura Oktyabrskogo desyatiletiya*), en «Pechat i Revolyutsiya», 1927, 7.

2.

El teatro de vanguardia del primer decenio soviético se mueve a partir de las invenciones de los pintores cubofuturistas. El mismo Mayakovsky observó, en una intervención en la polémica *Khudozhnik v teatre* [El artista en el teatro] del 3 de enero de 1921, que la revolución teatral había estado precedida por la pictórica.[180] Los más significativos espectáculos de entonces nacieron de hecho en el clima fantasioso y rutilante de la nueva pintura.[181] Bastará recordar *Les Contes d'Hoffmann* de Offenbach (1918) bajo la dirección de Komissarzhevsky (con escenas de Lentulov), *La Princesa Brambilla* de Hoffmann (1920) y *Giroflé-Giroflá* de Lecocq (1922), ambos bajo la dirección de Tairov (con escenas de Yakulov), *Les aubes* de Verhaeren (1920) bajo la dirección de Meyerhold (con escenas de Dimitriev), *Gadibuk* de An-sky (1922) y *Turandot* de Gozzi (1922), ambos bajo la dirección de Vakhtangov (el uno con escenas de Altman, el otro de Nivinsky).

Todos estos espectáculos estaban como embebidos por las tintas y los ritmos del futurismo. Uno no se puede imaginar por lo demás el arte de Tairov sin las caprichosas formas espirales de Yakulov o sin los trajes de Exter, que enjaulaban a los actores en una especie de armadura cúbica de líneas fijadas con hilos de hierro.[182] Ni sabremos explicarnos las direcciones de Alexei Gromovsky sin la pintura de Chagall. Como es sabido, Chagall adornó la sala del Teatro de Cámara judío de Moscú con frescos que representaban un carnaval de máscaras judías y compuso las escenas para los trabajos de Sholom-Aleykhem, con el que este teatro se inauguró en enero de 1921.[183] En sus espectáculos excéntricos, que fundían la payasada

---

[180] *Vystuplenie na dispute «Khudozhnik v teatre»*, en *Polnoe sobranie sochineny*, XII, Moscú, 1937, p. 333.
[181] Cfr. Igor Ilinsky, *Sam o sebe*, en «Teatr», 1958, 6 (cap. 7).
[182] Cfr. Konst. Derzhavin, *Kniga o Kamernom Teatre*, Leningrado, 1934.
[183] Cfr. M. Rafalsky, *Evreysky teatr*, en «Sovetsky Teatr», 1930, 7, y *Moskovsky Goset*, ivi, 1931, 9, y James Johnson Sweeney, *Marc Chagall*, Nueva York, 1946, pp. 44-49. Véanse además *Das Moskauer Jüdische Akademische Theater* (con escritos de Ernst Toller, Joseph Roth, Alfons Goldschmidt), Berlín, 1928, y Mordecai Gorelink, *New Theatres for Old*, Nueva York, 1955, pp. 301-2.

grotesca con el estilo del music-hall, Gromovsky transfería los personajes, los colores, la mímica de los dibujos de Chagall.

De modo similar no se podría entender un cierto periodo de Meyerhold sin el constructivismo. Hablaremos a continuación de este movimiento que ejercitó una gran influencia también en Mayakovsky.

Después de la Revolución los pintores de izquierda sintieron viva la necesidad de reflejar en sus telas los procesos mecánicos de la industria y las conquistas de la técnica.[184] El abstractismo buscaba su inspiración en el mundo de la mecánica y de las máquinas. Suprematistas, proyeccionistas y otras estirpes de no objetivos hicieron de la pintura una especie de cálculo algebraico, exhibiendo en las proclamas y en los títulos una complicada terminología científica. Sus tramas geométricas, entretejidas con rígido racionalismo, como con escuadra y compás, se fueron pareciendo cada vez más a diagramas analíticos, a ejercicios de gélida ingeniería.

Compartiendo las aspiraciones industriales de la naciente sociedad soviética, algunos de estos pintores, los más cercanos a Mayakovsky, soñaban con integrar el arte en la producción, de hacerla utilitaria como la ciencia y el trabajo. Los experimentos conducidos por ellos en el INKHUK, el «Institut khudozhestvennoy kultury» [Instituto de Cultura Artística], que IZO había organizado en Moscú en mayo de 1920, culminaron en una decisión radical, no menos heroica de la que llevó a Malevich a su negro cuadrado. El 24 de noviembre de 1922 veinticinco miembros del INKHUK (Tatlin, Rodchenko, Lavinsky, Popova, Stepanova, etc.) proclamaron superada la pintura de caballete y superflua toda actividad artística que no tuviera un fin productivo.

El arte se convirtió en construcción de objetos, elaboración técnica de materiales, aproximándose a los modos de la artesanía, a la experiencia obrera. Después de las imágenes absolutas del suprematismo, los cubofuturistas se proponían por lo tanto crear un nuevo universo de instrumentos esenciales y precisos, contrapo-

---

[184] Cfr. Y. Tugendhold, *Zhivopis* (en el ciclo *Iskusstvo i literatura Oktyabrskogo desyatiletiya*), en «Pechat i Revolyutsiya», 1927, 7.

niendo una parsimoniosa comunión de formas (vistas como un purismo ascético, a la prolijidad redundante de la época burguesa.

La idea de un arte industrial («proizvodstvennoe iskusstvo») era excesivamente revolucionaria para un país retrógrado como Rusia. Pero los «productivistas» («proizvodstvenniki») se excedieron en la superficial negación de los valores del pasado. Su guerra contra la metafísica en nombre de esquemas racionales les obligó a menudo a asumir una estéril actitud nihilista.

Por otra parte el industrialismo que propugnaban no pudo dar resultados notables, no sólo por la ruina económica seguida de las luchas civiles y por los gustos anticuados de dirigentes y burócratas (los cuales preferían a todas las construcciones el busto en yeso de Marx barbudo), sino también por el carácter abstracto y ficticio de muchos de sus propósitos. Ellos proponían un salto demasiado brusco hacia una Rusia de rascacielos y de fábricas, hacia la América rusa que Blok había presagiado en una lírica de diciembre de 1913:

> ¡Sobre la estepa desierta se ha encendido
> para mí la estrella de una nueva América!

Los proyectos de círculos, quioscos, monumentos, edificios y emisoras de radio, llevados a cabo por los constructivistas, fueron a menudo utopías extravagantes, casas de cristal y amianto que giran sobre muelles.[185] Lissitsky concibió los llamados «prouny», fantasías arquitectónicas, juegos de elementos estereométricos. Pero como símbolo del constructivismo permanecerá siempre un proyecto ideado aun antes de que los artistas del INKHUK hicieran su renuncia, el de Vladimir Tatlin para un monumento a la Tercera Internacional, más alto que la torre Eiffel.

El monumento consistía en tres grandes cuerpos de cristal sobrepuestos y encerrados en la envoltura de una espiral de hierro: cuerpos geométricos que tenían que rotar sobre el propio haz con varias velocidades. La parte inferior (un cubo), destinada a congresos, conferencias, asambleas legislativas, cumpliría una vuelta al

---

[185] Cfr. «LEF», 1923, I.

año. La central (una pirámide), sede del comité ejecutivo y de la secretaría de la Internacional, una vuelta al mes. La parte superior (un cilindro), reservado al gabinete de prensa, a la redacción de un periódico y a una editorial de proclamas, opúsculos y manifiestos, una vuelta al día. En lo alto debía levantarse una larguísima antena radiotelegráfica.[186]

Esta obra fue recibida por los futuristas como un acontecimiento de resonancia mundial. Punin señaló:

> El proyecto no es solamente conspicuo por su pleno valor, como fenómeno de la vida artística contemporánea, sino que puede ser acogido como una brecha profunda en el anillo muerto del arte saturado y decadente de nuestra época.[187]

Y Shklovsky:

> Por primera vez el hierro se ha izado, buscando su fórmula artística. En el siglo de las grúas, bellísimas como el más sabio de los marcianos, el hierro ha tenido el derecho de enfurecerse y de recordar a los hombres que nuestra «edad» en vano se llama ya desde los tiempos de Ovidio «férrea», si no tiene un arte de hierro.[188]

Enrollada por las curvas de la espiral que, según Punin, era la «línea del movimiento de la humanidad liberada»,[189] la construcción

---

[186] En su volumen *O futurizme* (San Petersburgo 1923) N. E. Radlov compara el monumento de Tatlin a una «bestia monstruosa con un cuerno radiotelegráfico sobre la cabeza y una asamblea legislativa en la panza hinchada» (p.48) y observa en modo gracioso: «No consigo liberarme de la visión de los miembros del órgano ejecutivo, obligados por una falta temporal de energía eléctrica a hacer girar a mano la propia pirámide» (p.42).

[187] N. Punin, *Pamyatnik III Internatsionala*, San Petersburgo, 1920, s.p. Véase también del mismo *Tatlin* (*protiv kubizma*), ivi, 1921.

[188] V. Shklovsky, *Pamyatnik Tretemu Internatsionalu*, en *Khod konya*, Moscú-Berlín, 1923, p. 109.

[189] Haciéndose eco de Punin, Ilya Ehrenburg afirma: «La dinámica de nuestro tiempo está expresada en la maravillosa espiral» (*A vse-taki ona vertitsya*, Moscú-Berlín, 1922, p. 19).

de Tatlin quería significar el ímpetu y el dinamismo de la época, el afán humano de ascender, de elevarse de la tierra. De este modo una obra utilitaria recaía en la metafísica que los constructivistas creían con ilusión haber eliminado para siempre.

Junto a las muchas quimeras, el constructivismo elaboró sin embargo también una serie de «productos», de modelos prácticos de cosas concretas. Popova, Stepanova, Rodchenko, Lavinsky y Lissitsky idearon chándales deportivos («sportodezhda») y obreros («prozodezhda»), carteles publicitarios, cubiertas, fotomontajes, mobiliario, dibujos de telas, maquetas constructivas,[190] adornos de calles y escaparates, decoraciones para películas y sobre todo andamios escénicos. Estos trabajos se distinguían por el espesor de los contornos, por la nitidez de las formas cortadas con líneas precisas, por el neto contraste de los campos de color, dispuestos en alternancias simétricas.

«Hijo armonioso de la cultura industrial», según las palabras de Alexei Gan,[191] el constructivismo marcó con su método los primeros años soviéticos. Incluso Ehrenburg se hizo acérrimo partidario en el volumen *A vse-taki ona vertitsya* [Sin embargo se mueve, 1922] y en la revista *Veshch* [El Objeto], publicada por él con El Lissitsky en Berlín.

En octubre de 1922 la «Erste Russische Kunstausstellung» («Vystavka izobrazitelnogo iskusstva RSFSR»), celebrada en la capital alemana, divulgó en Occidente los conceptos y las obras de este movimiento.[192] En diciembre del mismo año, en una correspondencia desde París, Mayakovsky escribía:

---

[190] Recordemos la de El Lissitsky para la antología *Mayakovsky dlya golosa* [Según palabras del propio Mayakovsky, Berlín, 1923].

[191] Alexei Gan, *Konstruktivizm*, Tver, 1922, p. 19.

[192] Para el trámite de El Lissitsky, que vivió durante mucho tiempo en Alemania y publicó entre otros el volumen *Die Kunstismen* (1925) junto a Hans Arp, el constructivismo influyó en Moholy-Nagy y en las teorías de la Bauhaus. Recuérdese que en 1926 Malevich visitó la Bauhaus para encontrarse con Kandinsky: el año siguiente apareció, en la colección de los «Bauhaus-Bücher», su libro *Die gegenstandslose Welt*. A la difusión del constructivismo en Occidente contribuyeron también Gabo y Pevsner. Cfr. Herbert Read, *Constructivism: the of Art Naum Gabo and Antoine Pevsner*, en *The Philosophy of Modern Art*, Nueva York, 1955, pp. 255-78.

Por primera vez ha volado desde Rusia y no desde Francia la primera palabra de arte, el constructivismo. Uno se maravilla incluso de que esta palabra exista en el léxico francés.

No el constructivismo de los artistas, que extraen inútiles artefactos de bellos y útiles hilos de hierro y de pedazos de lata. El constructivismo que entiende el trabajo formal del artista sólo como una ingeniería necesaria para forjar toda nuestra vida práctica.

En esto los artistas franceses deben aprender de nosotros.[193]

3.

Mayakovsky amaba las máquinas y los productos de la civilización industrial. Gustaba de los utensilios compactos y macizos, se entusiasmaba por los descubrimientos de la técnica moderna. En el Museo Mayakovsky de Moscú se admiran, entre sus reliquias, un enorme encendedor francés y una voluminosa estilográfica americana. En el poema *Letayushchy proletary* [El proletario volante, 1925] enumera, entre las conquistas del futuro, el cepillo de dientes eléctrico, el radiodespertador, la bandeja automática del té.

Hablando del automóvil, que el poeta compró en noviembre de 1928 en París,[194] Yuri Olesha recuerda:

> Era insólito en aquellos tiempos que alguien poseyera un automóvil; y el de Mayakovsky era a menudo argumento de conversación en nuestro ambiente. El hecho de que él adquiriese un coche revelaba su amor por el presente, por la industria, la técnica, el periodismo, amor del que eran indicio también las plumas estilográficas sobresalientes de sus bolsillos, sus gruesas suelas ultramodernas y la lírica *El puente de Brooklyn*.[195]

---

[193] *Parizh (Zapiski Lyudogusya)*, en *Polnoe sobranie sochineny*, IV, Moscú, 1957, p. 212.
[194] Cfr. Katanyan, *op. cit.*, p. 367.
[195] Yuri Olesha, *Dlya «Vospominany o Mayakovskom»*, en *Izbrannye sochinenya*, Moscú, 1956, p. 459.

IV. La época del constructivismo

Olesha se refiere evidentemente a los versos:

Yo estoy orgulloso
          de este
                    mijo metálico,
vive en él
        se levantan mis visiones:
en vez de estilos
            lucha
                  por las construcciones,
cálculo riguroso
            de pernos
                  y de acero.[196]

que son testimonio irrefutable de la adhesión de Mayakovsky a las fórmulas constructivistas. No es casual por lo demás que ya en 1918 hubiera definido «veshch» (objeto) su poema *Chelovek* [El Hombre].

El LEF, o bien «Levy front iskusstv» (Frente Izquierdista del Arte), fundado por él en 1923, fue la base y el centro del constructivismo. Se unieron confraternizados por el prestigio de Mayakovsky figuras de proveniencia diversa: poetas cubofuturistas (Aseev, Kruchenykh, Tretyakov, Kamensky, Pasternak), filólogos del «Opoyaz» (Brik, Shklovsky, Vinokur, Tynyanov), directores de teatro y de cine (Eisenstein, Dziga Vertov), «productivistas» del INKHUK (Popova, Stepanova, Rodchenko, Lavinsky).

Sobre las páginas de las revistas «LEF» y «Novy LEF» aparecieron algunos de los más relevantes trabajos de vanguardia, como los poemas *Pro eto* [De esto] de Mayakovsky, *Vysokaya bolezn* [Una sublime enfermedad] de Pasternak, *Cherny prints* [El príncipe negro] de Aseev, fragmentos de *Konarmya* [La Armada a caballo] y unos *Odesskie rasskazy* [Cuentos de Odessa] de Babel, la rapsodia *Rychi, Kitay!* [¡Ruge China!] y el melodrama *Protivogazy* [Máscaras antigás] de Tretyakov, fragmentos de la genial *Teoriya prozy* [Teoría de la prosa] de Shklovsky, el manifiesto de Eisenstein sobre el «montaje de las atracciones» y el de Vertov sobre el «Kinoglaz» (Cineojo).

El LEF se proponía intervenir activamente en el desarrollo de la sociedad soviética y erradicar las predilecciones oleográficas,

---

[196] Cfr. Ripellino, *op. cit.*, pp. 310-14.

creando un nuevo hábito, nuevas formas de vida inspiradas en la técnica y en el industrialismo. «El LEF luchará por un arte que sea construcción de la vida» se lee en el primer número de la revista homónima.

Mayakovsky y sus amigos querían que el arte, rehuyendo de los falsos adornos, se convirtiera en factura de objetos necesarios, proceso de producción, y que los artistas se transformaran en técnicos, en «organizadores de la vida» («formovshchiki zhizni»). Los arneses y los utensilios funcionales, producidos por los constructivistas, penetrarían en ambientes cerrados, enmohecidos y de costumbres rancias, llevando un ejemplo operante de practicidad moderna, de orden y de limpidez.

Para adaptarse en el campo de las letras a estos rígidos esquemas, el LEF rechazó la fantasía como alteración idealista de la realidad y se propuso sustituirlas por la llamada «literatura del hecho», o sea, la grabación mecánica de los datos reales. Teniendo la certeza de que la novela, la épica, las obras de inventiva eran expresión caducada de la edad burguesa, los seguidores del LEF exaltaron los géneros documentales, los servicios periodísticos, las memorias, los protocolos y la crónica.

No hay duda de que la «factografía» ha influido sobre los trabajos de bastantes artistas: se encontraron huellas en el poema *Khorosho!* [¡Bien!, 1927] de Mayakovsky, en las comedias de Tretyakov, en las películas documentales de Vertov, el cual estaba convencido de que los dramas cinematográficos compuestos de fantasía eran opio para el pueblo como la religión,[197] e incluso en *Bronenosets Potemkin* [El acorazado Potemkin] de Eisenstein, en cuyas secuencias el gusto por el «hecho» se combina con la estética de los objetos y los pistones, los manómetros, los elementos mecánicos de la nave asumen un relieve constructivista.[198] Con sus resecos sofismas, que no admitían ni siquiera la lírica, el LEF acabó en-

---

[197] Cfr. N. A. Lebedev, *Ocherk istorii kino SSSR*, I, Moscú, 1947, p. 106.
[198] Cfr. V. Shklovsky, *5 feletonov ob Eyzenshteyne*, en *Gamburgsky schet*, Leningrado, 1928, pp. 148-49, y Serguei Yutkevich, *Mirovoe znachenie «Bronenostsa Potemkina»*, en «Iskusstvo kino», 1956, I.

sombreciendo la imaginación de los poetas, aprisionándolos en el corsé de un rigor dogmático.

Lo bello es que, en su inquietud de módulos productivos, los del LEF atribuyeron un carácter funcional también al «zaum» de Kruchenykh, el cual, casi justificándose, rellenaba de términos políticos sus criptografías fonéticas. La «organización» de los sonidos, la textura de toscas estructuras verbales pasaban entonces por constructivismo.

En este sentido también Pasternak puede considerarse un constructivista. En sus versos de hecho cada metáfora es calculada y puntual como un movimiento de ajedrez y las palabras se amontonan con contrastes estereométricos, casi realizando la sugerencia de Tatlin de «poner el ojo bajo el control del tacto».

4.

Si no pudo condicionar el hábito soviético, el constructivismo obtuvo al menos su triunfo en la ficción del teatro. Desechados los telones de fondo pintados y las guarniciones superfluas, los constructivistas erigieron sobre el escenario desnudo armaduras abstractas que tenían un torno y un telar, encajes ingeniosos de torres, de escaleras y de partes giratorias. La escena tomó el aspecto esquelético de un viaducto ferroviario, de una estructura compuesta con los pedazos de un mecano.[199]

Prototipo de estos dispositivos fue un singular castillo de alturas, de ruedas, de pasarelas, de toboganes, una especie de máquina herramienta, que Lyubov Popova proyectó en 1922 para la *Le Cocu magnifiqué* de Crommelynck, dirigido por Meyerhold. El ejemplo de Popova suscitó decenas de construcciones más complejas. Recordemos las de V. Stepanova para *Smert Tarelkina* [La muerte

---

[199] Cfr. V. Vsevolodsky-Gerngross, *Istoriya russkogo teatra*, II, Leningrado-Moscú 1929, pp. 418-25. Véanse además A. Smirnov, *Problema sovremennogo teatra*, en «Russky sovremennik»,1924, 2; Pavel Novitsky, *Sovremennye teatralnye sistemy*, Moscú, 1933, pp. 75-76, y Gorelik, *op. cit.*, pp. 342-45.

de Tarelkin] de Sukhovo-Kobylin (1922), de A. Vesnin para *The Man who was Thursday* de Chesterton (1923), de V. Shestakov para *Ozero Lyul* [El lago de Lyul] de Fayko (1923).

Semejantes estructuras, que parecían transferir en el espacio los trazados geométricos de los suprematistas, se pusieron de moda, penetrando incluso en los teatros conservadores. «La construcción creada por Popova —ha escrito Shklovsky— luchó durante mucho tiempo con la vieja caja escenográfica y hoy es ya aceptada por el espectador, como si formara parte del texto dramático. La veis hasta en un trabajo como *Anna Karenina* en el Teatro de Arte».[200]

El escenario constructivista sirvió de sostén y de trampolín al virtuosismo cinético del nuevo actor. Los andamios le sirvieron de paralelas, de caballete de gimnasia. Dando volteretas sobre escabrosos soportes y sobre planos inclinados, el actor proyectaba en sus tres dimensiones sus ritmos dinámicos, su destreza de acróbata.

Estos telares funcionales, equivalentes a esquemas mecánicos, acercaron el teatro a las experiencias de la industria. Integrándose en sus engranajes, el actor trasladaba a sus propios gestos las cadencias de los mecanismos, los movimientos de los obreros en la producción.

Después de haber sido durante años el dominio de larvas crepusculares, el teatro aspiraba a transformarse en una oficina, en una sección de fábrica. Y los directores estudiaban reflejar en ella la organización productiva, no sólo convirtiendo el escenario en una especie de complicado mecanismo, de objeto en sí, sino además igualando la mímica de los intérpretes en los procesos del «taylorismo».

Todo un periodo del teatro de vanguardia se desarrolló bajo el signo del constructivismo. Sus fórmulas alimentaron los espectáculos de Meyerhold y de Tairov, las «danzas de máquinas» de Foregger, que sostenía la teoría de la «gesticulación industrial», los «metrorritmos» de Ferdinandov, los «periódicos vivientes», las coreografías de Kasyan Goleizovsky, el cual exigía que el bailarín

---

[200] V. Shklovsky, *O Mayakovskom*, Moscú, 1940, p. 184.

realizara como un «robot» el movimiento de bielas, de balancines y pistones, la mecanicidad racional de la época.[201]

5.

Pero es hora de detenerse en Vsevolod Meyerhold, que fue sin duda el más caprichoso de los constructivistas.[202]

Cuando se desencadenó el huracán de Octubre, Meyerhold era ya conocido por los intentos de teatro simbolista y por una serie de suntuosas direcciones en el Alexandrinsky. Su temperamento de innovador inquieto e inconstante, siempre preparado para rechazar las experiencias de ayer para volver a comenzar de la nada, se embriagó de las inmensas perspectivas que abría de par en par la Revolución. El director de los teatros imperiales se adhirió con el fervor de un neófito a la causa del comunismo. Y pasando de golpe de las sutilezas basadas en la estética de la edad simbolista a las excentricidades tumultuosas de los futuristas, acometió en el campo del espectáculo una acción análoga a la que Mayakovsky desarrollaba en la poesía.

Meyerhold llegó a Moscú en 1920 desde Rusia meridional, donde había languidecido en las prisiones de los blancos, único bolchevique entre los grandes directores de entonces. Quien estaba acostumbrado al Meyerhold esteta con frac y sombrero de copa, como aparece en el retrato de Boris Grigorev, debió sorprenderse al verlo en el papel de comisario político, con la casaca arrugada de cuero, el revolver en la pistolera, la estrella roja sobre el sombrero.

En septiembre de 1920 fue nombrado director del TEO («Teatralny otdel»), la sección teatral del Narkompros. En el entusias-

---

[201] Cfr. Yu. Slominsky, *Sovetsky balet*, Moscú-Leningrado, 1950, pp. 49-50.
[202] Cfr. A. Gvozdev, *Teatr imeni Vs. Meyerholda*, Leningrado, 1927; N. Volkov, *Meyerhold*, Moscú-Leningrado, 1929; A. Fevralsky, *Desyatlet teatra Meyerholda*, Moscú, 1931; B. Alpers, *Teatr sotsialnoy maski*, Moscú-Leningrado, 1931; Yury Elagin, *Temny geny* (*Vsevolod Meyerhold*), Nueva York, 1955; I. Ilinsky, *Sam o sebe*, en «Teatr», 1958, 7-8-9; J. Honzl, *Divadelní a literární podobizny*, Praga, 1959.

mo de aquellos días su primer pensamiento fue el de dar vida a un teatro, no solamente coherente con la Revolución, como el de Vakhtangov o de Tairov, sino directamente comprometido con las contiendas políticas. Un teatro que reflejara las ideas del comunismo con el mismo resalte que los mítines y los carteles.

Proclamó por lo tanto el «Octubre Teatral» («Teatralny Oktyabr»), sosteniendo la necesidad de reflejar en cada espectáculo la lucha y las aspiraciones de la clase obrera. Y aquí debe decirse que en Meyerhold la tendencia política no sofocó nunca la autonomía de la forma. Al contrario: como los cubofuturistas, él tenía la certeza de que la mutación de Octubre dio valor a los experimentos más valientes y más absurdos, sin reprimir la libertad del artista en la elección de los medios y en las invenciones. Los cubofuturistas lo consideraron uno de ellos. Vasily Kamensky lo definió «descubridor de las Américas teatrales», «Edison de trillones de voltios»[203] y Shklovsky escribió que él era «padre y nieto de los jóvenes».[204]

Estimulado por el ritmo vertiginoso de la época, que parecía desnudar la vida de cada cosa superflua, Meyerhold desde los primeros días anheló eliminar de la escena sin piedad los cachivaches y las baratijas realistas, que la transformaban en un polvoriento arsenal de ropavejero. Él tenía como uno de sus deseos principales el propósito de transferir el teatro al aire libre, sobre las plazas, en contacto con el pueblo.

Entretanto, obligado a servirse de la vieja caja teatral, se las ingenió al menos para ampliarla a modo de anfiteatro, liberándola de los bastidores, de los telones de foro, del telón, de la escena, de la capa del Arlequín, de los harapos, de los ornamentos de cartón y de oropeles. Y sobre el escenario desnudo, sacando a la luz los secretos técnicos del teatro, como las cuerdas de un piano destapado, prodigó su fantasía en fugas y cascadas de trucos, en experimentos vertiginosos.

Cada puesta en escena suya encantaba por las ocurrencias inesperadas, por la novedad centelleante de las formas, que él ensegui-

---

[203] V. Kamensky, *Ya i Meyerhold i 20 let nazad i 20 let vpered*, en el almanaque *V.E. Meyerhold*, Tver, 1923, p. 35.
[204] V. Shklovsky, *Po povodu kartiny Esfir Shub*, en «Novy LEF», 1927, 8-9.

da abandonaba a los epígonos, buscando otras más asombrosas. Pero también los espectáculos más iconoclastas, aquellos en los que su imaginación rebelde parecía moverse sobre el borde de un precipicio, mostraban una rara erudición, volviéndo a conectarse, mediante hilos escondidos, con las pruebas realizadas por él en los primeros decenios del siglo.

Para llevar a cabo el «Octubre Teatral» Meyerhold organizó en Moscú, en el edificio decadente del teatro de operetas Zon en la calle Sadovaya, el ahora legendario Teatro RSFSR Primero. Y aquí, el 7 de noviembre de 1920, a falta de nuevos autores, reelaboró y puso en escena, junto a Valery Bebutov, *Les aubes* de Verhaeren.

La sala, incómoda y sin calefacción, semejante a una estación de tránsito más que a un teatro, era muy diferente de la pomposa del Alexandrinsky. Los espectadores, soldados rojos y obreros, estaban arropados en los abrigos por el gran frío.

> Era un local común de mítines, con los muros cubiertos de manchas de humedad, con un aire húmedo azulado. Las puertas de este teatro no tenían taquillas. Estaban abiertas de par en par, y el vendaval de nieve se metía en el foyer y en los pasillos, obligando a los presentes a levantarse el cuello de gabán, cuando los parapetos de los palcos se cayeron. Las sillas y los bancos se amontonaban en desorden, rompiendo la regularidad de las filas. En los pasillos estaba permitido mordisquear avellanas y fumar machòrka.[205]

De aquel trabajo visionario Meyerhold extrajo una trama de agitación, introduciendo motivos políticos y referencias a las circunstancias soviéticas. Cada tarde, durante el espectáculo, un «mensajero» leía las últimas noticias de la ROSTA sobre la marcha de las operaciones en Crimea: una tarde despertó grandes aplausos el anuncio que el Ejército Rojo había conquistado Perekop.[206] A veces divisiones de soldados subían sobre el escenario con banda y banderas. Todo ello convergía en un cambio del espectáculo en una vivaz asamblea política.

---

[205] B. Alpers, *Teatr sotsialnoy maski*, Moscú-Leningrado, 1931, p. 23.
[206] Cfr. Khrisanf Khersonsky, *Vzyatie Perekopa i «Zari»*, en «Teatr», 1957, 5.

Para los escenarios Meyerhold no recurrió a Golovin, que había sido su asiduo colaborador en los teatros imperiales, sino al futurista Dimitriev. En el vacío espacio del escenario destacan algunos cubos voluminosos, revestidos de tela y pintados de gris-plata. Una aureola de cables se levantaba desde el plano escénico al cielo raso. Y en el aire estaba suspendido un grupito de «contrarrelieves» al modo de Tatlin, de formas geométricas abstractas: dos círculos de enchapado, uno dorado y uno rojo, un triángulo de lata resplandeciente.

Los actores, sin maquillaje, en hábitos de ruda tela dibujados también ellos de gris plata, declamaban como tribunos desde lo alto de los cubos sus solemnes monólogos, intercalados por las frías voces de un coro escondido en la orquesta. De este modo el futurismo escenográfico se unía en una singular mezcla con reminiscencia del teatro griego y con la plasticidad estatuaria de la actuación simbólica.[207]

Este espectáculo, como todos los siguientes de Meyerhold, provocó encendidas polémicas sobre el futuro del arte teatral, tempestuosos debates que se celebraban en el Museo Politécnico, en la Casa de la Prensa o en el mismo Teatro RSFSR Primero, donde se llamaron «lunes de las Auroras» («ponedelniki Zary»).

Pero un teatro revolucionario no podía estar satisfecho sólo reelaborando dramas de otras épocas. Meyerhold se dirigió por ello a Mayakovsky y a Esenin. De Mayakovsky, como ya hemos visto, dirigió el 1° de mayo de 1921 *Misteriya-buff*; pero de *Pugachov* de Esenin no consiguió, a pesar de su inagotable inventiva, ni siquiera elaborar un esbozo de espectáculo.[208] Según el testimonio de Lunacharsky, también tenía la intención entonces de poner en escena una reconstrucción política del *Rienzi* de Wagner.[209]

Desde los cubos de *Les aubes* y desde los andamios de *Misteriya-buff* fue breve el paso al constructivismo. De aquel estilo Meyerhold dio un admirable ejemplo en *Le Cocu magnifique* (25 de abril

---

[207] Cfr. Viktor Shklovsky, *Khod konya*, Moscú-Berlín, 1923, pp. 64-67, e Igor Ilinsky, *Sam o sebe*, en «Teatr», 1958, 7 (cap. 13).
[208] Cfr. Igor Ilinsky, *Sam o sebe*, en «Teatr», 1958, 7 (cap. 14).
[209] A.V. Lunacharsky, *Teatr RSFSR*, en «Pechat i Revolyutsiya», 1922, 7.

de 1922), para el que Popova había ideado, como dijimos, una especie de trípode utilitario, una seca armadura de plataformas, escalerillas, puertas, declives y grandes ruedas de muchos colores, que aireaba las líneas de un molino de viento. Sobre un disco que hacía girar letras separadas, como en los cuadros cubistas, componían el nombre CROMMELYNCK.

Con este mecanismo en el medio y los reflectores visibles, el escenario, sin proscenio ni bastidores, descubierto por todos los lados hasta el muro del fondo, no era distinto al de las pistas de los circos. Privados de maquillaje, vistiendo una «prozodezhda» de tela turquesa, análoga a las que aparecieron después sobre las páginas de la revista «LEF», los intérpretes presentaron por primera vez un nuevo sistema teatral inventado por Meyerhold, la «biomecánica».

Complejo de saltos, flexiones, fintas, cinturas, zancadillas, era el sistema que aspiraba a sustituir la intuición al actor, del «perezhivanie» (o sea de la experiencia interior) un actor-gimnasia, que maniobrase con ritmo mecánico los «mecanismos» del propio cuerpo adiestrado y armonioso. Meyerhold estimaba la muda elocuencia del cuerpo. Como Ilinsky cuenta, él exponía como modelo de eficacia mímica «Biba-bo», la marioneta que, sin variar la inerte mueca de la propia máscara, puede significar la alegría con los brazos tendidos, el dolor con los hombros curvados, la soberbia con la cabeza echada hacia atrás.[210]

Casi hecho a imagen y semejanza de Douglas Fairbanks, el actor-acróbata simbolizaría con sus dotes físicas al hombre ideal de la época. Por otra parte, la «biomecánica», organizando los movimientos con extrema exactitud, como un diagrama cinético, aproximaba el teatro a las cadencias de la producción. Y el actor, dando vueltas en mono entre los fragmentos de aquellas máquinas escénicas, asumía un aspecto obrero.

Pero el esquematismo de los gestos acabaría por hacer de él un árido maniquí, si a su precisión de «robot» no se hubiera unido un humor bufonesco, un gusto por las bromas y por lo gracioso,

---

[210] I. Ilinsky, *Sam o sebe*, en «Teatr», 1958, 9 (cap. 18).

que se remontaba a los principios de la comedia improvisada, experimentados por Meyerhold en muchas de sus obras antes de la Revolución.

Y de hecho en *Le Cocu magnifique* el riguroso arte abstracto de la «biomecánica» era avivado por una teatralidad chispeante, por una savia de juventud. En el tercer acto, por ejemplo, comparecía en escena la primera banda de jazz rusa. Como la alegre *Turandot*, que Vakhtangov había dirigido en febrero de aquel año, la tragifarsa de Crommelynck se transformó en una alegre girándula de trucos, sorpresas, piruetas, en un juego de comediantes despreocupados, que acordaban los preceptos del constructivismo con el brío de los cómicos del arte.[211]

Indicando esta fusión Ilinsky (Bruno) llevaba en el cuello dos borlas escarlatas de payaso sobre el severo mono constructivista. Fue un estrepitoso triunfo para el director, para su método, para sus actores, y especialmente por Ilinsky y la deliciosa Babanova, en el papel de Stella.

La agilidad de los actores de Meyerhold se acercaba a veces al acrobatismo, como se ve en la puesta en escena de *Smert Tarelkina* [La muerte de Tarelkin, 24 de noviembre de 1922], para la que Stepanova había preparado una construcción aún más recóndita, una especie de descomunal «trituracarne». La comedia grotesca de Sukhovo-Kobylin sirvió de pretexto para una secuela de bromas de barraca, de cabriolas, carrerillas, arlequinadas.

Los actores, en monos de tela ruda surcada de rayas turquesas, se enfrentaban continuamente con los objetos, especialmente con cierta mobiliaria descomponible, idéntica a la que fue divulgada más tarde sobre los números de la revista «LEF». Mesas y sillas saltaban sobre los muelles, cerrándose o haciéndose trizas, como si quisieran retomar la revuelta de los objetos representada por Mayakovsky en su tragedia. Lo curioso es que, mostrando las dotes «explosivas» de estos muebles, Meyerhold pretendía a su modo suscitar en el público un interés por los adornos utilitarios del constructivismo.

---

[211] Cfr. Nikolai Aseeev, *Radosti i ogorcheniya*, en «Teatr», 1957, I.

En el espectáculo siguiente, *Zemlya dybom* [La tierra en desorden], de *La nuit* de Marcel Martinet (4 de marzo de 1923), en lugar de los bártulos detonantes, despuntaron medios de locomoción militares: un desfile de motociclos, bicicletas, automóviles subió sobre el escenario de la platea. Popova había construido un tortuoso envigado de madera que culminaba en un cabestrante e integrado por una pantalla, sobre la que aparecían en diapositivas los títulos de los episodios y eslóganes revolucionarios.

Después de estos espectáculos la fama de Meyerhold se propagó en las más remotas aldeas de la Unión. «Biomecánica» y constructivismo resuenan como fórmulas mágicas en las orejas de los jóvenes. Una después de la otra en los escenarios de provincia y en las compañías teatrales de actores aficionados tomaron como modelo el Teatro de Meyerhold, el TIM,[212] enviando a sus delegados, para que aprendieran los métodos. Falanges de epígonos se lanzaron como gavilanes sobre sus descubrimientos, haciendo estragos.

Si se piensa en el ferviente entusiasmo con el que en aquel periodo los espectadores y la crítica exaltaban las empresas de este director, no se comprenden las petulantes cantilenas de pérfidas injurias, las acerbas calumnias que se vertieron como un torrente sobre su figura, cuando él cayó en desgracia. Pero en los años veinte, en la época de oro de la dirección soviética, Meyerhold estaba en el vértice de su gloria, y el mismo Lunacharsky proponía llamar en un futuro «Meyerholda» a cada teatro que uniera, en una festiva mezcla de sonidos y de luces, las estratagemas del circo, de la palestra y del music-hall.[213]

---

[212] Desde 1923 el Teatro de Meyerhold tuvo como nombre TIM (Teatr imeni Meyerholda).
[213] Cfr. A.V. Lunacharsky, *Teatr RSFSR*, en «Pechat i Revolyutsiya», 1922, 7.

6.

La dirección de *Smert Tarelkina* había demostrado que Meyerhold se proponía aplicar también a los clásicos las reglas del constructivismo. A este propósito presentó otro ensayo en 1924 con la puesta en escena de *Les* [La Floresta] de Ostrovsky.

Después de la Revolución no hubo un director que no intentara modificar las viejas comedias en clave moderna. Uno se complacía al recortar y descomponer los trabajos del siglo XIX, volviendo a mezclar sus escenas como unas cartas de juego, para volverlas a juntar en raros collages, insertados como números de circo y de music-hall. La deformación de los clásicos, que degeneraba a menudo en arbitrio, alcanzó su cumbre con Eisenstein y con Kozintsov y Trauberg, los cuales se divirtieron disecando las comedias del siglo pasado como los objetos de un cuadro cubista y desmontándolos en piezas, como hacían los lingüistas del «Opoyaz» en sus análisis estructurales.

También Meyerhold refundió radicalmente los trabajos del siglo XIX, sustituyendo a menudo el original por una «partitura» suya, que era el resultado de minuciosas investigaciones histórico-filológicas. Pero a diferencia de Eisenstein o de Kozintsov y Trauberg, que desmoronaban sin escrúpulos las composiciones dramáticas, él efectuaba, no una ruptura, sino una restauración fantasiosa de los viejos textos. No se comprende por qué las historias del teatro lo acusan en coro de haber «arruinado» con modos sacrílegos los clásicos, si semejantes reconstrucciones correspondían al gusto de la época y estaban en boga entre todos los directores de la vanguardia. Y no sólo de la vanguardia. En 1924, por ejemplo, Nemirovich-Danchenko, al representar *Carmen* en el Estudio Musical del Teatro de Arte (con construcciones de Isaak Rabinovich), reelaboró de raíz el libreto, adaptándolo a las circunstancias del tiempo.

Con la puesta en escena de *Les* (19 de enero de 1924) Meyerhold realizaba el eslogan «¡Volver a Ostrovsky!», que Lunacharsky había lanzado en abril del año anterior. No era precisamente una vuelta, sino un intento de volver a llevar al presente a un autor unido a la tradición académica del Maly teatr.

Persuadido de que el público, acostumbrado a las vicisitudes fulgurantes de la guerra civil, no agradecería la sólida subdivisión en largos actos, Meyerhold hizo trizas el texto de Ostrovsky en treinta y tres episodios separados que se sucedían a un ritmo apremiante, como en una película. Imaginaba de hecho en aquellos días llevar a cabo la llamada «kinofikatsiya teatra», o sea adecuar el teatro a la síntesis del cine.

También acercó la comedia de Ostrovsky al manifiesto político, y los personajes, traspuestos a un plano grotesco e hiperbólico, se cambiaron por máscaras sociales, no muy diferentes de los «puros» de *Misteriya-buff.*

El propietario Milonov, transformado en un pope untuoso, con una peluca de canutillo de oro, había pintado sobre las órbitas una aureola de cilio con forma de rayas, como ciertas imágenes de los iconos. El galán Bulanov llevaba una peluca verde, quizás según el dicho «molodo zeleno, pogulyatveleno» («que la verde juventud se dé la gran vida»). Una peluca rojiza hacía de la despensera Ulita una mujer de circo excéntrica. Para la deseosa Gurmyzhskaya fue elegida una peluca de color amarillo rojizo. El mercante Ivan Vosmibratov, semejante a las torpes marionetas de la ROSTA, exhibía una barba de oveja negra y una peluca de carnero rojo. El actor trágico Gennady Neschastlivtsev y el cómico Arkady Schastlivtsev (que Ilinsky interpretaba con acentos chaplinescos, en chaquetilla de torero y pantalones a cuadros color canela) asemejaban a Don Quijote y Sancho Panza.

Meyerhold supo extraer de la trama de Ostrovsky motivos de bufonadas funambulescas, ocurrencias de comedia del pueblo.[214] Y es interesante notar que en 1926 Stanislavsky, dirigiendo en el Teatro de Arte *Goryachee serdtse* [Corazón ardiente] de Ostrovsky, se valió también, quizás bajo la influencia de Meyerhold, de trucos de barraca.[215]

---

[214] Cfr. P. Markov, *Moskovskaya teatralnaya zhizn v 1923-24 godu*, en «Pechat i Revolyutsiya», 1924, 4.
[215] Cfr. P. Markov; N. Chushkin, *Moskovsky Khudozhestvenny teatr*, Moscú-Leningrado, 1950, pp. 55-57.

La austera «prozodezhda», símbolo de años ascéticos, fue desterrada por las pelucas polícromas y por los hábitos llamativos. Después del rigor geométrico y el tecnicismo de las direcciones anteriores, Meyerhold se entregó en este espectáculo a fusiones pictóricas, a sugestiones figurativas. *Les* dio inicio a un periodo en el que la escena del TIM se revistió de colores, y los mecanismos desnudos y los caballetes esquemáticos se articularon en complejas tramas constructivas, en calibradas relaciones de superficies, mecanismos y diafragmas, que ya no eran solamente un abstracto apoyo para el juego de los actores, sino que conservando aún una esencialidad funcional, ilustraban con escorzos alusivos la realidad de un ambiente o de una época. La predilección por los materiales brutos y por las escasas estructuras cedió poco a poco a un refinado gusto por la decoración.

En *Les*, junto a un tobogán constructivista sostenido por cuerdas, que iba como una calle colgante en semicírculo hasta la platea, aparecieron de hecho algunos elementos reales, como espejos, carteles, bancos, cabañas, la puerta de entrada de la finca «Penki», el palo del tiovivo, el palomar, mesas llenas de comida. Series de objetos caseros (calabazas, frascos, fruta, jarras, tetera, jofainas) pasaban de mano en mano, sobrevolando en torno a los actores, como los diablos y los platos de los malabaristas chinos.[216]

Meyerhold podía ahora contar con un grupo de intérpretes, educados en gran parte en su escuela: la Raykh, la Babanova, Ilinsky, Zaychikov, Martinson, Garin, Shtraukh, Sverdlin, Mologin, Temerin. No fantoches reumáticos cargados de medallas, como los que poblaron el teatro soviético en los años más tétricos de la reacción estaliniana, sino actores apasionados, de juventud, de sueños.

Querríamos reflexionar mucho más sobre el arte de Meyerhold, destacando los matices y los contrastes, pero deberemos contentarnos aquí con aludir a algunos de los espectáculos que precedieron la puesta en escena de las últimas comedias de Mayakovsky. El director y el poeta siguieron entonces un mismo camino, y después del vivo entusiasmo de los primeros años ambos se dieron a amargas observaciones satíricas y a motivos grotescos.

---

[216] Cfr. Alpers, *op. cit*, p. 29.

Entre 1923-25 Meyerhold pagó también su tributo al llamado «urbanismo», que apasionaba a los directores de la vanguardia. Inspirándose en el cine, en la novela policíaca, en las grabaciones de Frans Masereel, los teatros de izquierda presentaban a ritmo de *foxtrot* y de *shimmy*, en el centelleo de carteles luminosos, imágenes embriagadas y febriles de las metrópolis europeas, concebidas como aglomerados caóticos de encuentros nocturnos y tugurios de malhechores.

Aunque anunciaran con tonos apocalípticos la ineluctable catástrofe de la cultura burguesa, aquellos espectáculos revelaban en el fondo una aguda nostalgia por las nerviosas y veloces apariencias occidentales. El «urbanismo» saltó de la NEP, que había despertado en Rusia una férvida vida ciudadana, encendiendo de nuevo, después de las privaciones de la guerra civil, el interés por el peinado, las danzas y las películas europeas.

A las máscaras de los primeros años se añadieron nuevas figuras más tórbidas: especuladores de la NEP, bellísimas aventureras, millonarios panzones, y ladrones envueltos en bufandas de lana, que parecían salidos de las películas por episodios sobre Judex o sobre Fantomas. Estas larvas misteriosas se movían sobre los andamios constructivistas con una mímica convulsa, en el fragor del jazz y de los cláxones. Quien quisiera rememorar aquel mundo, encontraría a los personajes y los colores en ciertos dibujos de la época, por ejemplo en el cuadro de Vialov *Militsioner na postu* [El vigilante de guardia] de 1923, en el que algunos «nepmany» con el pañuelo rojo y el gorro como bandidos se escabullen en un auto minúsculo entre las piernas de un policía macizo.

Se podrían recordar innumerables espectáculos «urbanísticos». En el laboratorio del Teatro heroico-experimental, por ejemplo, B. Ferdinandov dirigió en 1922 el melodrama policiaco *Dama v chernoy perchatke* [La dama del guante negro] del poeta Shershenevich, incitando a los actores al sonido de los cláxones en continuas carreras por las escalerillas y los deslizamientos de un enorme cubo de madera. Y en el Laboratorio del Teatro pedagógico, el año después, Grigory Roshal puso en escena *Inzhener Sempton* [El ingeniero Simpton], una típica «pièce d'epouvante», abarrotada de malignos bellacos, que se arrastraban en la penumbra para sustraer las patentes de arcanas invenciones.

Meyerhold se aventuró por primera vez en los temas del «urbanismo», representando en 1923 en el Teatro de la Revolución la comedia aventurera *Ozero Lyul* [El lago de Lyul] de Fayko. Realizando a ritmo de *fox-trot* y según el modelo del cine la inquietud ansiosa de la ciudad europea, el profundo marasmo del mundo capitalista, acabó subrayando la propia melancolía de Occidente, semejante a la que Mayakovsky expresaría en estos versos

   Yo quisiera
         vivir
              y morir en París,
 si no existiera
       la tierra que tiene como nombre
                         Moscú.

En el espíritu del «urbanismo» puso en escena en el TIM, el 15 de junio de 1924, el enrevesado «agitsketch» de M. Podgaetsky D. E. [*Daesh Evropu*: Danos Europa] que, fundiendo la trama de la novela homónima de Ehrenburg con la de *Der Tunnel* de Bernhard Kellermann y con motivos de Upton Sinclair, narraba la contienda entre un «radiotrust» soviético y un trust americano, que había abrazado a Europa como una sanguijuela.

En los diecisiete episodios de este espectáculo «transformista» (95 partes interpretadas por 45 actores) el director contraponía el rigor del comunismo a la frenética Europa del jazz. Pero eran pálidos y esquemáticos los episodios ambientados en el mundo soviético (ejercicios deportivos, desfiles de marineros rojos) confrontados con las fascinantes vistas del corrompido Occidente.

Las escenas sobre un transatlántico y en un music-hall berlinés dieron a Meyerhold la oportunidad de mostrar la moda y las danzas de la época, para exponer sobre el escenario, como en un escaparate, *girls* que bailaban el charlestón, caballeros en esmoquin, encantadoras damas con el hábito bajo de cintura y el sombrero de alas gachas hasta las cejas.[217]

---

[217] Cfr. Yu. Elagin, *op. cit.*, p. 271.

Deseoso de imprimir a la acción un ritmo cinematográfico, consiguió de manos del constructivista Shlepyanov los llamados «muros móviles» («dvizhushchiesya steny»), escudos de madera a ruedas que, agrupándose velozmente de diferentes maneras, permitían cambiar en un santiamén el fondo.[218] Y aquí recordamos que Exter había ideado para el Teatro de Cámara los *décors mobiles*, harapos de telas variopintas que, combinándose en múltiples acordes, indicaban el cambio de los lugares.[219]

Con la aparición de estos escudos fue como si el telar constructivista, que contenía ya antes del resto instrumentos «operantes» (por ejemplo las ruedas y las puertas en *Le Cocu magnifique*), se descompusiera en elementos separados, que se volvían a amontonar por momentos como piezas magnéticas, para dibujar un espacio real.

Meyerhold extrajo motivos también de *Uchitel Bubus* [El maestro Bubus] de Fayko (29 de enero de 1925) para representar una Europa en declive, pero refinada y deslumbrante. Casi negando el conturbante dinamismo de las direcciones anteriores, transformó la acción de este «tempodrama» en un balanceo soñoliento, en una taracea de fragmentos pantomímicos de ritmo lento.

Fue un espectáculo fosco, enigmático, una sucesión de movimientos acidiosos, medidos por pausas larguísimas. Antes de pronunciar una broma, los actores suplicaban, como escuchando una voz interior, una llamada lejana. O bien, hurgando en el vacío, gesticulaban lo que traducirían después en palabras.

Meyerhold llamó «predigra» (o sea «prejuego») a los intervalos mímicos que preparaban a los espectadores para el significado del texto siguiente.[220] Era como si los intérpretes, desentumeciéndose de un plúmbeo torpor, arrastraran un baile de condenados, que quería ensombrecer la descomposición, los extremos temblores de la cultura burguesa.

---

[218] Cfr. *Katalog vystavki 5 let (1920-25)* del TIM, Moscú, 1926.
[219] Cfr. Y. Tugendhold, *Alexandra Exter*, Berlín 1922, p. 16.
[220] Ya el actor del siglo XIX Alexandr Lensky había intentado una actuación semejante, intercalada por largas pausas expresivas, en la papel de Benedick en *Much Ado about Nothing* de Shakespeare (Maly teatr, 20 de abril de 1877). Cfr. N. Zograf, *Alexandr Pavlovich Lensky*, Moscú, 1955, p. 69.

Hacía de fondo a esta pomposa agonía un escenario elegante construido por Ilya Shlepyanov, un semicírculo compacto de bambúes suspendidos, que tintineaban al toque de los actores, mientras en alto, en una concha dorada, un pianista con frac interpretaba piezas de Liszt y Chopin, intercaladas por los *fox-trot* de un *jazzband*. Después de haber desnudado sin misericordia el escenario, Meyerhold volvía ahora a revestirlo, levantando un pabellón de cañas, una barrera «sonora». Aquella floresta de bambúes tintineantes ocultó de nuevo a la vista del público los secretos técnicos, la «cocina» del teatro.

El alegre tumulto de antes se helaba entretanto en una firmeza alucinada, que en la puesta en escena de *Mandat* [El mandado] de Erdman (20 de abril de 1925) llegó a convertirse incluso en espectral espanto de museo de cera. Los personajes de esta comedia, burgueses supervivientes que sueñan la restauración del viejo régimen, aparecían sobre círculos móviles concéntricos («dvizhushzhiesya kontsentricheskie krugi») en poses heladas de maniquíes grotescos, fijando a los espectadores con ojos amenazadores. Y una fosca comicidad brotaba del contraste entre el fúnebre entorpecimiento y los saltos inesperados.

También en el *Revizor* (9 de diciembre de 1926) el escenario se llenó de figuras lívidas y tenebrosas. Meyerhold redujo la comedia de Gogol a quince episodios, sirviéndose de todas las redacciones existentes (incluso los primeros bocetos) y entremetiendo fragmentos y motivos del *Matrimonio*, de los *Jugadores*, de las *Almas muertas*. «Autor del espectáculo», como se definió en el cartel, se había propuesto con interés una especie de «sinfonía teatral», de grandiosa suite sobre temas gogolianos.[221]

La anécdota del escritor del siglo XIX fue recreada por él en una amplia pintura de la Rusia burocrática de Nicolás I. La ciudad perdida en la que acontece la acción se convirtió en una pomposa capital de provincia. El alcalde actuó como un general, bien instruido en las intrigas de las bandas militares, y la mujer Anna Andreevna actuó como una experta robacorazones, de una cortesana del gran mundo de San Petersburgo. El frívolo lechuguino

---

[221] Cfr. S. Danilov, *Gogol i teatr*, Leningrado, 1936, pp. 253-59.

Khlestakov se transformó en un aventurero de alta clase, en un bribón descarado, avezado en todos los manejos. Pero la sátira en Meyerhold no estaba dirigida solamente contra el burocratismo: el espectáculo realzaba inusitadamente el enredo entre Khlestakov y Anna Andreevna.

El director introdujo en su adaptación, además de algunas figuras accesorias, dos personajes enigmáticos, que resbalaban como sombras por toda la comedia: el «oficial de pasaje», compañero inseparable y casi desdoblamiento de Khlestakov, y el «capitán», un charlatán de aspecto diabólico, siempre presente en los episodios que se desarrollaban en casa del alcalde.

El escenario, montado por Kiselev, consistía en un semicírculo de caoba con quince puertas. Pero sólo cuatro episodios gozaban de toda la amplitud del escenario circunscrito por esta pared. Los demás eran representados, a modo de «primeros planos», sobre una pequeña plataforma en declive, que despuntaba en la penumbra tras la puerta central con los decorados, los utillajes y los actores ya preparados.

Olvidado de la severa parsimonia del constructivismo, Meyerhold había prodigado en este espectáculo hábitos pomposos, mobiliario de caoba, oro de candelabros, cristales tallados, sin despreciar el hacho de modelar la composición de los grupos sobre los dibujos de la época de Gogol. Parecía la vuelta al periodo en el que colaboraba con escenógrafos manieristas como Sapunov y Golovin. Pinturas de tiernas luces acompañaban el contrapunto de los diálogos, compuestos de vals de Glinka, de viejas romanzas de Dargomyzhsky y Varlamov, y de nuevas músicas de Gnesin.

Aunque la actuación se inspirara en las películas cómicas de Keaton, de Chaplin y de James Cruze (que estaba entre los directores de la pantalla predilectos de Meyerhold), los intérpretes asemejaban a los fantoches del simbolismo. Con aquel misterioso «oficial» pisando los talones, Khlestakov de Garin, fantasma proteiforme de gestos automáticos y de gélidas gafas cuadradas, recordaba las larvas obsesivas de las novelas de Bely, el «Alguien en gris» de Andreev.

Ya Mikhail Chekhov, en el Teatro de Arte (8 de octubre de 1921), en una memorable interpretación admirada por Meyerhold había representado a Khlestakov como una imagen demoníaca de rostro emblanquecido de payaso y de cejas pintadas en arco, como una falsa máscara brotada de un delirio.

Lo grotesco en Meyerhold estaba también involucrado en una atmósfera onírica y alusiva, como poesía simbolista. La alucinación llegaba a su clímax en el episodio en el que los burócratas iban desde las quince puertas al mismo tiempo hacia Khlestakov con billetes de cien rublos, en el desvariar del alcalde loco y en la «escena muda» al final, en la que, en vez de actores, Meyerhold alineaba espantosos muñecos dibujados, quizás recordando las meditaciones de Rozanov, que había comparado con semblanzas de cera a los héroes gogolianos. No por casualidad Radlov definió el *Revizor* de Meyerhold un «Caligari proyectado lentamente por un operador extravagante» y lo llamó «extenuante, fatigoso como un paseo por los interminables laberintos de un enorme Panopticum».[222]

Sus personajes se fueron aproximando cada vez más a los semblantes de Hoffmann. También en *Gore ot uma* [Dolor de ingenio][223] de Griboedov (12 de marzo de 1928) representó a los malvados que opusieron Chatsky a simulacros hipnóticos, a pesados cocos de una sociedad podrida.

Algo se había agrietado en el mecanismo alegre del «Octubre Teatral». Una reunión de autómatas y de sonámbulos perdía autoridad impedida allá donde en un tiempo no demasiado lejano saltaban a tumba abierta filas de acróbatas exuberantes. Ya fueran del siglo XIX o soviéticas, las figuras afloraban con perezosa lentitud, como de un mundo subterráneo, como fósiles desenterrados, «ejemplares» para los escaparates de un museo. Una especie

---

[222] Serguei Radlov, «*Revizor*» *u Meyerholda*, en *Desyat let v teatre*, Leningrado, 1929, pp. 148-53. El espíritu del «caligarismo» caracterizó también el film *Shinel* [El abrigo], que Kozinkov y Trauberg rodaron ese mismo año. Contaminando el cuento homónimo con *Nevsky prospekt*, ellos transpusieron en un tenebroso clima expresionista los asuntos narrados por Gogol. Recordemos además que el *Revizor* de Meyerhold influyó en la obra *Nos* [La nariz, 1929] de Shostakovich.

[223] En su primera redacción la comedia *Gore ot uma* [Que desgracia el ingenio] se titulaba precisamente *Gore umu* [¡Ay del ingenio!].

de hinchazón ceremonial, de ilusionismo llamativo canceló de la escena de Meyerhold el encanto de la vida férvida.

En el ámbito de este teatro, denso de maniquíes trastornados, nacen los personajes satíricos de las últimas comedias de Mayakovsky. También en estas, como en los espectáculos de Meyerhold, el constructivismo ya se ha desvanecido entre las utopías del futuro, mientras el presente hace muecas como una torpe mascarada de pretenciosos fantoches.

7.

No es difícil darse cuenta de que los experimentos de la vanguardia rusa después de la Revolución llevaron a la práctica las teorías enunciadas por Marinetti en el manifiesto del 21 de noviembre de 1913 sobre el teatro de café concierto y en el del 11 de enero de 1915 en el teatro sintético.

Como es sabido, los dos manifiestos sostenían la necesidad de acercar el teatro dramático al music-hall, género que parecía a los futuristas más conforme al ritmo veloz de la época. Oponiendo al análisis psicológico la acción, los acrobatismos, la «físicolocura», el poeta italiano exhortaba a descomponer los textos de los clásicos, a destruir los límites entre platea y escenario, provocando al público con maravillas y con trucos.

Para convencerse de que el entusiasmo de la vanguardia rusa por los malabaristas y los payasos brotaba de las premisas de Marinetti, basta volver a leer este fragmento del primer manifiesto:

> Animar de cualquier modo el género de los payasos y de los excéntricos americanos, sus efectos grotescos y exaltados, dinámicos y espantosos, sus bastas ocurrencias, sus enormes brutalidades, sus chalecos llenos de sorpresas y sus pantalones profundos como bodegas de cargas, de las que saldrá con otras mil cosas la gran hilaridad futurista que debe rejuvenecer el rostro del mundo.

En las fórmulas de Marinetti encontraron inspiración especialmente los directores más jóvenes, deseosos de dar vida a espectáculos no objetivos, basados en el excentricismo y en el puro movimiento. Muchos de ellos (Annenkov, Kozintsov, Eisenstein, Tatlin, Yutkevich, Ferdinandov, Terentev, etc.) venían de la pintura. Esto corrobora nuestra tesis, según la cual el teatro de la vanguardia soviética ha sido sobre todo un teatro pictórico.

El primero en lanzar la idea de que el manifiesto de Marinetti en el café concierto debiera adoptarse como base del teatro revolucionario fue Yuri Annenkov. En una serie de artículos publicados en «Iskusstvo Kommuny» éste incitaba a mecanizar la escena y a refundir los viejos trabajos dramáticos. Su deseo de convertir al actor en un «robot» y en un frío aparato preludia los principios de Schlemmer, que soñará con transformarlo en un fetiche estereométrico, en una especie de «Gliederpuppe».[224] Pero en él por suerte, como en otros directores rusos, la chaladura por los áridos esquemas de la ingeniería se equilibraba con una payasada coloreada e insolente.

Annenkov verificó las propias vistas, representando en septiembre de 1919 en el Ermitazhny teatr de San Petersburgo *Pervy vinokur* [El primer destilador] de Lev Tolstoi, que para las escenas en el infierno y las discusiones de los diablos se prestaba a raras invenciones. Desmontándola en una secuencia de números de music-hall, introdujo en la comedia referencias políticas y nuevas figuras, como el Bufón del Diablo anciano y el Diablo vertical, interpretados por artistas del circo, uno por el payaso-acróbata Georges Delvari, el otro por un «hombre caucho».[225]

En el mismo clima participaban los espectáculos que Serguei Radlov dirigió entre 1920-22 en el Teatro de la Comedia popular (Teatr Narodnoy komedii) en la Sala de hierro de la Casa del pueblo en San Petersburgo. Radlov, que había aprendido de Meyerhold el amor por la comedia del arte, proporcionaba a los actores solamente una huella breve de la fábula escénica, permitiéndoles improvisar. Sus tramas, atestadas de máscaras sociales, de figuritas estereotipadas como manifiesto político, se resolvían en una mezcla de acrobatismos, piruetas, caídas, altercados, en una trama de

---

[224] Cfr. Oskar Schlemmer, *Die Bühne im Bauhaus*, Munich, 1925. Véase también Hans Hildebrandt *Oskar Schlemmer*, Munich, 1952.
[225] Cfr. V. Shklovsky, *Dopolnenny Tolstoi*, en *Khod konya* cit., pp. 126-32.

bromas y de burlas de payaso. Ello explica por qué recurría a gente de circo como el payaso Georges Delvari o el acróbata artista de variedad A. S. Alexandrov (Serge).[226]

El Teatro de la Comedia popular se abrió el 8 de enero de 1920 con el escenario *Nevesta mertvetsa* [La novia del muerto], historia de un marinero que se desvive por la hija del banquero Morgan (variante de Pantaleón). Un mes después se estrenó *Obezyana-donoschika* [El mono delator], sobre un macaco que se entromete en los asuntos de dos siervos enamorados de su dueña, obstaculizando al que la maltrata. Alexandrov interpretaba al mono, agarrado a un trapecio, y en la persecución final se aferraba al techo de la Sala de hierro, colgado sobre el público.

Los recursos de la comedia del arte se mezclaron con los moldes del «urbanismo» en la trama de aventuras *Priemysh* [El hijo adoptivo], tramado de emboscadas, de fugas, de reveses, y en el melodrama policiaco *Lyubov i zoloto* [El amor y el oro], en el que se deslizaban, como en una película, perversas apariencias de la París nocturna, figuras siniestras de ladrones y de «apaches».

De las otras «comedias de circo» («tsirkovye komedii») representadas en este teatro recordaremos *Sultan i chort* [El sultán y el diablo], reconstrucción de la tradicional pantomima-comedia de hadas *Zeleny chort* [El diablo verde], en las que un hada y un demonio intervenían dirimiendo con sus encantamientos el contraste entre un pobre campesino y un rico marqués enamorados de la hija de un molinero. Radlov había trasladado la acción a Turquía, transformando al molinero en un sultán y al marqués en un mercante ruso de viaje por los barrios orientales con el siervo astuto Egorka, típico personaje de barraca.

Concentrado en llenar de trampas la calle con sus propios héroes, Radlov dio escasa importancia a la palabra.[227] Por otra parte

---

[226] Cfr. el prefacio de S. Mokulsky a: S. Radlov, *Desyat let v teatre*, Leningrado, 1929, y las memorias de A. S. Alexandrov (Serge) en *Sovetsky tsirk 1918-38*, bajo la dirección de Evg. Kuznekov, Leningrado-Moscú, 1938, pp. 93-98.

[227] Cfr. V. Shklovsky, «*Narodnaya komediya*» i «*Pervy vinokur*», en *Khod konya*, cit., pp. 133-37.

en él la tendencia futurista a desmenuzar el teatro en pedazos desconectados fue como frenada por la pasión de la trama, de las tramas sensacionales.

Eran los años en los que toda Rusia se entusiasmaba por las vicisitudes de Tarzan,[228] mientras los «Hermanos Serapiones» exaltaban la seca desnudez de la novela de aventuras.[229]

Kaverin, en sus propios cuentos, representaba a los gamberros de San Petersburgo como si fueran «gangsters» de San Francisco, y bastantes escritores fantaseaban con trasladar al territorio soviético las gestas de Pinkerton.

El cine americano ejerció en aquel periodo una grandísima influencia sobre los jóvenes intelectuales rusos. Son una prueba de ello las proclamas y los espectáculos de Grigory Kozintsov y Leonid Trauberg, que unieron las teorías de Marinetti con las ocurrencias de un estrafalario americanismo.

También los experimentos valientes de estos directores se desarrollaron en San Petersburgo, rebautizados por ellos Ekstsentropoli. «Piter (en aquel tiempo no se llamaba aún Leningrado) —escribe Shklovsky— pendía entre el presente y el futuro, y no pesaba nada como un proyectil entre la tierra y la luna. Esto daba impulso a los experimentos».[230]

Junto a Serguei Yutkevich y a Georgy Kryzhitsky, Kozintsov y Trauberg publicaron en 1922 el novedoso almanaque *Ekstsentrizm*, en el que desarrollaban las tesis expuestas por primera vez el 5 de diciembre de 1921 en una bulliciosa velada en el teatro «Volnaya komediya» [La libre comedia]. Personificando el Excentricismo en la figura de Music-Hall Kinematografovich Pinkertonov, des-

---

[228] Cfr. V. Sh. (= Viktor Shklovsky), *Tarzán*, en «Russky Sovremennik», 1924, 3: «Por la calle los porteros conversaban sobre Tarzán con los vigilantes. Los libreros anunciaban haber recibido peticiones de lugares de Siberia tan remotos, de los que no se había escuchado hablar desde hace veinte años. Nunca, probablemente, desde los tiempos del joven Gorky, el país se había apasionado con tanto ardor epidémico por una narración literaria».

[229] Cfr. el manifiesto de Lev Lunts, *Na Zapad* [A Occidente], en «Beseda», 1923, 2.

[230] V. Shklovsky, *O rozhdenii i zhizni FEKSov*, en *Gamburgsky schet*, Leningrado, 1928, p. 175.

cribían de este modo el trasfondo de la época en la que había nacido:

> 1) Ayer: cómodos despachos. Frentes calvas. Se ponderaba, se deliberaba, se pensaba.
> Hoy: una señal. ¡A las máquinas! Cinturones, cadenas, ruedas, manos, piernas, electricidad. Ritmo de producción.
> Ayer: museos, templos, bibliotecas.
> Hoy: fábricas, establecimientos, canteras.
> 2) Ayer: la cultura de Europa.
> Hoy: la técnica de América. La industria, la producción bajo la bandera estrellada. O el americanismo o la empresa de pompas fúnebres.
> 3) Ayer: salones, reverencias, barones.
> Hoy: el vocerío de los gritones, los escándalos, el garrote del policía, estruendo, gritos, pisadas, carreras.
> El Tiempo de Hoy es el Ritmo de la Máquina concentrado por América, inmerso en la vida por la Calle.

El contenido y el tono de estas proposiciones nos llevan de pleno a la órbita de los futuristas. Dígase lo mismo de su programa:

> En la palabra: la cancioncilla, Pinkerton, el grito del bandido, las injurias de la calle.
> En pintura: el cartel del circo, la cubierta de la novela ordinaria.
> En música; *el jazzband* (la orquesta-revuelo de los Negros), las marchas del circo.
> En el ballet: las danzas del salón americano.
> En teatro: el music-hall, el cine, el circo, el *café-chantant*, el boxeo.

El credo teatral del Excentricismo se articulaba en una secuela de ideas fulminantes. Ellos concebían el espectáculo como una «percusión rítmica sobre los nervios», una «acumulación de trucos», un «cancán sobre las cuerdas de la lógica y del buen sentido». Meditando la posibilidad de transformar el teatro en una síntesis de trifulcas, voceríos, acrobacias, persecuciones, en un juego de transformaciones incesantes, querían asumir las impetuosas cadencias de la «chechetka»[231] a base del nuevo ritmo. En las páginas de aquel almanaque se lee: «El actor, movimiento mecanizado, no tiene coturnos, sino ruedas, no una máscara, sino una nariz que se enciende». Y además: «Las jorobas que despuntan de repente, las panzas que se hinchan, las pelucas rojizas que se rizan sobre la cabeza de los payasos son la base del hábito moderno escénico».

Sobre estos principios se fundaba la actividad del Estudio dramático FEKS, o sea, de la «Fabrika ekstsentricheskogoaktera» (Fábrica del actor excéntrico), que Kozintsov y Trauberg organizaron en julio de aquel año. Para llevar a cabo las propias teorías, ellos pusieron en escena el 25 de septiembre de 1922 en el Proletkult de San Petersburgo *Zhenitba* [El matrimonio] de Gogol.[232]

Es necesario aquí destacar que en el periodo del comunismo de guerra no hubo comedia más representada que ésta. Sus elementos grotescos, su brevedad y el estrecho número de personajes inducían a representarla incluso a los teatrillos peor preparados.[233]

De *Zhenitba* los dos directores extrajeron un «truco en tres actos», que conservó del original sólo unas pocas ocurrencias desatadas. El cartel anunciaba incluso la «electrificación» de Gogol. Mostrando aquel texto en un inventario de números de variedades, éstos acogían las sugerencias de los manifiestos de Marinetti, el «abuelito Marinetti», como lo llamaron en el almanaque *Ekstsentrizm*.

En su composición las rarezas se unían una a la otra a tontas y a locas, como los fragmentos de materiales diferentes en la «Merz-Malerei» de Kurt Schwitters. Trampas de *Grand-Guignol*, números de payasos, enigmas de novela policíaca, ejercicios de malabarismo, cancioncillas de café concierto, «gags» de la farsa «slap-stick», burlas de transformistas, exhibiciones de charlestón atribuían al «Fex Music-Hall» la apariencia de un vertiginoso caleidoscopio. Los actores desfilaban en una típica «parade-allée» de circo; Nat Pinkerton daba caza a Charlot; el payaso Alexandrov (Serge) en un uniforme chillón personificaba al físico Einstein; sobre la esce-

---

[231] Cfr. la nota de la página 45.
[232] Cfr. Danilov, *op. cit.*, pp. 230-33, y N.A. Lebedev, *Ocherk istorii kino SSSR*, I, Moscú, 1947, pp. 164-65.
[233] *Ibíd.*, pp. 226-27.

na aparecían jarrones de noche, lo que no puede sorprender si se piensa que Meyerhold en *Zemlya dybom* sentó sobre un orinal a un emperador en camisa.[234]

Pero lo que más impresionaba en aquel espectáculo, como por lo demás en el siguiente *Vneshtorg na Eyfelevoy bashne* [El Vneshtorg[235] sobre la torre Eiffel], era la manía de americanismo, perceptible ya en el cartel, que repetía en tres lenguas: «Amerika, vorwärts!», «América, forward!», «Amérique, en avant!» «Las suelas dobles del bailarín americano son más queridas para nosotros que quinientos instrumentos del teatro Mariinsky» estaba escrito en sus proclamas.

El espíritu que animaba esta «representación americana» («amerikanskoe predstavlenie»), en la que Kozintsov y Trauberg pretendían infundir con alegre candor el optimismo dinámico y el ritmo industrial del pueblo «yanki», revivió más tarde en la película de Kuleshov *Neobychaynye priklyucheniya mistera Vesta v strane bolshevikov* [Las extraordinarias aventuras de mister West en el país de los bolcheviques, 1924], donde un "cowboy" de sombrero de ala ancha merodea por las calles de Moscú.[236]

Sin duda, es curioso que el pobre Gogol tuviera que sufrir las consecuencias de este fervor. El hecho es que en el primer decenio del comunismo sus trabajos dramáticos dieron la oportunidad a los experimentos más paradójicos. En enero de 1922, por ejemplo, en el Gostekomdram de Moscú se representó (con escenografía de Exter) un mediocre *Tovarishch Khlestakov* [Camarada Khlestakov] de D. Smolin, que reelabora en clave soviética el *Revizor*, introduciendo incluso poesías de Mayakovsky.

Pero la más descabellada puesta en escena del *Revizor* fue la dirigida por el poeta Igor Terentev el 9 de abril de 1927 en el Teatro de la Casa de la Prensa de Leningrado.[237] Retomando el «zaum» de Kruchenykh, del cual, como sabemos, era un encendido parti-

---

[234] Cfr. Alpers, *op. cit.*, p. 26, e I. Ilinsky, *Sam o sebe*, en «Teatr», 1958, 10 (cap. 20).
[235] Vneshtorg=Narodny Komissariat vneshney torgovli (Comisariado del Pueblo para el Comercio Exterior).
[236] Cfr. V. Shklovsky, *O Mayakovskom*, Moscú, 1940, p. 185.
[237] Cfr. Danilov, *op. cit.*, pp. 259-62.

dario, Terentev transformó la comedia en una farsa excéntrica, en una cadena de trucos y de extravagancias futuristas.[238]

Los hábitos rojo-verde-azules, dibujados por tres seguidores del cubismo analítico de Filonov (el pintor que, junto a Shkolnik, había dibujado los fondos para *Vladimir Mayakovsky*), exhibían toda una serie de emblemas rudimentarios, como los de las cartas de juego. El Maestro del Correo vestía como un arlequín que en vez de topos tenía sobres y sellos; dos grandes fresas adornaban la espalda del Superintendente en los institutos de beneficencia, que tiene precisamente como nombre Fresa (Zemlyanika); una gamba roja sobresalía sobre el hábito del camarero de la posada y un cráneo sobre las mangas de Gibner, el médico del distrito.

Los diálogos estaban intercalados, como las poesías «transmentales», de locuciones polacas, alemanas, francesas, ucranianas. Disparos de triquitraques, incursiones de ratones, lluvias de flores de papel se mezclaron en la acción. El mercante Abdulin interpretaba el aire del mercante indio de la obra *Sadko* de Rimsky-Korsakov; Dobchinsky y Bobchinsky fueron interpretados por mujeres; la mujer del suboficial gorjeaba *romanzas* gitanas húngaras; y al final el auténtico revisor era el mismo Khlestakov.

Proponiéndose realizar en teatro una especie de «naturalismo» Terentev rellenó el espectáculo de episodios soeces y de graciosas obscenidades. Con la respiración agitada, agitando jirones de papel, los actores se precipitaban continuamente a la letrina construida en medio del escenario. Khlestakov por el contrario se dirigía con una vela, acompasando sus pasos solemnes sobre las notas de la *Mondscheinsonate* de Beethoven. El alcalde, desde la letrina, seguía un monólogo suyo, modulando su tono según los esfuerzos del vientre. Después del noviazgo, Khlestakov y Maria Antonovna se encerraban en aquella barraca, y el alcalde, radiante, los observaba desde un agujero.

---

[238] De los otros «zaumniki», Ilya Zdanevich (Iliazd) se trasladó a París se unió a los dadaístas, constituyendo una compañía teatral de nombre «Tcherez» («Cherez»=A través de). Fue él el que organizó en 1923 la representación de la comedia de Tzara *Le Coeur à Gaz*. Cfr. Georges Hugnet, *L'aventure dada*, París, 1957, pp. 97-98.

Con su trastornado dadaísmo, con sus motivos fecales, la puesta en escena de Terentev acercó la comedia de Gogol al *Ubu Roi* de Jarry y al *Svejk* de Hašek. Es evidente que Ilf y Petrov tenían en su mente espectáculos como éste, cuando, en la novela *Dvenadtsat stulev* [Las doce sillas], describieron con ironía una imaginaria representación excéntrica de *Zhenitba* [El matrimonio]:

> La escena de la propuesta de boda suscitó un gran entusiasmo entre los espectadores. En el instante en el que Agafya Tikhonovna comenzó a venirse abajo por un hilo de hierro tendido a través de toda la sala, la terrible orquesta de Ch. Ivanov produjo tal rumor, que bastaría por sí solo para hacer caer a la actriz en medio del público. Pero Agafya se mantenía admirablemente. Tenía una malla de color carne y un bombín de hombre. Manteniéndose en equilibrio con la ayuda de un paraguas verde sobre el que estaba escrito «Quiero a Podkolesin», se arrastraba sobre el hilo, y desde abajo se le veían las suelas sucias. Desde el hilo saltó derecho sobre una silla. Simultáneamente algunos negros con sombrero de copa, Podkolesin y Kochkarev en falda de bailarinas y la alcahueta con un hábito de conductor de tranvía dieron un salto hacia atrás... Los novios eran muy graciosos, especialmente Khaichnitsa (Tortilla). En su lugar llevaban a escena una gran tortilla en una sartén. El marinero Zhevakin llevaba un árbol con la vela (II parte, cap. XXX).

El excentricismo futurista se difundía, quemando en un alegre auto de fe los trastos del teatro psicológico. Sus métodos se extendieron en breve también al cine, que los había inspirado en parte. La primera película de Kozintsov y Trauberg, *Pokhozhdeniya Oktyabriny* [Las aventuras de Octobrina, 1924], fue un capricho burlesco, una extravagante «acumulación» de trucos y de ocurrencias explosivas en el estilo de las viejas cómicas.

Como el poema *150 000 000* de Mayakovsky, esta película se centraba en la contienda entre el Capital y el Comunismo, simbolizados uno por Coolidge Kurzonovich Poincaré, el otro por la muchacha Octobrina. Los dos directores interpusieron a sus secuencias fragmentos de airosa publicidad comercial, semejante a la de Mayakovsky en poesía. Alguien, por ejemplo, no consigue quitarse la vida porque se rompen los tirantes a los que se había colgado, y la moraleja le echa en cara: «¡He aquí lo que significa no comprar los tirantes a la Cooperativa!».[239]

Sería demasiado largo enumerar las escenas que recibieron influencia en aquellos años de las ideas de Marinetti.[240] Hemos citado a dos directores que trabajaron en Moscú, Foregger y Ferdinandov: el primero aspiraba a llevar a cabo en su Libre Laboratorio (Mastfor) un music-hall proletario, un «teatro eléctrico»; el otro, en el Laboratorio del Teatro heroico-experimental, se aventuró también junto al poeta imaginista V. Shershenevich, con las fórmulas del americanismo, sometiendo a los actores a un sistema mecánico de «metroritmos», que aireaban los cánones de Taylor. Pero, junto a los directores del FEKS, el más tajante partidario de las teorías de Marinetti fue sin duda Serguei Eisenstein.

Pintor-cartelista del Ejército Rojo y estudioso de lengua japonesa, se adhirió en otoño de 1920 al Proletkult de Moscú. Los afiliados de esta sociedad, rechazando las obras del pasado como productos de una era capitalista, buscaban módulos nuevos, más adaptados a la sociedad proletaria. A pesar de la vasta doctrina, Eisenstein compartió con ellos (y más tarde con los constructivistas del LEF) la aversión polémica hacia todos los aspectos del arte burgués y se propuso sustituir el teatro literario por un género de espectáculo que uniera los valores del circo a los del music-hall.[241]

Ya en 1921, colaborando con Valery Smyshlyaev en la dirección de *Mexikanets* [El Mexicano], de un cuento de Jack London, unió las escenas suprematistas con una serie de hábitos de

---

[239] Cfr. Lebedev, *op. cit.*, p. 165.
[240] Cfr. Nina Gourfinkel, *Théâtre Russe Contemporain*, París, 1931, y Nikolai A. Gorchakov, *The Theater in Soviet Russia*, Nueva York, 1957.
[241] Cfr. Shklovsky, *5 feletonov ob Eizenshteine*, en *Gamburgsky schet*, Leningrado, 1928 y *O Mayakovskom* cit., pp. 186-87; Lebedev, *op. cit.*, pp. 122-29; Marie Seton, *Sergei M. Eisenstein: A biography*, Londres, 1952; S. Yutkevich, *Mirovoe znachenie «Bronenostsa Potemkina»*, en «Iskusstvo kino», 1956, I; R. Yurenev, prefacio a: S.M. Eisenstein, *Izbrannye stati*, Moscú, 1956; *Ocherki istorii sovetskogo kino*, I, Moscú, 1956, pp. 128-1932; Jerzy Toeplitz, *Historia Sztuki Filmowej*, II, Varsovia, 1956, pp. 124-30.

payaso, que tenían forma de cubos, esferas y trapecios. En este sketch aventurado, que marcó el inicio del interés de Eisenstein por México, el gusto por el circo y por la geometría (indisolubles en los experimentos de vanguardia), se fundía con los motivos satíricos de los carteles publicitarios (los capitalistas, por ejemplo, ostentaron máscaras cuadradas). Un encuentro de boxeo se desarrollaba sobre un verdadero ring en medio de la sala, como los campeonatos de «lucha francesa» en medio de la pista en el viejo circo ruso.

Separándose cada vez más del teatro «figurativo», Eisenstein llegó al llamado «montaje de las atracciones», cuyos principios fueron ilustrados por él en un farragoso manifiesto aparecido en la revista «LEF» (1923, 3). Atracción es, según Eisenstein, «cada momento agresivo del teatro, o sea, cada elemento suyo que someta al espectador a una acción sensorial o psicológica». Él encuentra típicos ejemplos de atracción, no sólo en el circo, sino también entre los horrores anatómicos del *Grand-Guignol.*

El espectáculo tiene que ser, para Eisenstein, un libre montaje de atracciones autónomas elegidas arbitrariamente, pero encaminadas a producir un único efecto temático. En otras palabras, los trabajos dramáticos son descompuestos en un repertorio de números extraordinarios, de estrepitosas ocurrencias que corten la respiración. Porque «hacer un buen espectáculo (desde el punto de vista formal) significa construir un fuerte programa de music-hall y de circo, partiendo de las situaciones de la comedia sobre la que se basa».

La teoría de Eisenstein se une de manera flamante a las fórmulas de Marinetti. La idea de un teatro agresivo que irrite los nervios del público había sido ya expresada por el poeta italiano en el manifiesto de 1915: «El teatro futurista sabrá exaltar a sus espectadores, es decir hacerles olvidar la monotonía de la vida cotidiana, lanzándolos a través de un laberinto de sensaciones caracterizadas por la más exasperada originalidad y combinadas en modos imprevisibles».

Eisenstein tradujo en realidad el «montaje de las atracciones», poniendo en escena en marzo de 1923 en el Primer Teatro obrero del Proletkult la trama *Mudrets* [El sabio], reconstrucción de la comedia de Ostrovsky *Na vsyakogo mudretsa dovolno prostoty* [En cada sabio hay bastante simplicidad].

Y aquí nuestro pensamiento recurre una vez más a las sentencias de Marinetti, y precisamente en aquel punto del primer manifiesto, en el que se dice que el teatro «colabora en la destrucción futurista de las obras maestras inmortales, plagiándolas, parodiándolas, presentándolas sin cumplidos, sin aparato y sin compunción, como un número cualquiera de atracción».

Con la vehemencia de un dinamitero Eisenstein desintegró el texto de Ostrovsky en un catálogo de martilleantes atracciones, que asumían valor de jeroglíficos. El estudio de los ideogramas japoneses influyó en la trama del espectáculo: cada una de estas «unidades moleculares del teatro» servía para expresar, como la señal de una escritura figurada, un pasaje o una situación de la trama. Porque, contrariamente a lo que se cree, este espectáculo poseía una trama, aunque discrepante de la de Ostrovsky.

Haciendo de una comedia de costumbre un manifiesto político en viñetas, Eisenstein había cambiado al viejo Krutitsky en el general Joffre, el rico Mamaev en Lord Curzon, Goredulin en un fascista, la adivina Manefa en una teósofa. Con el sombrero de copa y la máscara negra de bandido de película policíaca, Gregory Alexandrov, en la piel del «nepman» Golutvin, caminaba sobre un hilo de hierro suspendido sobre la cabeza de los espectadores.

Y he aquí brevemente la trama. El joven mercante Glumov, trasladado a París, se mete en la cabeza casarse con la rica Mashenka Mak-lak («maklak» = estafador), pariente del autorizado emigrante ruso Salo-Turusina, una vigota rodeada de parásitos y de aventureros políticos. Para alcanzar a Mashenka, recurre a la ayuda del propio tío Kurzon, del fascista Goredulin y del general Joffre, enredándolos con intrigas de toda clase. Pero la mujer de Kurzon, su tía, se enamora de él y, cuando se entera por Joffre de que el sobrino se apresta a casarse con Mashenka, roba y divulga, con la asistencia del chantajista Golutvin, el diario en el que Glumov difama la emigración. Él, desenmascarado, está a punto de intentar el suicidio, pero Golutvin (y aquí se descubre que es un «nepman»), entusiasta de sus capacidades de especulador, lo invita a Rusia, tomándolo a su propio servicio.

Eliminada la dicotomía escena-platea, Eisenstein llevó el espectáculo a contacto con el público, a una especie de pista, provista de trípode, anillos, plataforma y otras herramientas de circo. Las extravagancias de los payasos se alternan con los ejercicios en la pértiga, las volteretas grotescas con los «gags» del cine cómico, las zarabandas de un «shumorkestr» (orquesta de rumores) con vuelos a la cúpula de acróbatas colgados a una «longe» de picadero, los saltos mortales con las *romanzas* gitanas húngaras y las estrofillas antirreligiosas.

Resultaba de ello un conjunto barroco y quebrado como los vagones y los «calliopes» que desfilaban en otros tiempos en los desfiles de los circos americanos. Era proyectado incluso un cortometraje apropiado con el título *Pokhishchenie dnevnika Glumova* [El robo del diario de Glumov]. Y, obedeciendo los preceptos de los futuristas italianos, que habían sugerido esparcir sobre los sillones cola fuerte o polvos pica-pica, al final explotaban petardos bajo los asientos del público.

Como una progresión insistente de golpes dramáticos y de atracciones espasmódicas Eisenstein orquestó en noviembre de 1923 la «agitguignol» *Slushish, Moskva?* [¿Escuchas, Moscú?] de Serguei Tretyakov, el cual había colaborado en la adaptación de la comedia de Ostrovsky.

Del mismo Tretyakov puso en escena poco después el melodrama *Protivogazy* [Máscaras antigás], ya no en el teatro del Proletkult, más bien en un sector del gasómetro de Moscú, entre mecanismos y enredos de tuberías. Pero la ficción escénica no armonizaba con la concreta plasticidad de las máquinas, y el juego de las atracciones chirriaba desplazado sobre aquel fondo real. Como escribió Eisenstein, «los gigantescos turbogeneradores de la oficina engulleron la minúscula construcción teatral, que se había ocultado junto a la brillante negrura de sus cuerpos cilíndricos».[242]

La finalidad del espectáculo era quizás eliminar los límites entre el teatro y la vida. Si observamos mejor, este último intento de Eisenstein parece hacerse eco de las tesis de Evreinov, que por lo de-

---

[242] En el artículo *Srednyaya iz trekh*, en «*Sovetskoe kino*», 1934, 11-12.

más influyeron ampliamente en el programa de la vanguardia.[243] Cuando se lee sobre las páginas de la revista «LEF» (1923, 2): «¡Los llamados directores! ¿Dejaréis por fin, vosotros y los ratones, de juguetear con las herramientas postizas de la escena? ¡Asumid la organización de la vida real!», vuelve a la mente un análogo aforismo de Evreinov: «Teatralizar la vida: he aquí cual será el deber de cada artista. Surgirá un nuevo género de directores, los directores de la vida».[244]

Después de esta experiencia, Eisenstein, ya insatisfecho del teatro, se dirigió al cine, aplicando el «montaje de las atracciones» a su primera película *Stachka* [La huelga, 1924], que fue precisamente una fuga de encuadres «agresivos», de metáforas excéntricas, enganchadas la una a la otra como números de music-hall.

Para comprender mejor los intentos teatrales de Eisenstein, es necesario tener presente que asistió en 1922 a los cursos de dirección de Meyerhold, asimilando la «biomecánica» y el constructivismo. Para el entrenamiento deportivo, la precisión de los gestos y la tendencia a la máscara de cartel, sus actores se adaptaban plenamente a los principios de Meyerhold.

No olvidemos que el «montaje de las atracciones» está estrechamente conectado con la «factografía» del LEF, con los «collages» con las vistas de Mayakovsky. Sin los esquemas del LEF no se explica el primer periodo de este director.[245]

Shklovsky escribió:

> Eisenstein es la coronación lógica del trabajo del Frente de izquierda. Se les puede reprochar quizás el hecho de estar en el medio o quizás al final, y no al inicio de aquel movimiento. Para que apareciera Eisenstein tenía que trabajar Kuleshov, con su tratamiento consciente del material cinematográfico. Tenían que trabajar los «Kinoki», Dziga Vertov, los constructivistas, tenía que nacer la idea del cine sin objeto.[246]

---

[243] Cfr. N. A. Gorchakov, *Evreinov*, en «Grany», 1953, 20.
[244] N. Evreinov, *Teatr kak takovoy* (2ª edición), Moscú, 1923, p. 13.
[245] Cfr. V. Shklovsky, *O Mayakovskom*, Moscú, 1940, p. 188.
[246] ID., *Gamburgsky schet*, Leningrado, 1928, pp. 147-48.

Para significar la vivacidad de estas relaciones, Eisenstein recuerda en un fragmento de sus memorias que Mayakovsky se lamentaba por no haberse ceñido él mismo a la reconstrucción de la comedia de Ostrovsky para el espectáculo del Proletkult.[247]

---

[247] S.M. Eisenstein, *Zametki o V.V. Mayakovskom*, en «Iskusstvo kino», 1958, I.

V
Historia de una chinche

1.

Mayakovsky volvió a menudo a la idea de volver a llevar a escena *Misteriya-buff* en una versión diferente. A principios de febrero de 1924 el consejo artístico del Nuevo Teatro de la Bufonada, que debía sustituir al Libre laboratorio (Mastfor) de Foregger, le propuso escribir una tercera versión de la comedia.[248] En septiembre del mismo año, en Tbilisi, como hemos dicho ya, el poeta acordó con el director Kote Mardzhnishvili del Teatro Rustaveli una representación de *Misteriya-buff* sobre la montaña de David. Y en 1930 ofreció incluso al Teatro de Arte una reconstrucción de su viejo trabajo.

En los años de la reconstrucción soviética Mayakovsky participó activamente en la vida teatral. Las crónicas recuerdan sus resolutas intervenciones en algunos debates sobre las direcciones de Meyerhold, y sobre todo en los del 15 de mayo de 1922, en *Le Cocu magnifique* de Crommelynck, del 18 de julio de 1924 en D. E. de Podgaetsky, del 3 de enero de 1927 en *Revizor* de Gogol. En noviembre de 1922, en París, asistió a espectáculos de music-hall en el Concert Mayol, en el Alhambra, en el Folies-Bergères;[249] en

---

[248] Cfr. Katanyan, *op. cit.*, pp. 200 y 442.
[249] En el Concert Mayol triunfaba la revista en dos actos y veinticinco cuadros *Oh quel nu!...* de Léo Lelièvre y Henri Varna («43 passerelles voluptueuses avec les 80 plus jolies femmes de Paris»). En el Alhambra actuaba Mistinguett en la revista *J'en ai marre*, con Oy-ra, Fortugé, el bailarín americano Earl Leslie. Y en el Folies-Bergères representaban la revista en dos actos y cuarenta cuadros *Folies sur Folies* de Louis Lemarchand.

agosto de 1928, en Moscú, se encontró con el director japonés Ichikawa Sadanyi y con los actores de la compañía Kabuki.[250]

Referencias al teatro se encuentran en este periodo también en los versos de Mayakovsky. En el poemilla *Rabochim Kurska* [A los obreros de Kursk, 1923], por ejemplo, se burla del eslogan «¡Volver a Ostrovsky!», lanzado por Lunacharsky en abril de 1923: el eslogan que Meyerhold tradujo en realidad bajo la dirección de *Les* [La Floresta, 19 de enero de 1924] y Tairov con la de *Groza* [El huracán, 18 de marzo de 1924].

Como en los primeros tiempos del futurismo, Mayakovsky retomó en los años soviéticos las giras de lecciones y lecturas poéticas por los más remotos lugares del país. Y también ahora los extravagantes títulos de los programas, sus dotes mímicas, las polémicas con el público, las improvisaciones conferían a aquellas veladas carácter de espectáculo. En su autobiografía escribió: «...sigo la interrumpida tradición de los trovadores y de los juglares. Doy vueltas por las ciudades, recitando poesías».[251]

Los periódicos de provincia, al dar la información, se detenían en la estatura del poeta, en su voz poderosa. En un folio de Kazan («Krasnaya Tatariya» del 22 de enero de 1927) se lee: «Grande y valiente como sus metáforas. Sobre las raíces de la nariz una arruga vertical. El mentón pesado, ligeramente realzado. Figura de descargador del Volga. Una voz-tribuna. Un humorismo casi sin sonrisa». Y en uno de Samara («Kommuna» del 30 de enero de 1927): «Sobre el escenario Mayakovsky, gigantesco. Con su vozarrón creado para hacerse eco de los truenos lanza en la platea las palabras del discurso introductor. Cada palabra irrumpe sobre la multitud como un tren estrepitoso».

En estas veladas Mayakovsky solía también responder a las notas recibidas por los espectadores. «He recogido alrededor de veinte mil notas —dice en la autobiografía—, estoy meditando hacer un

---

[250] Cfr. Katanyan, *op. cit.*, p. 359. Del viaje por Rusia de Ichikawa Sadanyi hace referencia A.C. Scott en *The Kabuki Theatre of Japan*, Londres, 1955, p. 208.
[251] *Ya sam* cit., p. 28.

volumen titulado *Respuesta universal...*».[252] En las réplicas a aquellas misivas él infundía todo su ardor, su celeridad de polemista mordaz.

Después de la comedietas de propaganda para el 1º de mayo, Mayakovsky siguió interesándose en las formas menores de teatro, en los «periódicos vivientes», de los cabarets. Siguió de cerca la actividad del director Foregger, que el 5 de enero de 1922 puso en escena, en su Libre laboratorio, la bufonada excéntrica de V. Mass *Khoroshee otnoshenie k loshadyam* [Buenas relaciones con los caballos], inspirada en una lírica de Mayakovsky de 1918.[253]

En abril de 1926, con el título *Chastushki o metropolitene* [Coplas al metropolitano], el poeta publicó en la revista «Sinyaya bluza» [La blusa turquesa] algunas estrofillas marchosas destinadas al repertorio de los homónimos grupos dramáticos. En octubre del mismo año los complejos de «Sinyaya bluza» representaron para el aniversario de la Revolución lo grotesco en tres cuadros *Radio-Oktyabr*, escrito por Mayakovsky en colaboración con Osip Brik.

Con sus máscaras y su dibujo esquemático, esta comedieta en prosa y en verso se asocia también tediosamente a la estructura simple de los carteles. Las brevísimas escenitas, secas, inconexas, la basta ingenuidad de los contrastes, los personajes rígidos como bolos nos llevan una vez más al mundo de los títeres.

La acción se desarrolla el 7 de noviembre en una monarquía occidental. El banquero, el soberano, el primer ministro, el procurador, el general de los gendarmes, el jefe de la policía, compareciendo de dos en dos como en la «Petrushka», se echan en cara el uno al otro el hecho de no haber prohibido las manifestaciones de los trabajadores con motivo del aniversario de Octubre. Apostado cerca de una fábrica, el jefe de la policía manda arrestar a los obreros con los más absurdos pretextos. Satisfechos, los burgueses se ciñen a bailar un *fox-trot* sobre la plaza delante de la prisión en la que languidecen los proletarios, cuando desde una torre-radio

---

[252] *Ibíd.*, p. 29.
[253] Cfr. Katanyan. *op.cit.*, p. 439

se levanta, imperiosa, la voz de la Unión Soviética, que exhorta a los oprimidos a sublevarse. Los burgueses desconcertados se derrumban «como cartas de juego».

En 1927, con motivo del décimo aniversario de Octubre, los dirigentes de los teatros académicos de Leningrado comisionaron a Mayakovsky una obra en versos que evocara los acontecimientos de la Revolución. A falta de obras y de comedias dignas de aquel aniversario, ellos habían decidido hacer una «representación sintética», una rapsodia que uniera a la vez episodios heroicos y temas graciosos. Al dirigirse a Mayakovsky a principios de febrero de 1927,[254] sugiriéndole como modelo *Los Doce* de Blok, lo invitaron a escribir, no un drama completo, sino un boceto poético, un esbozo, a partir del cual un director extraería después el guión del espectáculo.

Nació así el «montaje» *Dvadtsat pyatoe* [El Veinticinco],[255] núcleo del poema *Khorosho!* [¡Bien!] que, por el lenguaje desmenuzado y ágil, las cadencias populares y la estructura sinfónica, recuerda precisamente los *Doce* de Blok.

Cuando firmó el contrato, el 16 de febrero, Mayakovsky ya había comenzado a trabajar en un poema sobre la Revolución. Pero el compromiso con los teatros de Leningrado influyó sin duda sobre la redacción, y de hecho el orden de la materia, el corte de los episodios, los pasos dialógicos y cierta sequedad en la trama demuestran cómo el autor intentaba acercar a las exigencias del espectáculo el mecanismo del poema. Y es interesante observar que en la revista «Novy LEF», en el número 2 de febrero de 1927, publicado antes del acuerdo de Mayakovsky con los teatros académicos, se lee que él «trabaja en un *poema* para el décimo aniversario de Octubre», mientras en el número de abril (1927, 4) el mismo poeta nos anuncia que está escribiendo, entre otras cosas, «una *comedia* para los teatros de Leningrado con motivo del décimo aniversario».

---

[254] Cfr. Simon Dreyden, «Dvadcat pyatoe»: istoriya odnogo spektaklya, en «Zvezda», 1957, 7.
[255] Entiéndase: 25 de octubre de 1917.

La dirección fue encargada a N. Smolich, el mismo que en 1934 dirigiría la puesta en escena de la obra de Shostakovich *Ledi Makbet Mtsenskogo uezda* [Lady Macbeth del distrito de Mtsensk]. De acuerdo con el poeta, Smolich estableció limitarse a los capítulos 2-8, que Mayakovsky había leído el 15 de junio en una reunión de los directores de Leningrado. La segunda parte del poema (es decir los capítulos 9-19, escritos entre julio y agosto) se prestaba menos a la representación porque estaba tramada de motivos líricos, temas subjetivos.

Imitando las acciones de masa, los «montajes literarios», los «periódicos vivientes» y sobre todo la «agitsketch» *D. E.* dirigida por Meyerhold en 1924, Smolich elaboró un guión en tres partes, entremezclando pantomimas, fragmentos cinematográficos, declamaciones corales y cuadros plásticos. Del mismo modo que el Teatro de Arte articulaba un acto en larguísimas escenas las más breves acotaciones teatrales, así Smolich ingenió construir al hilo de pocos versos una especie de enrevesada «pièce à spectacle», sirviéndose de panoramas, altavoces, proyectores, diapositivas. Para unir e ilustrar los episodios introdujo un declamador que recitaba los pasajes no dialogados, haciendo casi las veces del poeta.

Dvadtsat pyatoe fue representada en el Magelot[256] el 6 de noviembre de 1927 y fue repuesta el 7, el 8 y el 16. Por la antítesis de burlesco y triunfal, por la confrontación entre máscaras y proletarios, también este espectáculo retomaba el ejemplo de *Misteriya-buff*.

Entre los episodios humorísticos destacaba, en la primera parte, el «desfile de los zares», que encontraremos en el escenario del circo *Moskva gorit* [Moscú en llamas]. Sobre el fondo de un negro telón desfilaban todos los zares, desde Elizaveta Petrovna en adelante, cada uno caracterizado en sus facetas cómicas, como en una galería de payasos. Desaparecida la pingüe figura de Alejandro III, aparecía en el Palacio de Invierno sobre la cama imperial Kerensky acostado bajo blandas mantas sobrepuestas. Desenre-

---

[256] Abreviación de Gosudarstvenny Maly operny teatr (Pequeño teatro estatal de ópera). Los audaces experimentos merecieron en este teatro el nombre de «laboratorio de la opera soviética». Aquí Meyerhold puso en escena en 1935 *Pikovaya dama* [La dama de picas] de Chaikovsky.

dándose a duras penas, salía de las sábanas con la casaca militar y un gran lazo rojo, pero sin calzones. El actor Boris Gorin-Goryaynov interpretó este personaje amoldándose a las viñetas de los manifiestos. Se puede decir lo mismo del cómico de opereta M. Rostovchev, el cual encarnaba como una figurilla de la ROSTA al pequeño y palurdo capitán Popov, envuelto en enormes calzones de bandas amarillas.

Lo más significativo de los episodios heroicos era, en la segunda parte, el asalto al Palacio de Invierno, durante el cual, entre el centelleo de los reflectores, los estallidos de las artillerías y el estrépito de los altavoces, los marineros descendían de los palcos mediante largas cuerdas y grupos de soldados aparecían en los pasillos de la platea y en los parapetos de las galerías.

Pero la escena más conmovedora fue, en la tercera parte, la del encuentro de Blok y Mayakovsky junto a una hoguera, en la gélida oscuridad turquesa de San Petersburgo desierta después de los combates de Octubre: «¡Hola!, Alexandr Blok, —exclamaba Mayakovsky— jauja para los futuristas: el frac del vejestorio se va rompiendo por cada costura». Y Blok aprobaba añadiendo con tristeza: «Desde la villa me escriben que mi biblioteca ha sido quemada». En este episodio, que constituye el séptimo capítulo del poema *Khorosho!*, estaba reflejado maravillosamente el clima fantástico y alucinado de los días en los que la vieja Rusia estaba naufragando, la mezcla de atónita alegría y de desaliento que suscitó en los poetas rusos la tempestad de la Revolución.

2.

A comienzos de 1925, a la vuelta de América, donde permaneció alrededor de cuatro meses, Mayakovsky concibió un nuevo trabajo dramático, que debía llamarse *Komediya s ubiystvom* [Comedia con homicidio]. Hace mención de ello Yuri Olesha, recordando un coloquio con el poeta:

—Vladimir Vladimirovich —le pregunto— ¿qué está escribiendo?
—Una comedia con homicidio.

Interpreto la respuesta, como si él escribiera un trabajo en el que sucede entre otras cosas un homicidio... ¡Y por el contrario es también el título de la comedia!²⁵⁷

Aunque el fin del contrato con el teatro de Meyerhold el 23 de marzo de 1926²⁵⁸ lo obligara a entregar el texto en el plazo de dos semanas, Mayakovsky no consiguió terminarla. Aún en 1927, en el número 4 de «Novy LEF», anotaba:

¿Qué estoy escribiendo?
1) Una comedia con homicidio para el teatro de Meyerhold.
2) Una comedia para los teatros de Leningrado con motivo del décimo aniversario.
3) Una novela.
4) Una autobiografía para la recopilación de las obras completas.
5) Un poema sobre la mujer.²⁵⁹

Y en Praga, el mismo año, en una entrevista a la «Prager Presse», aparecida el 27 de abril con el título *Der Mann der linken Front*, declaró: «...dann arbeite ich an zwei Theaterstücken: an der *Komödie mit Totschlag* und an einer epischen Dichtung zum zehnten Jahrestag der Revolution».²⁶⁰

Pero, arrollado por los múltiples compromisos, no pudo dedicarse a esta obra, y en diciembre de 1928 dio en cambio al teatro de Meyerhold otra comedia: *Klop* [La chinche]. No renunció sin embargo a su proyecto. En una acotación a *Klop*, publicada en la revista *Rabis* el 29 de enero de 1929, afirma: «Ahora trabajo en dos textos dramáticos: la *Komediya s ubiystvom*, cuyo tema es el encuentro frontal de la cultura europea con la soviética, y la

---

[257] Yu. Olesha, *Dlya «Vospominany o Mayakovskom»*, en *Izbrannye sochineniya*, Moscú, 1956, p. 460.
[258] Cfr. Katanyan, *op. cit.*, p. 264.
[259] *Chto ya delayu?*, en *Polnoe sobranie sochineny*, XII, Moscú, 1937, pp. 183-84.
[260] Nótese como también en esta declaración el poema *Khorosho!* (o sea *Dvatsat pyatoe*) es considerado por Mayakovsky «Theaterstück».

comedia *Milliardery* [Los millonarios]».[261] Algún día antes, el 26 de enero, había estipulado con el teatro de Meyerhold un nuevo contrato para una *Komediya s samoubiystvami* [Comedia con suicidios] para entregar el 1° septiembre.[262] Pero también esta vez escribió otro trabajo: *Banya* [El baño].

De la comedia con «homicidio» nos han llegado solamente algunos bocetos y diálogos que se remontan a 1926.[263] De estos fragmentos confusos es difícil hacerse una idea de la trama. En cuanto al «homicidio» del título, la única palabra que en los apuntes parece corresponder es «duelo». La comedia tenía que comprender trece cuadros, agrupados en cinco actos. Teniendo en cuenta las escasas anotaciones, Mayakovsky quería quizás burlarse de ciertos aspectos de las costumbres soviéticas y a la vez integrar, como en el ciclo de versos sobre América, las impresiones del viaje a Cuba, a México, a los Estados Unidos. La acción de hecho se traslada desde la URSS a América latina, y en el esquema se repiten nombres pseudoespañoles como Sandalio de la Piroso y Álvarez de Rafinad.

Entre los bocetos de la comedia se encuentran pasajes burlescos, como los preparativos de los tres mesurados funcionarios soviéticos Smychkin, Kraskup y Spechenko, que van en misión a América meridional, o su llegada a la casa de los parientes de Smychkin, los Sobakiny, llamados a la americana Sob Akiny. Un humorismo surreal invade el fragmento en el que Sob Akin responde a los curiosos que preguntan sobre sus opuestos soviéticos:

¿No han llegado?
No, no han llegado.
¿Cuántos no han llegado?
No han llegado tres.
¿Quiénes no han llegado?

En primer lugar el pequeño no ha llegado, el mediano tampoco, y ni siquiera el alto y macizo ha llegado.

---

[261] *Polnoe sobranie sochineny*, XII, Moscú, 1937, p. 254.
[262] Cfr. Katanyan, *op. cit.*, p. 373.
[263] *Ibíd.*, p. 264.

No habrá desayuno.
¿A qué hora no habrá desayuno?
A las dos no habrá desayuno.
¿Qué cosa no habrá?
Sobre todo no habrá ostras...

Los tres funcionarios enigmáticos, y especialmente Smychkin con su presumida pedantería, anuncian a los obtusos burócratas de *Banya*.

3.

Mayakovsky compuso *Klop* [La chinche] entre octubre y diciembre de 1928, durante un viaje a Berlín y a París. Para la representación de esta comedia entró en negociaciones en Berlín con el teatro de Piscator,[264] cuyos experimentos fijaban las invenciones de Meyerhold.[265] Las negociaciones no llegaron a buen puerto. Pero no es difícil imaginar a Prisypkin, el protagonista, en la interpretación de Max Palenberg, que entonces encarnaba sobre aquel esenario al bravo soldado Svejk, y gusta suponer que Piscator confiaría las escenas a George Grosz, el cual para las aventuras de Svejk había ideado horrorosas máscaras y fantoches grotescos.

«Comedia fantástica» en nueve cuadros, *Klop* ahonda las propias raíces en la época y en el ambiente de la NEP. Deseoso de una existencia refinada después de las privaciones de la guerra civil, el obrero Prisypkin se separa de su clase, para casarse con la hija de un peluquero, la manicura y cajera Elzevira Renaissance. Siguiendo los consejos de un intrigante, el remilgado poetastro Bayan, reniega de los compañeros, cambia su nombre en Pierre Skripkin (de «skripka» = violín) y rechaza a la enamorada Zoya Berezkina, que por él intenta el suicidio. El matrimonio pomposo en la tienda de los Renaissance acaba en un incendio, en el que perecen

---

[264] Cfr. Katanyan, *op. cit.*, p. 366.
[265] Cfr. A. Gvozdev, *Teatr poslevoennoy Germanii*, Leningrado-Moscú 1933, pp. 114-30.

V. Historia de una chinche

todos, excepto Prisypkin, congelado por los chorros de agua de los bomberos.

Cincuenta años después un equipo de obreros lo halla en una bodega, dentro de un témpano. Y el Instituto de las resurrecciones humanas decide reanimarlo. Al principio Prisypkin cree haberse despertado de una borrachera, pero después da tumbos de estupor viendo en el calendario la fecha: 12 de mayo de 1979.

Sucio, con su guitarra y sus modos triviales, él parece llovido de otro planeta en un mundo algebraico, gélido, racional, que lo escruta con temblores de espanto. Y cual es la alegría de Prisypkin cuando, restregándose con la espalda en una puerta, se da cuenta de que le ha salido una chinche del cuello, confortadora reliquia de otros tiempos. Querría cogerla, pero huye.

Las borracheras y las blasfemias de Prisypkin alborotan la sociedad puritana y abstemia del futuro. Sus romanzas guitarreras entusiasman a las muchachas, difundiendo los microbios del amor y del *fox-trot*. Las exhalaciones tóxicas de la cerveza que bebe de un sólo trago provocan una epidemia de alcoholismo. Los médicos estudian curarlo de sus defectos, pero Prisypkin se empecina, protesta, les suplica que lo vuelvan a congelar.

Entretanto el director del jardín zoológico, encabezando una multitud armada de catalejos, de máquinas fotográficas, de escaleras de bomberos, consigue capturar, después de una larga caza, la chinche. Leyendo en un trozo de periódico que el jardín zoológico busca un cuerpo humano dispuesto a dejarse picar por el insecto, Prisypkin acude allí, para volver a encontrar a la amada chinche, única consolación ante tanta soledad.

Lo encierran en una jaula, donde él acondiciona un rincón a su gusto:

> Sobre un pedestal el cofre con la chinche, detrás del cofre una elevación con una cama de matrimonio. Sobre la cama Prisypkin con la guitarra. Desde lo alto de la jaula cuelga una pantalla amarilla. Encima de la cabeza de Prisypkin un abanico de postales a modo de aureola reluciente. Alrededor botellas en pie o tiradas, en desorden.

De este modo se muestra en una ceremonia solemne a una multitud llegada desde todas partes: negros, anglosajones, brasileños, niños, estudiantes, viejecillos de la Unión de los centenarios. En un pomposo discurso oficial el director del jardín zoológico presenta con estas palabras a los dos parásitos:

> Son dos, de diferentes dimensiones, pero idénticos en la sustancia: se trata de los célebres «cimex normalis» y...«philisteus vulgaris». Ambos residen en los enmohecidos colchones del tiempo.
> El «cimex normalis», después de haber engordado y haberse emborrachado en el cuerpo de un sólo hombre, cae sobre la cama. ¡Ésta es la única diferencia!
> El «philisteus vulgaris», después de haber engordado y haberse emborrachado en el cuerpo de toda la humanidad, cae sobre la cama. ¡Ésta es la única diferencia!

Prisypkin se exhibe delante de la multitud horrorizada, bebiendo vodka y fumando. Conducido más tarde fuera de la jaula con toda precaución, para que intente imitar el lenguaje de los hombres, de repente se dirige a los espectadores y, entre el pánico de los invitados, prorrumpe:

> ¡Ciudadanos! ¡Hermanos! ¡Queridos míos! ¿De dónde venís? ¿Cuántos sois? ¿Cuándo os han descongelado a todos? ¿Pero por qué sólo yo tengo que quedarme en la jaula? ¡Hermanos, queridos míos, mis preferidos! ¿Por qué se me deja sufrir sólo? ¡Ciudadanos!...

4.

Camuflándose, cambiando de color, en los días de la NEP, los pequeños burgueses se arrastraban fuera de las hendiduras como chinches. Cubriéndose de etiquetas soviéticas y difuminando en lo grotesco las tesis del comunismo, resfregaban su babosa mezquindad por cada aspecto de la cultura y de la vida. Zamyatin escribió en 1924:

Es necesario cuidar las flores para que crezcan; el moho crece en todas partes solo. El pequeño burgués es como el moho. Por un instante pareció fulminado por la Revolución, pero he aquí de nuevo, riendo con sarcasmo, sale de la ceniza aún caliente —cobarde, mezquino, obtuso, intrépido, pedante.[266]

Había sed de vivir después de las angustias de la guerra civil, y los «nepmany», agitados por apoderarse de las alegrías fugaces de la existencia, encontraban alivio en los juegos de azar, en las carreras de caballos, en los night-clubs de moda. Bandas de especuladores prosperaron en aquellos años febriles. Rusia pululaba de aventureros fantasiosos, de ávidos traficantes, dignos de las comedias de Sukhovo-Kobylin. Parece de repente que la Revolución con sus sacrificios hubiera servido solamente para sustituir un mundo trivial por el «mundo terrible» de Blok.

La NEP tuvo sin duda sus lados positivos, por ejemplo el despertar de la vida ciudadana y la reactivación de los contactos con Occidente, pero todo fue como sumergido por el pésimo gusto de los nuevos ricos, los cuales anhelaban una exquisitez chabacana, un exotismo adocenado, pintado de barniz comunista. Símbolo de esta época llegó a ser el fox-trot. En los escenarios aparecieron melodramas zalameros como las viejas películas de Bauer, comedias empalagosas que pretendían divulgar la ideología soviética con los manidos esquemas del teatro de «boulevard».

Nos viene a la memoria un trabajo representado en 1925 en el Maly de Moscú, *Ivan Kozyr i Tatiyana Russkichy* de D. Smolin, que parece restablecer sobre el escenario los motivos de Viktor Krylov y de otros mediocres comediógrafos del siglo XIX. Sobre el piróscafo «Viejo mundo» la casta Tatiana y el fiero Ivan resisten heroicamente a las insidias de personajes siniestros. Y después de una serie de acontecimientos borrascosos triunfan por fin del mal, mientras los marineros levantan de buenas a primeras la bandera roja.[267]

---

[266] En un ensayo sobre Fedor Sologub, ahora comprendido en Evgeny Zamyatin, *Litsa*, Nueva York, 1955, p. 35.
[267] Cfr. P. Markov, *Moskovskaya teatralnaya zhizn,* en «Pechat i Revolyutsiya», 1925, 3.

Muchos poetas (especialmente Aseev y Bagritsky) sintieron temor entonces de que el hábito de la NEP sofocara las conquistas de Octubre. Y aún hoy, en el *Doctor Zhivago*, Pasternak define aquel tiempo «el más ambiguo y el más falso de los periodos soviéticos» (XV, I). Una imagen alucinada de este periodo lo encontramos en la recopilación de Nikolai Zabolotsky *Stolbtsy* [Colonias, 1929], que representa en cuadros burlescos las bodas, los crápulas, los bailes, las ceremonias de los pequeños burgueses.

Zabolotsky se mueve dentro de un enredo de callejones, de mercados, de figones, de tugurios, de cervecerías, donde predominan con engreída arrogancia mujerzuelas, gamberros, furcias, estafadores, popes, músicos ambulantes y grupos estereotipados de Ivanov trastornados. Su paisaje tambaleante rebosa de botellas y de jarras. En una poesía se habla incluso de «furioso conclave de jarras».

Lo curioso es que Zabolotsky transfiere esta realidad mugrienta y vulgar a las formas de las odas del siglo XVIII, cambiando incluso en sirenas mitológicas las furcias que danzan el *fox-trot*. La síntesis desatada e infantil de sus estrofas deriva de la escritura inconexa de Khlebnikov, pero a través de Khlebnikov él retoma el estilo áulico del siglo XIII, poniendo de manifiesto, con austeras cadencias que imitaban a Derzhavin, las expresiones y las actitudes de los filisteos de la NEP.

Nos interesa aquí destacar sobre todo el hecho de que líricas como *Krasnaya Bavariya* [La cervecería «Baviera roja»], *Svadba* [La fiesta nupcial], *Fokstrot* presentan singulares analogías con las escenas de *Klop*.

Mayakovsky se burló más veces de la moral y la presunción de los «nepmany», representando con sarcástica ironía su ambiente florido de canarios, geranios, chinches, guitarras, botellas. En la poesía *O dryani* [El canalla, 1921], por ejemplo, impresiona esta intensa viñeta:

En la pared Marx.
El marco es rojo.
Echado sobre las «Izvestiya», se calienta un gatito.
Y bajo el techo
cacarea

un canario desencadenado.
Marx desde la pared mira durante mucho tiempo...
Y de repente
abre de par en par la boca
y se pone a gritar:
«Ha enredado a la Revolución la trama del filisteísmo.
Más tremenda que Wrangel es la costumbre burguesa.
Despiertos,
torced el cuello a los canarios,
para que el comunismo
no sea derrotado por los canarios!».

Con igual sarcasmo en aquellos años George Grosz humillaba a los banqueros y a los especuladores alemanes. Mayakovsky apreció las caricaturas de Grosz, y en 1922 llevó desde Berlín el álbum de dibujos satíricos *Ecce homo*, que le donó el mismo pintor.[268]

Se remonta a aquellos días el poema *Mandrilla*, que no se ha conservado. Según Kornely Zelinsky, el cual escuchó algunos fragmentos del poeta en el Museo Politecnico, Mayakovsky representaba «una burguesucha de la NEP, Mandrilla, que había donado a una amiga los cordones para los zapatos. La figura de Mandrilla era una áspera sátira de la concupiscencia y de la vulgaridad de la pequeña burguesía. Y Mayakovsky les hacía cantar una *romanza* que comenzaba con las palabras: "La bolsa negra y el oso blanco"».[269]

El nombre simbólico de este personaje y el acercamiento de Prisypkin a la chinche demuestran que Mayakovsky juzgaba a los «nepmany» como monos e insectos. No por casualidad en el último cuadro de *Klop* el director del jardín zoológico describe a la multitud los filisteos de épocas pasadas como pajarracos inmundos:

---

[268] Cfr. Perkov, *op. cit.*, II, pp. 224-25. De Grosz, definido por él «constructivista», Mayakovsky publicó algún dibujo en «LEF» (1923, 2); aparecieron otros, a cargo de O. Brik, en «Krasnaya Niva» (1923, I). Mayakovsky cita a este pintor en el reportaje *Segodnyashny Berlin*, «La moderna Berlín», 1923.

[269] Cfr. Perchov, *op. cit.*, II, pp. 225-26.

Cuando la humanidad trabajadora de la Revolución se rascaba toda y se retorcía, raspando la suciedad, ellos se construían nidos y casitas en aquella basura, pegaban a las mujeres y juraban por Bebel, reposando y gozando en las carpas de sus pantalones zuavos.[270] Pero el «philisteus vulgaris» es el más terrible. Con su mimetismo monstruoso seduce a las víctimas, fingiendo ser un grillo-poetastro o un pájaro cantor de *romanzas*. En aquellos tiempos incluso su vestido imitaba el aspecto de las aves: una amplia capa y una casaca con la cola de golondrina con la pechera almidonada, blanquísima. Semejantes pájaros hacían el nido en los palcos de los teatros, se agolpaban sobre las encinas de la Opera, al sonido de la *Internacional*, en los espectáculos de ballets, se rascaban un pie con el otro, colgaban de las ramitas de los pentagramas, pelaban a Tolstoi a lo Marx, hacían ruido y gritaban en medida nauseabunda y... perdonad por la expresión, pero esto es una relación científica, hacían de cuerpo en cantidades que no pueden ser consideradas pequeñas groserías de pájaros.

Aún antes que en *Klop*, la aversión de Mayakovsky por las costumbres burguesas se hace clara en el poema autobiográfico *Pro eto* [De esto, 1923], que se relaciona con las páginas de los años futuristas. Imaginando el amor como incendio y huracán, como embriaguez cósmica, Mayakovsky aborrecía los prejuicios, las charlas, las intrigas con las que los burguesuchos de la NEP sofo-

---

[270] La idea de los calzones es una idea fija de Mayakovsky. En los bocetos de *Komediya s ubiystvom* Smychkin, prestándose a partir para América, hace cortar los bollos de sus calzones a la zuava. Pero ya en *Vladimir Mayakovsky* se grita fuera de escena «¡Los calzones!» Enormes pantalones hinchados visten las figurillas cómicas de la ROSTA. Ya hemos visto en *Dvadtsat pyatoe* la aparición de Kerensky sin pantalones. Más tarde, en el escenario de circo *Moskva gorit* Mayakovsky pone por medio los calzones del zar. Nos olvidamos del burguesucho de la poesía *O dryani*, quien proclama complacido:

> ¡me compraré
> un par de pantalones bombachos de Océano Pacífico,
> quiero asomar la cabeza
> a través de los pantalones
> como un banco de coral!

caban el ardor vivificante de las pasiones. Argumento de los versos impetuosos e hiperbólicos de *Pro eto* es precisamente el amor acechado por la mezquindad filistea.

Cerrado en la propia habitación como en una prisión y ansioso por oír la voz de la amada, el héroe del poema se aferra al teléfono, como un náufrago a una tabla, pero la amada rechaza hablar con él. Y entonces un deshumano bramido de celos lo convierte en oso. El oso se duele, chorrea lágrimas, las lágrimas forman un río. Sobre la banquisa de la almohada el héroe-plantígrado navega hacia el pasado, y sobre el Neva se reconoce en el «Hombre de hace siete años», rechazado también él por la amada. Unido a un puente por las cuerdas de los versos, aquel hombre implora salvación.

El héroe se aleja del Neva en busca de ayuda y, flotando en el río en sus propias lágrimas, vuelve a Moscú emblanquecida de nieve. Jadeante, suplica a la gente que ayude al hombre que sufre en la baranda del puente, pero ninguno lo escucha, ninguno quiere creerle. Irrumpe en un rancio apartamento, donde una familia de la NEP festeja con una borrachera la Navidad, y llama en vano a socorro a los invitados, monstruosos como los huéspedes que afluyen en la casa de Tatiana en el Quinto capítulo del *Onegin*.

El «hombre de siete años antes» continuará torturándose solo por todos ellos, cuya pasión está envilecida por los caprichos de los filisteos. En el delirio el héroe encuentra sobre el campanario a «Ivan Veliky» (y aquí se advierte la influencia de las películas de aventuras), mientras desde abajo le acucia una muchedumbre de burgueses duelistas. «Tú eres nuestro enemigo secular». Ya hemos tenido uno semejante, un húsar» gritan contra él, refiriéndose a Lermontov, y le disparan con pistolas, con escopetas, a cien metros, a diez, a dos, a quemarropa.

Pero ha sido solamente un horrible sueño. La fosca visión se aclara. El poeta está vivo, y navega a bordo de la Osa mayor por los Ararat de los siglos, cantando a toda voz poesías al universo. Y al final envía un mensaje a un químico del siglo XXX, pidiéndole que lo resucitara.

Nos hemos detenido en *Pro eto*, porque muchos de sus motivos florecen en las vicisitudes de *Klop*. La primera parte de la comedia de hecho se centra también en el tema del amor humillado por los pequeños burgueses, que reducen el matrimonio a un tráfico dictado por el interés, a una especie de intercambio de mercancías. Casándose con Elzevira, fibroso fantoche de escaparate, Prisypkin accede a las suspiradas exquisiteces de la NEP, y los Reinassance a su vez adquieren un yerno que podrá cubrirles con su origen proletario y su tarjeta sindical.

El motivo de la resurrección es común al poema y a la segunda parte de *Klop*, y no importa si en *Pro eto* el poeta anhela la propia resurrección, mientras que en la comedia describe la del gracioso Prisypkin. El laboratorio de las resurrecciones humanas, de las que él habla en *Pro eto*, en *Klop* se transforma en el Instituto de las resurrecciones humanas. Y es extraño que al final del poema Mayakovsky suplique a los descendientes que lo acepten como guardián de algún circo de ferias, si aún los hubiera, y sueñe con vagabundear en el siglo XXX con la amada, igualmente resucitada, por las sendas de un jardín zoológico.

Además los primeros episodios de *Klop* trasponen de forma dramática aquel fragmento del poema, en el que el oso-héroe se introduce en la familia burguesa de Fekla Davidovna. Dicho fragmento encuadra con toques mordaces los lugares secretos y enmohecidos de los filisteos:

De los colchones,
                 levantando los sábanas de la cama,
las chinches saludan levantando las patitas.
Resplandece el samovar todo envuelto en rayos,
preparado para enredarse con sus maniquíes.
Con puntos de moscas,
               las guirnaldas
                         de las telas
de las paredes te coronan ellas mismas.
Tocan la fanfarria los ángeles-trompeteros,
róseos por el resplandor del icono.
Jesús,
     quitándose
            la corona de espinas,
se sume en corteses reverencias.

Marx,
 sujetado a un marco rojo,
tira la sirga del filisteísmo,
Gorjean los pájaros sobre los listones,
los geranios se arrastran hasta dentro de la nariz.

(vv. 904-23)

En este interior banal y anticuado, que hace pensar en los ambientes diseñados en sus novelas por Ilf y Petrov, existe una especie de preaviso del mundo dulzón de los Reinaissance.

5.

Los temas, los trucos, las situaciones y muchos de los personajes de *Klop* provienen del guión de cine *Pozabud pro kamin* [Olvídate de la chimenea], que Mayakovsky había escrito a comienzos de 1927.[271] En la comedia el poeta omitió algunos episodios (las secuencias de la fundición en el que trabajan el Obrero y la Komsomolka que lo ama, los fragmentos de propaganda para el plan quinquenal, etc.), pero en cambio introdujo diferentes elementos que no estaban en la versión cinematográfica, como el dormitorio de los jóvenes, los desfiles de los vendedores ambulantes y de los bomberos, el intento de suicidio de Zoya, la melindrosa figura de Bayan. Ya no veinticinco años, como en el guión de cine, sino cincuenta separan en *Klop* el futuro del presente.

En *Pozabud pro kamin* la sátira de los filisteos no es menos áspera que en la comedia. Ya el título imita irónicamente una conocida *romanza* que en 1917 presentó el argumento a P. Chardynin para una película ablandada: *U kamina* [Junto a la chimenea], del que tomaron parte los máximos divos del cine ruso de entonces, Vera Kholodnaya, V. Polonsky, V. Maximov. Esta película tuvo un éxito tal como para inducir al director a rodar más tarde la

---

[271] Fue este el último escenario cinematográfico culminado por Mayakovsky. Debían realizarlo en 1928 en Leningrado los directores del FEKS Kozintsov y Trauberg.

continuación con el título *Pozabud pro kamin - v nem pogasli ogni* [Olvídate de la chimenea: el fuego se ha apagado].²⁷²

El conocimiento del guión de cine es útil para integrar las imágenes de la comedia. El Obrero (primer boceto de Prisypkin), «bello joven de aspecto campesino, al modo de Esenin», lee una novela picante de vida monástica, *Moshchi* [Reliquias] de Iosif Kalinnikov, que apasionaba a los filisteos de aquellos años. A la cajera más bien guapa y con el pelo rizado susurra: «Dejad que yo apriete vuestra blanca manita a mi rojo corazón». Y en el jardín zoológico es nombrado como «Nepmanus naturalis».

La tienda del peluquero, en una sórdida casa de vigas, exhibe un cartel en el que está escrito «La brillantina roja». Canarios y geranios aparecen entre las ventanas; en los escaparates se agolpan maniquíes cabelludos. Parodiando los salones de las viejas películas, adornos de mobiliario pomposo y de flores exóticas, Mayakovsky llena de cachivaches las habitaciones del peluquero y coloca entre el piano y la chimenea a la corpulenta dueña de la casa, muy ocupada en quitar «el moho de los pepinos salados». Como las heroínas del mudo, la cajera, toda pendientes y broches, interpreta *romanzas* al piano, «pisando furiosamente los pedales y bajando las manos sobre las teclas desde abajo del techo». ¿Y qué decir de la vulgaridad del peluquero, que afila la navaja sobre la propia bota y rocía con la boca la loción sobre la cabeza del cliente?

De los mismos argumentos del guión de cine y de *Klop* trataba una conferencia que desde Octubre de 1927 Mayakovsky ofreció en diferentes ciudades de la Unión con el título *Daesh izyashchnuyu zhizn!* [¡Danos una vida refinada!] Los temas extravagantes de esta conferencia se leen en un manifiesto conservado en la Biblio-

---

²⁷² Cfr. Ven. Vishnevsky, *Khudozhestvennye filmy dorevolyutsionnoy Rossii*, Moscú, 1945, p. 140. (n. 1699), y Lebedev, *op. cit.*, pp. 45-46. El vínculo del guión de cine de Mayakovsky con la película de Chardynin resulta claro por algunos detalles: el protagonista al inicio sale de un cine donde se proyecta el film *Kamin potuch* [El camino se ha apagado]; la hija del peluquero toca al piano el vals *El amor de Makarov por Vera Kholodnaya*, cuyo título, además de recordar al intérprete femenino del film de Chardynin, recuerda en sentido burlesco las romanzas sentimentales que los directores del mudo llevaban a la pantalla.

teca-Museo Mayakovsky: «Cerezas selváticas y lunas de todas las partes»,[273] «El huésped forastero con la armónica», «Avestruz en jaula», «La primera manteca del puerco», «La época del frac», «Los calzones en flauta», «La abolición de los botones», etc. Se encuentra un resumen en un periódico de Tbilisi,[274] donde Mayakovsky habló el 11 de diciembre:

> El orador ha citado ejemplos que califican la nueva burguesía. Una muchacha que trabajaba en una fábrica se envenenó por haber perdido su única falda de seda, sin la cual no concebía la propia existencia. El obrero Borya lee libros franceses y, descontento de su nombre, se hace llamar Bob. El poeta Molchanov en una epístola en versos anuncia a la amada que la quiere sustituir con otra que tiene «el pecho firme y una bella chaquetilla». La editorial de música divulga *romanzas* como *Pero el corazón anhela el partido*. Semejantes ejemplos testimonian que el filisteísmo se va infiltrando en el ambiente literario y en el obrero.

Una poesía del mismo año, titulada también *Daesh izyashchnuyu zhizn!*, representa a uno de aquellos gamberros que «a paso de gambas vuelven atrás a la vida de los frac», un lechuguino con un crisantemo en el ojal y con el pecho almidonado. Este petimetre trivial lleva el pañuelo por apariencia, pero se sopla la nariz con los dedos; cuchichea a la derecha y a la izquierda «pardon» y «merci»; se entusiasma leyendo la novela pornográfica de Kalinnikov y pone en su boca una hermosa sonrisa, para que se vean mejor las coronas de oro de los dientes.

Tales motivos no son inventados caprichosamente. Mayakovsky los extrajo, uno por uno, de la prensa de la época, sobre todo de

---

[273] Alusión a los cuentos *Bez cheremukhi* [Sin cerezas silvestres, 1926] de Panteleymon Romanov y *Luna s pravoy storony, ili Neobyknovennaya liubov* [La luna por la parte derecha, o bien Un extraordinario amor, 1927] de Serguei Malashkin, que ensombrecían el desenfreno sexual de la juventud soviética.

[274] «Zarya Vostoka», n. 1650 del 13 de diciembre de 1927. Cfr. A. Fevralsky, Comentario a: Mayakovsky, *Teatr i kino*, II, Moscú, 1954, pp. 483-84.

los números de la «Komsomolskaya Pravda», en la cual colaboraba desde mayo de 1926. Este periódico se burló en sus artículos de los jóvenes que imitaban las costumbres de los burgueses, reflejándose en los simulacros del cine occidental. Mayakovsky encontró en aquellos entrefiletes, ya preparados, las facciones de sus personajes. Y, como para poner de relieve el nexo entre las propias figuras y la realidad de aquellos años, llevó al guión de cine incluso, como didascalias, algunos fragmentos de la «Komsomolskaya Pravda».

La historia de Bob, por ejemplo: «La tarde después del trabajo éste ya no es vuestro compañero. No lo llaméis Borya, sino Bob con pronunciación nasal francesa. Él evita definirse obrero, juzgando más destacado los títulos de electricista o de electrotécnico...».[275] Este predecesor de Prisypkin aparece además en la lírica *Marusya otravilas* [Marusya se ha envenenado, 1927], cuyo nombre deriva también de una película patética de 1916:[276]

> Éste era
>   Vanya el electricista,
> pero...
>   parisino de espíritu,
> se había apropiado
>   del título
> «electrotécnico Jean».

Entre otras historias introducidas por Mayakovsky en *Pozabud pro kamin* la más divertida se refiere al obrero Dergalenko:

> Habiendo comparado algunos artistas de la obra su perfil al de Harry Piel, el obrero Dergalenko comenzó a ir asiduamente al cine y se hizo crecer grandes patillas. Estas le impedían lavarse la cara,

---

[275] *Elektrotekhnik Bob*, «Komsomolskaya Pravda» del 27 de agosto de 1927 (n. 194).
[276] Cfr. Vishnevsky, *op. cit.*, p. 103 (n. 1227). La poesía deja dos epígrafes: uno cuenta el episodio de Bob y el otro dice: «En Leningrado una muchacha obrera se ha envenenado, porque no tenía los zapatos brillantes como su amiga Tanya...».

pero él, deseoso de ser semejante al beau monde, prefirió no lavarse durante todo un mes.[277]

Siempre en el guión de cine, describiendo la pequeña habitación del Obrero, Mayakovsky especifica: «en la pared están pegadas las postales de Esenin y de Harry Piel, detrás de las cuales sale una chinche». Y al final el «Nepmanus» mete también en la jaula a la efigie de Piel. De igual modo, en el segundo cuadro de la comedia, el Joven descalzo delinea a Prisypkin con estas palabras: «En cuanto al morro, ya ha superado también a Pushkin: las patillas le cuelgan como la cola de un perro, no se las lava por miedo a desarreglárselas».Y la muchacha añade: «También Harry Piel se ha dejado crecer una cultura semejante sobre las mejillas». Pero ya en *Marusya otravilas,* moralizan sobre la influencia perniciosa del cine burgués, Mayakovsky había afirmado:

Sobre las calles,
                siguiendo
                        los Harry Piel,
ha extendido
        sus redes
                Sovkino,
desde la moderna
                difícil
                        realidad
quiere transportarnos
                hacia otra vida.

Harry Piel, que los históricos del cine llaman el Douglas Fairbanks alemán, fue durante muchos años uno de los más conocidos intérpretes de películas de aventuras. Acróbata temerario y caballero impecable, él personificaba, según Kracauer, el tipo del «caballero temerario especializado en derrotar a falsos criminales y en salvar a inocentes niñas». «Su encanto infantil era dulzón

---

[277] *Garri Pil - pokorite serdtsi* [Harry Piel, robacorazones], «Komsomolskaya Pravda» del 5 de agosto de 1927 (n. 176).

como los bastoncitos de azúcar colorada, alegría de los niños y de los estetas escépticos en las ferias europeas».[278] En Rusia Piel gozó de gran popularidad, especialmente entre los jóvenes. El segundo acto de la comedia *Vystrel* [El disparo] de Bezymensky, representada en 1929 en el teatro de Meyerhold, se abre con la ocurrencia «Hoy espectáculo de Harry Piel».

Después de lo que se ha dicho sobre las fuentes de *Klop*, no parecerá exagerada la afirmación de Mayakovsky: «No hay en mi comedia situaciones que no se basen en decenas de casos auténticos».[279] Se puede argumentar que el trabajo en la «Komsomolskaya Pravda» influyó sobre la redacción de *Klop*, como el de la ROSTA sobre la segunda versión de *Misteriya-buff*.

Está claro que, pintando las figuras de la comedia, Mayakovsky tuvo en mente ciertos artistas del cine mudo, como Vera Kholodnaya, lánguida muñeca involucrada en tortuosas pasiones o V. Maksimov, prototipo de aristócratas amantes con frac. Y quizás precisamente por esto Prisypkin, Bayan y Elzevira parecen salidos de las páginas de Severianin. Sus discursos llenos de palabrotas extranjeras, su afán por remedar las modas y las danzas europeas nos vuelven a llevar al mundo remilgado del egofuturismo. Hablando de Severianin, Vladimir Pozner escribió: «Ses rêves sont ceux d'un ancien garçon coiffeur».[280] No por casualidad de los filisteos de *Klop* emana un olor empalagoso de lavado y masaje de pelo y brillantina.

---

[278] Siegfried Kracauer, *From Caligari to Hitler* (versión italiana: Cine alemán, Milán 1954, pp. 35-36). Cfr. también René Jeanne-Charles Ford, *Histoire encyclopédique du Cinéma*, II, París, 1952, pp. 238-39; Heinrich Fraenkel, *Unsterblicher Film*, Munich, 1956, pp. 143-44; Friedrich V. Zglincki, *Der Weg des Films*, Berlín, 1956, pp. 384-86. Kracauer hace referencia al film *Unter heisser Sonne*, en el que Harry Piel «obligaba a numerosos leones (del Jardín zoológico Hagenbeck de Hamburgo) a someterse a su poder» (*op. cit.*, p. 35). Uno se pregunta si Mayakovsky, recluyendo Prisypkin en un zoo, no se ha acordado de esta película.

[279] En «Rabis» del 29 de enero de 1929, n. 5, ahora en *Polnoe sobranie sochineny*, XII, Moscú, 1937, p. 254.

[280] V. Pozner, *Littérature russe*, París 1929, p. 267.

6.

Agregándose a la caterva de los «nepmany», Prisypkin no piensa renegar de su propia clase. Al contrario: convencido de que sus aspiraciones son legítimas, considera haber cumplido incluso un cambio cultural. De aquí la soberbia, la pretenciosa seguridad con la que se enorgullece como muestra de la clase obrera. ¿No ha luchado quizás por una existencia mejor? La guerra civil acabó hace tiempo. Buscará entonces en las lisonjas de la NEP la felicidad que la clase trabajadora no le ha dado.

Al casarse con la hija de un peluquero, él asume una alta misión, como si su matrimonio debiera servir para levantar a todo el proletariado. El socialismo se identifica con el angosto Eldorado de los Renaissance.

Divulgador de menudas delicias, barco de aguas estancadas, Prisypkin se acerca a las exquisiteces de los «nepmany» con la plena conciencia de los propios méritos, del propio derecho, con absoluta «dignidad» de clase. Cuando la suegra Rosalia Pavlovna, antes del matrimonio, lo llama «camarada Prisypkin», él responde: «¡No me llame camarada, ciudadana, no se ha emparentado aún con el proletariado!» Sin embargo desprecia a los jóvenes del dormitorio que no comprenden sus ideas. Por lo demás no todos desaprueban su conducta: el Joven descalzo que sueña un apartamento y la Muchacha que suspira por los divos del cine son en el fondo sus semejantes.

Las películas y las apariencias burguesas deslumbran como espejitos la fantasía provincial de Prisypkin. Y él se pone a estudiar con celo el *fox-trot*, brincando como un oso artrítico, y fantasea con bautizar a las futuras hijas como Dorothy y Lilian.

Lo cómico de esta figura brota del continuo contraste entre las aspiraciones inciertas y la vulgaridad de las actitudes. Por un lado él advierte a Bayan: «Yo soy contrario al hábito filisteo, a los canarios etcétera. Soy un hombre de grandes exigencias... Me interesan los armarios de luna...» Por otro esconde los agujeros de los calcetines, pasando sobre la carne el lápiz, y Bayan está obligado a recordarle: «No se ponga dos corbatas a la vez, especialmente si son de colores diferentes, y meteos bien en la cabeza: la camisa almidonada no se puede llevar encima de los pantalones».

La ordinaria mezquindad del mundo que anhela Prisypkin es visible ya desde el principio de las estrofillas apremiantes de los vendedores ambulantes. El héroe se va con Bayan y la suegra a hacer las compras para las próximas bodas y cae en medio de una selva de objetos, que se amontonan como en un muestrario de la trivilialidad filistea. Delante de la puerta giratoria y de los escaparates de la Univermag, filas exultantes de vendedores ambulantes le ofrecen a porfía, en un perverso desfile, las cosas más extrañas: desde los botones holandeses a las muñecas, desde las manzanas a las piedras para afilar, desde las pantallas «azules para la intimidad, rojas para los placeres» a los balones-salamines, desde los arenques a los «sostenes forrados» (que Prisypkin confunde con «gorros aristocráticos»), desde la cola Excelsior que pega «sea a una Venus que a un orinal» a los perfumes Coty.

Mayakovsky ya había hecho referencia al confuso griterío de los vendedores ambulantes en la poesía *Nerazberikha* [Amasijo] de 1921:

> Plaza Lubianskaya.
> Sobre aquella plaza,
> como camellos pecaminosos al final del mundo,
> gritan los vendedores de cigarrillos:
> «¡Ven aquí, toma estos!
> ¡Mursal suelto!
> ¡Las Ira en paquetes!»

En la primera parte de *Klop* se vuelven a asomar las bufandas rebeldes de *Vladimir Mayakovsky*. Ya no palpitantes y desenfrenadas como en la tragedia, sino con una mueca de viejas arrugadas. Han desaparecido las enfáticas herramientas-obreros, que acogían a los proletarios en la Tierra Prometida. Emblemas de un mundo enmohecido, los objetos de los «nepmany» tienen un lúgubre aspecto de animales capturados. Asemejan a las lechuzas y a aquellos búhos de mirada maligna que, en los mercados de los pájaros, están sobre largas pértigas, como sobre las astas de insignias barbáricas.

En el episodio de las compras tiene gran importancia la suegra astuta e insolente. Apesadumbrada por el precio excesivo de los arenques de un vendedor privado, Rosalia Pavlovna exclama: «¿Dos con sesenta por semejantes palillos escabechados? ¿Habéis escuchado, compañero, Skripkin? ¡Teníais razón matando al zar y expulsando al señor Ryabushinsky![281] ¡Estos bandidos! ¡Encontraré mis derechos civiles y mis arenques en la cooperativa estatal soviética!». Pero después se da cuenta de que el arenque del vendedor privado era más grande que el adquirido en la cooperativa «¡Más grande que una cola! ¿Pero entonces por qué se ha combatido, ciudadano Skripkin? ¿Por qué hemos matado al emperador y echado al señor Ryabushinsky, eh? A la tumba me llevará vuestro poder soviético».

Demonio y genio de esta sociedad guitarrera, de esta arquitectura de chinches y de telas de arañas, es el poetastro acicalado Oleg Bayan, quintaesencia de los pequeños burgueses, chanchullero sin escrúpulos. Desenmascarado por sus plagios literarios, se ha puesto a hacer de agente y de maestro de danzas modernas. Y ahora enseña a Prisypkin, como a un macaco, las maneras mundanas, las exquisiteces, el *fox-trot*, llevando a extremas consecuencias su ansia de vida elegante.

No importa si Prisypkin le habla en modo altanero, encubriéndose de prosopopeya proletaria. La verdad es que Bayan especula sobre su estupidez, enlazándolo con frases rizadas y ampulosas, con vocablos extranjeros usados sin ton ni son, con sermones y halagos. Él representa y recorre Prisypkin como haría un fotógrafo de campo. Ciertas locuciones narcóticas suyas como «Panteón», «Himeneo», «Moulin Rouge», resisten la comparación con los barbarismos profusos de Severianin en las propias antologías, y su lenguaje, tramado de despropósitos y de palabritas de novelitas de apéndice, recuerda la ambigua labia de otro típico abanderado de la NEP, Semen Rak, el protagonista de la comedia *Vozdushny pirog* [La tarta hinchada, 1925] de Boris Romashov.

---

[281] Pavel Ryabushinsky, banquero e industrial emigrado a París después de la Revolución.

Bayan se corresponde con una figura real. Mayakovsky modeló el personaje sobre un acólito de Severianin, el poetilla Vadim Bayan, que en diciembre de 1913 había participado con su maestro en algunas veladas de la gira acometida por los futuristas en Rusia meridional. De Bayan había aparecido en 1927 una especie de recetario poético con el título *Kumachevye gulyanki* [Festines en tela roja], en el que él, barnizando de falsas tintas soviéticas los esquemas del folclore, daba a la juventud de las aldeas consejos y estrofillas para fiestecillas, juergas y cortejos nupciales. Algún mes después de la representación de *Klop*, Vadim Bayan envió a la «Literaturnaya gazeta» (22 de julio de 1929) una carta de protesta, a la cual Mayakovsky respondió con una nota agria, invitándolo a cambiar de nombre.[282]

La comedia tiene su cumbre en el episodio del «matrimonio rojo», cuyas situaciones hilarantes y frenéticas nos llevan al clima y a los mecanismos del vodevil del siglo XIX. El rojo, que en *Misteriya-buff* significaba el ímpetu y el ardor de la Revolución, se ha convertido aquí en el color arrogante de los «nepmany». Las figuras y las cosas se han barnizado de rojo, pero de un rojo chabacano, como payasos. Incluso la mesa está cubierta de «jamón rojo y de botellas con tapones rojos». En este triunfo del mimetismo filisteo también los espejos y las enormes flores de papel que adornan la tienda de los Renaissance, donde se desarrolla la fiesta nupcial, parecen rociadas de tinta morada.

Untuoso maestro de ceremonias, Bayan desata sus cháchachas, pronunciando un discurso deshilvanado, hinchado de pseudomarxismo. Los invitados se lanzan en un torbellino descompuesto sobre los vasos y sobre el piano. Un torbellino para recordar la *Danse du Pan* de Severini. Y en esta vorágine de gorilas que se tambalean no sabes quién es el más ridículo: Bayan con sus párrafos, Elzevira toda languidez, Prisypkin tieso en la coraza de la afectación proletaria, el testimonio borracho de que en cada palabra sospecha una blasfemia, el peluquero que riza con un tenedor calentado al rojo los pelos de la comadre, el compadre-contable

---

[282] *Otvet V. Bayanu*, en *Polnoe sobranie sochineny*, XII, Moscú, 1937, pp. 261-63.

que gira la manivela de la casa como un organito y después hunde un arenque en el seno de Elzevira.

El episodio del matrimonio, uno de los más brillantes en la dramaturgia de Mayakovsky, se beneficia de las experiencias de Meyerhold, el cual resaltaba en sus espectáculos las fiestas ruidosas y las ceremonias grotescas. En la comedia *Mandat* [El mandato] de Nikolai Erdman, representada en 1925 por el teatro de Meyerhold, era precisamente una escena semejante, un baile nupcial, la que el director había realizado con tonos exasperados, con el espíritu del *Gadibuk* de Vakhtangov.[283]

En el momento más álgido espirales de fuego envuelven la casa en la que arde el vulgar banquete. Las corolas de papel, las bagatelas, las telas de araña de este mundo postizo se deshacen en el estallido de las llamas. Los invitados llenos de alcohol estallan como siniestros fantoches de carnaval, como sacos de virutas. El incendio se convierte en una purificación simbólica del universo para el tártaro de los pequeños burgueses.

7.

En la segunda parte la tensión se calma. Prisypkin vuelve a la luz como un objeto de museo, como un fósil. Desarraigado de su rincón, vaga perdido entre aquella gente glacial que abomina el humo y el vodka. Los hombres del futuro lo escrutan con el mismo estupor con el que los liliputienses miraban a Gulliver.

En ese momento Prisypkin nos hace recordar un gracioso personaje del escritor bohemio del siglo XIX Svatopluk Čech, el burguesucho borracho Matěj Brouček. Partiendo atiborrado de cerveza de la taberna de Praga que es su refugio, Brouček realiza dos viajes, uno sobre la luna, entre larvas que se nutren sólo de aromas y rocío, y otro en el siglo XV, entre los husitas, en la vigilia de la batalla de Vitkov.

---

[283] Cfr. P. Markov, *Trety front (Posle «Mandata»)*, en «Pechat i Revolyutsiya», 1925, 5-6, y Alpers, *op. cit.*, pp. 64-65.

Las aventuras de este hombrecillo panzudo, que inspiraban una obra de Leoš Janáček,[284] tienen curiosas analogías con las de nuestro héroe. Como en *Klop* los habitantes del futuro se horrorizan a la vista de Prisypkin, de este modo los ejemplares de Praga del siglo XV se caen de las nubes vislumbrando la figurilla necia, las extrañas telas de Brouček. La sierva Kedruta se asusta de su cigarro, y el reloj, las cerillas, el sacapuntas, que él saca del bolsillo al travestirse con toscos hábitos medievales, asombran a su huésped. Por otra parte Brouček, acostumbrado al calorcillo y al hedor de las tabernas, se encuentra molesto en una sociedad tan austera, enredada en controversias teológicas. Y cuando lo empujan al campo, para combatir contra el ejército de Segismundo que asedia Praga, se larga temblando.

De igual modo Prisypkin, como buen filisteo, entra en el futuro sin desistir de sus costumbres, como si nada hubiera cambiado en aquellos cincuenta años. Aferrado a la guitarra, como al pedazo de una felicidad perdida, sigue rodeándose de botellas, de chicles, de postales ilustradas. Aún deslumbrado por las aspiraciones de tiempos pasados, permanece fiel a los preceptos que le inculcó Oleg Bayan y, transformándose sin quererlo en apóstol del filisteísmo, acaba contagiando sus propios gérmenes a los insípidos maniquíes del futuro.

Aunque pueda emborracharse, holgazanear, entonar *romanzas*, Prisypkin está descontento de vivir entre obtusos modelos de perfección que lo rehuyen como un ser inhumano. Sobre aquel fondo ascético sus vicios aparecen monstruosamente engrandecidos, como en el cartel de una rígida Liga de la Templanza. Y él se desahoga exclamando: «¡Al diablo vosotros y vuestra sociedad! No he sido yo el que os ha pedido resucitarme. ¡Volved a congelarme!».

Los gigantes de Brobdignag exponían a Gulliver en las ferias como un animalito hablante, un enano capaz de realizar juegos placenteros. Los mesurados moralistas del futuro encierran a Prisypkin en el jardín zoológico (que es el lugar más alegre de aquella comunidad reseca).

---

[284] Cfr. Jaroslav Vogel, *Leoš Janáček dramatik*, Praga, 1948, pp. 62-69.

Y ahora, divisándolo en la jaula junto a la chinche como a un comicastro que divierte a la multitud con sus muecas, Prisypkin suscita de repente un sentido de simpatía y de compasión. Se tiene piedad de su soledad. Delante de la rigidez impasible de la gente del futuro se vuelve a pensar casi con melancolía en el decrépito mundo guitarrero de los primeros cuadros. Y, comparando, se descubre que el héroe de *Klop*, en su ingenuidad, es muy diferente de aquellos canallas de la NEP que nos salen al encuentro en las comedias de otros autores. No tiene nada en común con el bribón Pavlusha Gulyachkin, con el que se ensaña en *Mandat* de Erdman, y ni siquiera con el chusma Semen Rak, representado por Romashov en *Vozdushny pirog*.

Bajo la máscara del bufón filisteo prorrumpe un gemido de sufrimiento, de hiriente desesperación. Cada vez que volvemos a leer el final de *Klop*, nos parece que a la imagen de Prisypkin se sobrepone la del Poeta de *Vladimir Mayakovsky*.

Con su ambigüedad la comedia nos deja en la duda: es verdad que la mezquindad filistea ha nublado los ideales de la Revolución, pero el futuro del comunismo ya no consuela el presente. ¿Quién sabría resistir en un consorcio tan puritano y tedioso?

8.

El panorama de los años venturos en los cuadros de *Klop* colima con la Tierra Prometida de *Misteriya-buff* sólo en una ingenua acotación, la siguiente:

> En medio del escenario el triángulo de un jardincillo. En el jardincillo tres árboles artificiales. Sobre las verdes hojas cuadradas del primer árbol enormes platos rebosantes de mandarinas. Sobre los platos de papel del segundo árbol montones de manzanas. Del tercer árbol verde cuelgan, en forma de piñas, frasquitos abiertos de perfume.

Pero, excluida esta vista de país de jaujas, el escenario del futuro, que en *Misteriya-buff* era vistoso de colores como una resplandeciente luminaria, en *Klop* se perfila pelado, esquemático, desnudo. Si el futuro de *Misteriya-buff* reflejaba la pintura suprematista, la de *Klop*, en su destilada sequedad, concuerda con los modos del constructivismo. Las «paredes lizas, opales, semitransparentes», el equilibrio de cristal y metal, las pantallas, los altavoces, los manómetros dan al ambiente en el que se desarrolla la segunda parte de la comedia un típico aspecto constructivista.

Piénsese en los proyectos de Rodchenko y de Lavinsky, en los «planity» de Malevich, pero también en las colmenas de cristal, en los «túmulos transparentes» presagiados por Khlebnikov en sus líricas. Khlebnikov representa la ciudad del futuro como «vela habitable de cristal, envuelta por la hiedra de las calles», «valle y arrecife de cristal en la que se tuerce el lúpulo de las calles», «hilados de vítreas moradas», y compara las láminas, las hojas de cristal de las casas con las páginas abiertas de un libro.

Ya Chernyshevsky por lo demás había deseado un paisaje igual en la novela *Chto delat?* [¿Qué hacer?, 1863], que Mayakovsky estimaba mucho.[285] La protagonista de aquella novela, Vera Pavlovna, sueña la Rusia del futuro como una dulce extensión de huertos, entre los cuales se levantan edificios de aluminio y de cristal, semejantes a «innumerables piezas de ajedrez gigantes sobre un inmenso tablero de ajedrez» (IV, 16).

En el trazado constructivista de *Klop* se mueve sin embargo una humanidad sin relámpagos de fantasía, una escuálida congregación de autómatas. Son sin duda más vivaces y más agradables los ciudadanos del Tresmil descritos por Mayakovsky en el poema *Letayushchy proletary* [El proletario volante, 1925]. Se dirigen al trabajo en dirigible, almuerzan en los aerocomedores, juegan al aviobalón, deslizándose con sus aparatos a modo de delfines, se extienden con la amada por la Vía Láctea, y por la noche vuelven a entrar por la ventana, plegando el velívolo como un paraguas.

Las criaturas de 1979, retratadas en *Klop*, recuerdan por el contrario a aquellos hombres-números de uniformes azulados con placas de oro sobre el pecho, que marchan juntos, engranajes de un mecanismo colectivo, en la novela utópica *My* [Nosotros] de Zamyatin.

---

[285] Cfr. Perkov, *op. cit.*, II, pp. 274-75.

Productos de una sociedad inflexible y geométrica, que no conoce ni el humo ni el beber y ni siquiera la envidia o los celos, los personajes de Zamyatin viven en las células de enormes paralelepípedos transparentes, entre luminosos diafragmas de cristal, que parecen entretejidos de aire chispeante. Pero también allí a la límpida ligereza de las estructuras arquitectónicas se opone la monotonía de una vida inerte, despojada de impulsos y de sentimientos, entumecida por el hielo de la perfección. No por casualidad Khlebnikov había definido las ciudades del futuro «planchas del orden para las arrugas de las multitudes».

Acrecentando el rigorismo del ambiente, Mayakovsky sumerge los limpios paneles y las figuras pedantes en una atmósfera esterilizada. En *Klop* el futuro huele a fenol. Con todos los médicos en camisa, sus herramientas y precauciones higiénicas, los últimos cuadros parecen calcados de las viñetas de un manifiesto sanitario. Se expresa en ellos el afán de limpieza que obsesionaba al poeta. A este respecto nos ayuda una observación de Elsa Triolet: «Maïakovski... avait une peur maladive des contagions. Il se lavait les mains un nombre extraordinaire de fois par jour, et quand il n'etait pas chez lui il employait un savon qu'il emportait dans sa poche».[286]

Frente a una sociedad tan severa, marcada por un frígido racionalismo, el mundo desconectado y variopinto de los burguesuchos parece, con todas sus faltas, un paraíso perdido. Y entonces, ¿mejor las chinches, las telas de araña, las mezquindades pequeño burguesas que la descarnada exquisitez y la árida integridad del futuro? Nos parece sentir desde todas las madrigueras enmohecidas la risa de escarnio de los filisteos.

9.

El jardín zoológico tiene una tradición propia en el futurismo ruso. Uno de los primeros textos de Khlebnikov, la poesía en prosa *Zverinets* [Casa de fieras, 1909] describe con encendidas metáforas a los animales enjaulados. Se lee en él que los elefantes se

---

[286] Elsa Triolet, *Mayakovsky poète russe* cit., p. 126.

arrugan como las montañas durante un terremoto, que «el pecho del halcón recuerda las nubes plumosas antes de la tempestad», que la negra foca salta sobre las largas patas con forma de remos «con los movimientos de un hombre atado en un saco, semejante a un monumento de hierro fundido que de repente sufre ataques de irrefrenable alegría». En el camello Khlebnikov vislumbra los vínculos con los misterios del budismo y en el rostro del tigre una afinidad con las creencias islámicas.

En la obra de Mayakovsky los animales están presentes con extrema frecuencia. En un ciclo de aguazos y pinturas al pastel pintados entre 1913-14 se encuentran filas de cocodrilos, camellos (ya hay una chinche de 1913) e innumerables jirafas amarillentas, manchadas de azul o de negro, bajo frondosas palmeras. De aquel ciclo las jirafas pasaron a los versos, por ejemplo en la lírica *Iz ulitsy v ulitsu* [De una calle a otra, 1913]:

> Hay en el cielo un dibujo de jirafa
> preparado para deshacerse en mechones oxidados.

o en *Tuchkiny shtuchki* [Pequeñas nubes, 1917-18], donde el sol es comparado a una «jirafa amarilla».

La transformación de Prisypkin en ejemplar de jardín zoológico nos lleva a las múltiples metamorfosis del poeta. En *Bot, tak ya sdelalsya sobakoy* [Y así me convertí en un perro, 1915] él se transforma en un cuco; en *Rossii* [A Rusia, 1916], en un «avestruz ultramarino con plumas de estrofas, de metros y de ritmos»; en *Pyaty Internatsional* [La Quinta internacional, 1922] en un fabuloso «hombre palmípedo» («lyudogus») y en el poema *Pro eto* [De esto, 1923], como ya hemos dicho, en un oso.[287] De igual modo, en las cartas a Lilya Brik firma con el nombre «Shchen», abreviación de «Shchenok» (cachorro), o con un dibujo que lo representa con el aspecto de perrito. Generalmente la metamorfosis feroz expresa en Mayakovsky un estado de ternura o de punzante des-

---

[287] Cfr. N.I. Khardzhev, *Zametki o Mayakovskom*, en *Novoe o Mayakovskom* (*Literaturnoe nasledstvo*, vol. 65), Moscú, 1958, pp. 420-21.

aliento, una penosa situación sin salvación, como es precisamente en el caso de Prisypkin.

Por otra parte el jardín zoológico brinda la ocasión al poeta para una serie de fantasiosas ocurrencias. Toda la comedia está tramada de sorpresas y de trucos, de escenas de efecto, que testimonian la tendencia de Mayakovsky hacia un teatro espectacular. Indicativa es en este sentido la ocurrencia que el Primer Bombero pronuncia en el cuarto cuadro, mientras el fuego charlaba en la noche negrísima: «¡qué iluminación! Parece un teatro, sólo que todos los personajes están quemados».

En muchos puntos se advierte la influencia del circo. El cuarto cuadro, con los bomberos que caminan con distinción por la platea exponiendo sentencias contra los incendios y los alcohólicos, es una verdadera «parade-allée». La caza a la chinche en la séptima escena y en la escena final, con la jaula, los filtros, los ventiladores, la banda, los guardianes, se resuelve también en números de circo.

En todos aquellos desfiles de vendedores ambulantes, gritones, cronistas, guardianes del jardín zoológico, viejecillos longevos y niños, existe como una especie de recuerdo de juegos infantiles. Nos viene a la mente el cortejo realizado por los cazadores en la fábula sinfónica *Petya i volk* [Petya y el lobo] de Serguei Prokofiev. Y aquellos bomberos briosos, de cascos brillantes por el reverbero de las llamas, parecen que han saltado de las viñetas de un libro para chicos.

Klop fue para Mayakovsky el primer trabajo dramático en prosa, si se exceptúan los fragmentos de la *Komediya s ubiystvom*. Sus ocurrencias afiladas y lapidarias, con abundantes argucias y juegos de palabras, tienen la misma densidad de los versos.[288] Pero lo que más contribuye a animar su discurso son las maliciosas estrofillas recitadas por los vendedores ambulantes, bomberos, gritones, niños y guardianes del zoo.

Estas estrofillas recuerdan las rimas publicitarias que Mayakovsky había compuesto entre 1923 y 1925 para las empresas Mospoligraf,

---

[288] Cfr. N. Kalitin, *Razyashchee slovo* (*Zametki o yazyke «Bani» i «Klopa»*), en «Teatr», 1955, 4.

Mossukno, Rezinotrust, GUM, Mosselprom.[289] Con graciosas cancioncillas pegadizas, acompañadas por los fotomontajes y por los dibujos de Rodchenko, Levin, Lavinsky y Stepanova, el poeta anunciaba chanclos, galletas, dulces, tabaco y juguetes de goma. Sus lemas sobresalían en los kioscos, en los escaparates de las tiendas, en las envolturas y en las cajas de caramelos y de cigarrillos. El eslogan «Nigde krome, kak v Mosselprome» [En ningún lugar salvo el Mosselprom] destacó durante mucho tiempo con enormes letras azules sobre el edificio del Mosselprom en Moscú.

Aunque suscitaran críticas malvadas, Mayakovsky no juzgaba inferiores a la lírica sus intentos de «agitka ekonomika», concebidos con el espíritu del constructivismo. «A pesar del vocerío irrisorio de los poetas, considero "Nigde krome, kak v Mosselprome" poesía de la más alta calidad», escribió en la autobiografía.[290] Y Yuri Tynyanov observó que los versos de propaganda comercial tienen en la obra de Mayakovsky un lugar análogo al que ocupan en la creación de Pushkin los epigramas y los madrigales de antología.[291] Mirándolo bien, en las arietas de *Klop* el poeta no sólo reproduce las entonaciones de los propios textos publicitarios, sino que por momentos hace incluso la parodia.

10.

Mayakovsky leyó la comedia a los actores de Meyerhold el 28 de diciembre de 1928.[292] Pocos días después inició las pruebas, con la activa participación del poeta. Es interesante a este respecto un testimonio de Meyerhold:

> Me he esforzado siempre en tener lejos del teatro al autor del que estoy poniendo en escena un trabajo... Con Mayakovsky sin

---

[289] Cfr. Katanyan, *op. cit.*, pp. 193-94, y Perkov, *op. cit.*, II, pp. 281-85.
[290] *Ya sam* cit., p. 27.
[291] Yu. Tynyanov, *Promezhutok*, en *Arkhaisty i novatory*, Leningrado, 1929, p. 556.
[292] Cfr. Katanyan, *op. cit.*, p. 369.

embargo era diferente: no sólo le consentía asistir a las pruebas, sino que sin él no podía ni siquiera preparar sus comedias. Fue siempre así: con *Misteriya-buff*, con *Klop*, con *Banya*. No podía acometer la dirección, si no la hubiera encaminado el mismo poeta... Mayakovsky era experto en aquellos recursos técnicos sutiles del teatro que nos son familiares a nosotros, directores, y que se aprenden normalmente muy lentamente en las diferentes escuelas y en la práctica. Intuía las soluciones apropiadas con el olfato de un verdadero director. Era brillante en la coordinación de los elementos del espectáculo... y destacaba siempre con exactitud cada error mío.[293]

Klop fue representada el 13 de febrero de 1929.[294] Meyerhold había preparado las escenas y los hábitos de la primera parte a los tres ingeniosos caricaturistas que ya entonces firmaban con la sigla común Kukryniksy. El constructivista Rodchenko dibujó por el contrario los hábitos y las escenas de los últimos cuadros.[295]

Los Kukryniksy adornaron el ambiente floral de los filisteos con un sabroso naturalismo de vodevil del XIX. De su trabajo en *Klop* ha quedado una serie copiosa de esbozos y bocetos, que expresan eficazmente el clima y el color de la NEP. Hay una vívida correspondencia entre la escritura de Mayakovsky y estos bocetos grotescos en los que aparecen, en múltiples variantes, los escaparates de la Univermag, adornados de maniquíes y de jaulas de pájaros, los harapos de los vendedores ambulantes, la empalagosa tienda de los Renaissance, colmada de botellas.

Para el mundo aséptico y funcional del futuro, Rodchenko proyectó rigurosas estructuras de cristal, metal y tela encerada, frágiles diafragmas de tonos plateados, que daban en el fondo una imagen del futuro no muy diferente de la de los escenarios cubistas de Marte en la película *Aelita* (1924) de Yakov Protazanov.

---

[293] «Sovetskoe iskusstvo» del 11 de abril de 1936, citado en Katanyan, *op. cit.*, pp. 463-64.
[294] El 25 de noviembre del mismo año la comedia fue representada en Leningrado, en la Filial del Bolshoi dramatichesky teatr, bajo la dirección de V. Lyutse y escenas de S. Gushner. Cfr. Katanyan, *op. cit.*, p. 389.
[295] Cfr. A. Fevralsky, *Desyat let teatra Meyerholda*, Moscú, 1931, pp. 65-69.

La música fue compuesta por Shostakovich, quien aquel año escribió también la partitura que acompañó a la película muda *Novy Vavilon* [La nueva Babilonia] de Kozintsov y Trauberg. En sus memorias inéditas (1940) Shostakovich cuenta: «Antes de que yo me pusiera a trabajar, Mayakovsky me preguntó: "¿Le gustan las bandas de los bomberos?" "No siempre", respondí. Pero él dijo que amaba sobre todo estas fanfarrias y que era necesario componer para *Klop* una música simple como la que tocan las bandas de los bomberos».[296]

Si Blok trasvasó en sus propios versos las desesperadas melodías de las romanzas gitanas húngaras, Mayakovsky se apasionó por los ritmos de marcha, por las musiquillas impetuosas.[297] Numerosísimas marchas se encuentran en su obra después de la Revolución, comenzando por las cuartetas insolentes de *Nash marsh* [Nuestra marcha, 1917]:

El toro de los días está jaspeado.
El carro de los años es lento.
Nuestro dios es la carrera.
El corazón es nuestro tambor.

En los *Parizhskie ocherki* [Esbozos parisinos] de 1923, hablando de una visita a Stravinsky, afirma que prefiere al autor de *Petrushka* el Prokofiev del periodo anterior a la estancia en los Estados Unidos y en Europa, «el Prokofiev de las marchas toscas e impetuosas».[298] Y Triolet, en su perfil de Mayakovsky, recuerda:

---

[296] Cfr. Katanyan, *op. cit.*, p. 369.
[297] Cfr. N. I. Khardzhev, *Zametki o Mayakovskom*, en *Novoe o Mayakovskom* cit., pp. 426-29.
[298] En 1918 Prokofiev se había exhibido como pianista en el Café de los poetas. Cfr. V. Kamensky, *Put entuziasta*, Moscú, 1931, pp. 257-58. En la autobiografía, recordando los días transcurridos aquel año en Moscú en espera de dejar Rusia, el compositor recuerda: «tuve muchos encuentros interesantes con Mayakovsky y su compañía (Burlyuk, Vasily Kamensky, etc.). Había conocido a Mayakovsky el año anterior en San Petersburgo, en una velada suya que me había impresionado mucho. El conocimiento se hizo más profundo, toqué mucho para él, él me leyó sus versos, y en

«...il était jaloux de certaines chansons, il était jaloux de:

*Hard hearted Hannah,
the vamp of Savana...*

des chansons au rythme d'alcool et de printemps...».[299]

Igor Ilinsky encarnó a Prisypkin, recurriendo una vez más a los recursos de los payasos.[300] Con la camisa con dibujos florales y la chalina, dio al héroe de Mayakovsky el aspecto de un torpe payaso, mojado de insolencia y de trastornada afectación. Un payaso sin embargo, cuya pretensión se desvanecía por momentos en un melancólico aturdimiento chapliniano. Esta parte mostró, aun mejor que la de Bruno o de Arkady Schastlivtsev, que la comicidad de Ilinsky descendía del circo y de la opereta, además de las «miniaturas» del cabaret «Letuchaya Mysh» [El Murciélago] de Balev y de lo grotesco alucinante de Mikhail Chekhov.

Nosotros colocaremos el Prisypkin de Ilinsky en una galería ideal de las mejores interpretaciones graciosas de aquellos años, acercándolo al Khlynov de Ivan Moskvin en *Goryachee serdtse* [Corazón ardiente] de Ostrovsky y al Príncipe K. de Nikolai Khmelev en *Dyadyushkin son* [El sueño del tío] de Dostoievsky. Moskvin (Teatro de Arte, 28 de enero de 1926) hacía del terco mercante Khlynov, un barbudo y borracho personaje de barraca, hinchado de presunción en su verde chaleco cargado de medallas,[301] y Khmelev (Teatro de Arte, 2 de diciembre de 1929) presentaba

---

señal de adiós me donó el poema *Voyna i mir* con la dedicatoria "Al presidente del globo terráqueo de la sección de música de parte del presidente del globo terráqueo de la sección de poesía..."» (S. S. Prokofiev, *Materialy, dokumenty, vospominaniya*, Moscú, 1956, pp. 42-43.

[299] Elsa Triolet, *Maïakovskij poète russe* cit., p. 21. Del interés de Mayakovsky por las canciones y los bailes de su tiempo son testimonio la referencia al *maxixe* («makhikhe») en *Vladimir Mayakovsky* y las notas de un tango argentino introducidas en el poema *Voyna i mir* [La guerra y el universo].

[300] Nótese que Meyerhold introdujo en el espectáculo dos números de circo: uno de acróbatas en las paralelas y uno de perros amaestrados.

[301] Cfr. *Ocherki istorii russkogo sovetskogo dramaticheskogo teatra*, I, Moscú, 1954, pp. 210-14.

al decrépito príncipe como a una momia empolvada, como a un decrépito fantoche de muelle.[302]

11.

Después de un largo periodo de olvido, *Klop* fue repuesta en 1955 en el Teatro de la Sátira en Moscú, a cargo de Valentin Pluchek y Serguei Yutkevich. Por la riqueza de trucos y de ingenios (panorama móvil, maniquíes de cera, dibujos animados, alfombra voladora), la puesta en escena de Pluchek y Yutkevich se une a la tradición de Meyerhold. Nos detendremos un momento en aquellas ocurrencias que lanzan una nueva luz sobre algunos detalles de la comedia.[303]

En el primer cuadro, en un reflejo de crepúsculo, un pobre rocín, moviendo a duras penas las patas, arrastra una carroza sobre la que se sientan tiesos, entre el revoloteo de cristales de nieve, Prisypkin, Bayan y Madame Renaissance. Al sonido de una canción de otros tiempos un panorama móvil revoca en el viejo Moscú de la NEP. Florecen de las brumas los carteles variopintos de tienduchas y cervecerías, las farolas, las chabolas de la Tverskaya. Después, sobre una alfombra rotante, se asoman las figuras mezquinas de los vendedores ambulantes muertos de frío.

En el espectáculo de Meyerhold los vendedores ambulantes irrumpían todos juntos en el escenario de la platea, ofreciendo su mercancía con un embrollado griterío. Aquí por el contrario salen de la oscuridad uno a uno, como estatuas desenterradas, como lívidas ceras.

---

[302] *Ibíd.*, pp. 514-17. Véase también L. Malyugin, *Khmelev*, Moscú-Leningrado, 1948, pp. 28-31.

[303] Cfr. V. Shitova-Vl. Sappak, *Perechityvaya «Klopa»*, en «Teatr», 1955, 8; N. Kalitin, *Vmeste s Mayakovskim*, en *Spektakli etikh let* (1953-56), Moscú 1957, pp. 124-42; K. Martinek, *Divadelni Moskva*, en «Divadlo», Praga, 1958, 3. Véase también Carlo Levi, *El futuro tiene un corazón antiguo*, Turín, 1956, pp. 104-107. De los intérpretes son recordados, sobre todo, V. Lepko (Prisypkin) y G. Menglet (Bayan). Las escenas son de S. Yutkevich, N. Kashintsev, A. Raychel, la música de Ya. Chernyavsky.

Pequeños y deformes, ofrecen sus propios objetos ordinarios con acento suplicante. Y el texto de sus estribillos no se pierde en un coro indistinto, sino que resuena escandido y preciso. Al final del cuadro, cuando Zoya Berezkina, empujada por Prisypkin, se aleja asolada en el vórtice de la nieve, los vendedores se levantan como fantasmas de un hórrido sueño. Y las voces de repente se hacen roncas y penetrantes, asumiendo cadencias de malvado escarnio. Como si todas las herramientas y las chatarras de la intimidad filistea se pusieran a saltar de alegría delante de aquella criatura perdida.

Lo que más impresiona en este espectáculo es el episodio grotesco del «boda roja», orquestado con una sabiduría y un ritmo para recordar la época de oro del teatro soviético. Las palabras del guión sirven aquí como elementos maestros de una vistosa arquitectura mímica. Sin añadir al diálogo ninguna ocurrencia, Yutkevich y Pluchek han dilatado en proporciones hiperbólicas los motivos cómicos de esta escena, transformándola en un furioso vocerío, en una resplandeciente bacanal.

Mayakovsky lleva a la boda un invitado que da la enhorabuena de un alto personaje del partido. Los directores han puesto en su lugar a toda una delegación de tres perversos individuos: uno con el jubón color caqui y el bolso de burócrata, el otro con los pantalones rojos zuavos y una venda negra sobre un ojo, y un tercero vestido de gris, encogido como un ratoncito, conformista untuoso y pusilánime, siempre preparado para asentir y tocar las palmas.

Detrás de la mesa cubierta los invitados se alinean majestuosos como sarcófagos. Y entre ellos Prisypkin se da importancia, exhibiendo sobre el hábito negro los guantes rojos y los calcetines de cardenal, junto a la grasienta y deseosa Elzevira, que tiene el velo sobre los tirabuzones y el vestido corto en las rodillas.

La fiesta se desarrolla en una penumbra surcada por destellos rosáceos, que hacen pensar en los resplandores de las pantallas «azules para la intimidad, rojos para los placeres». El estrépito de las voces alegres y el tintineo de los vasos se funden con los fragorosos bailables de una pequeña orquesta. En este estrépito chapotea con aire de triunfo el genio de la vulgaridad satisfecha, el remilgado Bayan de cabellos rojizos, viscoso como una anguila.

Una Dama vestida de verde, lánguida y pruriginosa, pasa de un abrazo a otro. Madame Renaissance, coquetona, compite en el *fox-trot* con la madura comadre del hábito róseo. A cada expresión ambigua el testimonio da tumbos y, moviéndose como King Kong, se fija sobre el homúnculo gris, que se larga a gatas bajo el piano. Por momentos un borracho rueda abajo desde la mesa con el estruendo de un bombo. El peluquero clava un tenedor en la coronilla de la comadre, para revelarle las cualidades de un viejo peinado. Y Prisypkin con seriedad imperturbable recrimina al compadre que ha hundido un arenque en el seno de Elzevira.

Después la luz rojiza se disuelve en matorrales de llamas. Los fotogramas de un dibujo animado muestran la extensión del incendio. Con una alegre musiquilla avanza desde la platea un grupo de bomberos burlones, semejantes a los policías, a los «Keystone cops» de las películas cómicas de Mack Sennett. Y en la pantalla surgen, en una secuencia de dibujos animados, largos chorros de agua, esparciéndolos como espirales y perinolas de un espectáculo pirotécnico.

Las soluciones de la segunda parte nos parecen menos felices. Los directores han estudiado cómo dar al futuro utópico de *Klop* una apariencia concreta, sustituyendo las ligeras estructuras imaginadas por Mayakovsky por edificios reales y macizos como la nueva Universidad de Moscú. De este modo han acabado contraponiendo a los oropeles y a las quincallas ornamentales de los burguesuchos, no la abstracción esquelética y tersa del constructivismo, sino el estilo pomposo de la época estaliniana. Y, por el contrario, el futuro descrito en la comedia, aunque lleva una fecha poco lejana, es inmaterial y falso, como el hipnotizado por Zamyatin. No nos parece oportuno llenar de referencias realistas la visión de un mundo fantástico e imponderable cuyos habitantes sólo son esquemas, rígidas figuras de Ejército de la Salud.

En el último cuadro encontramos, sin embargo, la misma riqueza de recursos que admiramos al inicio. Prisypkin baja a la platea, para gritar entre el público su angustiosa ocurrencia final.

Después, resignado, vuelve sobre el escenario. Se apaga la luz y vuelven a aparecer, sobre la alfombra rotante, los personajes de la fiesta nupcial: Bayan inclinado sobre la Dama vestida de verde, los

V. Historia de una chinche

músicos de la pequeña orquesta, Elzevira ya anciana, la comadre del hábito róseo, el ratoncito en chaquetilla gris... Prisypkin se pone en la cola en el cortejo, desapareciendo en la oscuridad.

El director del jardín zoológico declara que los reflectores y el estruendo han deslumbrado al insecto. Se quita por lo tanto la peluca y, saliendo del papel, recita los versos de la octavilla que Mayakovsky había redactado para el espectáculo de Meyerhold:

No te enfurezcas, ciudadano,
si el insecto se ha puesto a bromear:
ello no te atañe a ti, sino a tu vecino.

VI
Los burócratas en el baño

1.

El 23 de septiembre de 1929 Mayakovsky interpretó en el teatro de Meyerhold un nuevo trabajo, *Banya* [El baño], drama en seis actos «con circo y fuegos artificiales». Zoshchenko recuerda: «Yo estaba presente. Fue una interpretación triunfal. Actores y escritores se desternillaban de risa y aplaudían al poeta. Cada frase era acogida con entusiasmo. Raramente me ha sucedido asistir a una reacción tan positiva».[304]

Las escenas de este trabajo, que parte también con propósitos moralistas, revelan otra plaga de la vida soviética, el burocratismo. Mayakovsky sumerge a los burócratas y a sus pávidos criados en el «baño» hirviente de una sátira despiadada, que retoma una vez más los esquemas de los carteles.

Chudakov ha construido una máquina capaz de comprimir el tiempo. Haciendo correr en un segundo centenares de años, sus mecanismos permitirán a los hombres del presente alcanzar el lejano futuro y a los del futuro proyectarse en nuestros días. Pero escasea el dinero para acabarla, y los burócratas no se enternecen. Chudakov está a punto de ceder los planos a un ambiguo extranjero, Pont Kitsch, que se presentó en su laboratorio en compañía de la frívola Mezalyansova, intérprete del VOKS,[305] y del funcionario papanatas Ivan Ivanovich, pero es impedido por el infatigable Velosipedkin, que se obstina en llamar a las puertas de todos lo burócratas, para obtener el apoyo necesario.

---
[304] M. Zoshchenko, *Almanakh estrady*, Leningrado, 1933, citado en Katanyan, op. cit., p. 383.
[305] Asociación de intercambios culturales con el extranjero.

VI. Los burócratas en el baño

En el primer experimento, entre estallidos de bengala, el inventor recibe de la vorágine del tiempo una carta quemada, en el que un ser del futuro le anuncia su próxima llegada. El estallido ha revelado sin embargo que en aquella dirección algo obstruye el espacio: es necesario desplazar sin duda la máquina para que la criatura que alcance el futuro no se aplaste contra el obstáculo.

En busca de medios Chudakov y Velosipedkin van al encuentro del burócrata Pobedonosikov, que preside la Oficina de coordinación. En la antecámara, donde los solicitantes dormitan como una larga fila de desechados resignados, el flemático secretario Optimistenko se cruza en su camino, atrincherándose detrás de un seto de fichas y de cartelitos. La práctica ha sido rechazada, y por lo demás el hinchado Pobedonosikov, pesado como un baldaquín, está demasiado atareado para recibirlos. Está dictando un discurso desconectado de la dactilógrafa Underton, y tiene otros pensamientos imperiosos: posar para los pintamonas Belvedonsky, elegir el estilo del mobiliario y comprar los billetes para un viaje por el Cáucaso con la amante, Madame Mezalyansova.

No consiguiendo hablarle en su inaccesible templo, Chudakov y Velosipedkin van a buscarlo al teatro, donde se pelea ofendido con el director que ha osado burlarse de él en la escena. También esta vez sus intentos fracasan. Y entonces, con un gesto de desesperación, deciden llevar la máquina sobre las escaleras del edificio en el que vive Pobedonosikov. El tiempo aprieta, las láminas se han quemado, y el artefacto aumenta de peso, como si dentro madurara un cuerpo extraño. Una explosión pirotécnica se detiene sobre el umbral de casa Pobedonosikov, que se disponía a largarse con Mezalyansova.

De la máquina destaca con un rótulo luminoso la Mujer Fosforescente. Viene durante veinticuatro horas desde el 2030 con la finalidad de dirigir hacia el futuro a los que lo desean a la velocidad de un segundo cada año. Pobedonosikov se esfuerza en aprovechar en beneficio suyo la situación y de transformar la empresa en una intriga burocrática. Aunque desautorizado y obligado incluso a hacer cola en la antecámara de la propia oficina, donde se ha instalado la Mujer Fosforescente, él no se da por vencido y exige que le sean calculadas las dietas durante cien años. Denigrando a los demás (y entre los demás la mujer Polya), publica delante de la Delegada del 2030 las propias «virtudes» burocráticas con la esperanza de no perder el puesto y los privilegios.

Y he aquí, la máquina está preparada. Los pasajeros llegan con carteles, cantando la «Marcha del tiempo». Pobedonosikov lleva consigo mismo, sobre un carretilla, sombrereras, bolsos, fusiles de caza, y un montón de copias, verbales, protocolos, fascículos, extractos, para trasplantar su oficina al futuro.

Después de los discursos incongruentes de Pobedonosikov y de Optimistenko, la máquina (nueva versión del arca de *Misteriyabuff*) se lanza en el vórtice de los siglos en un fragor de petardos y tracas. Pero inmediatamente la diabólica rueda del tiempo expulsa sin piedad el lastre, o sea la panda de los «puros». Y así Pobedonosikov, Optimistenko, Ivan Ivanovich, Belvedonsky, Pont Kitsch, la Mezalyansova se encuentran de nuevo en tierra, maltrechos.

Marchitado como un muñeco de papel, Pobedonosikov pide a Belvedonsky que lo retrate con aspecto ultrajado, pero el pintorcillo rehúsa. Suplica a Mezalyansova que se retire con él, pero ella prefiere a Pont Kitsch. Y el burócrata desinflado la toma con el público: «¿Qué querían decir con esto —usted, vosotros y el autor— que conmigo y con los tipos como yo el comunismo no sabe qué hacer?»

Que no se deje engañar el lector por el tono compungido de la ocurrencia conclusiva. Hay diferencia entre Prisypkin y Pobedonosikov. El héroe de *Klop* al final suscita en nosotros ternura. Pobedonosikov por el contrario no tiene matices o atenuantes: es una momia, un autómata engreído, un amasijo de parágrafos.

2.

Funcionario omnipotente, con méritos y antigüedad de partido, Pobedonosikov encarna la adulación, el conformismo, la vulgaridad, la ignorancia tonante de los miserables que se creyeron los amos en la época estaliniana. Obtuso, autoritario, terco como los mercantes de Ostrovsky, camina solemnemente en su microcosmos con la maciza torpeza de un plantígrado, con una arrogante lentitud que es lo opuesto del ritmo impetuoso de Velosipedkin.

Lleno de presunción, se expresa en una jerga de papel, luciendo un bagaje de fórmulas inertes e incluso dando a las palabras más simples y a los coloquios privados un acento ampuloso y protocolar. En su desmesurada jactancia, en su narcisismo asemeja al deshumano inquisidor Varnavin del drama *Delo* [El Proceso] de Sukhovo-Kobylin. Impertérrito sobre un pedestal de fascículos y documentos, desprecia a los infelices que languidecen en su antesala. Pero, con la aparición de la Mujer Fosforescente, se convierte de repente en respetuoso y vigoroso como un escolar cogido con las manos en la masa.

Los directores Yutkevich y Pluchek han observado:

> Trabajando en *Banya*, nos hemos dado cuenta que el intérprete de Pobedonosikov tiene que poseer las cualidades que normalmente se exigen al actor llamado a interpretar el papel del alcalde en el *Revizor*: como el héroe gogoliano, Pobedonosikov sofoca a todos con los propios méritos, y se arrastra delante de la Mujer Fosforescente como el alcalde delante del falso inspector.[306]

La oficina de Pobedonosikov es un verdadero modelo de entorpecimiento burocrático, una ciénaga en la que las prácticas anegan sin esperanza. Dice a este propósito Ivan Ivanovich con entusiasmo:

> Id a su oficina: las directivas son ejecutadas, las circulares son realizadas, cada cosa está organizada de manera racional, los expedientes permanecen durante años en un orden perfecto. Para las preguntas, las reclamaciones y las comunicaciones hay una cinta transportadora. Una auténtica esquinita de socialismo.

Pobedonosikov tiene mucha afinidad con los burócratas y con los arribistas, de los que se ha burlado de Bezymensky en la comedia *Vystrel* [El disparo]: por ejemplo con aquel Prishlekov, director

---

[306] Valentin Pluchek-Serguei Yutkevich, *Rabotaya nad Mayakovskim...*, en «Teatr», 1955, 4.

de una parque tranviario, que sueña con «gobernar el mundo teniendo las riendas de las cancillerías» (acto V, escena II), o con el secretario de célula Gladkich, para el cual «un hecho suele ser tal sólo cuando es integrado en una circular» (acto I, escena II).

Por lo demás Mayakovsky ya había trazado en otras páginas figuras análogas. En sus versos satíricos se encuentra un gran número de «pompadury»[307] y de funcionarios insolentes, que llevan una vida de señoritos provincianos y abusan de su poder, enarbolando los carnés del partido. Hay toda una serie de poesías en las que Mayakovsky describe con cortante sarcasmo los manejos, las cábalas, el favoritismo de los burócratas y la invasión de la burocracia que amenaza al género humano como la zancuda de hierro representada por Khlebnikov, la monstruosidad de engranajes que generan comisiones y consultas, dejando en suspenso el expediente.

En *Bumazhnye uzhasy* [Horrores de papel, 1927] el poeta compara los hombres a monigotes en inmensidades de papel y prevé, que en el futuro el papel, ya convertido en jefe, será el que beberá el té, mientras los hombres rodarán arrugados bajo la mesa. Al leer en *Byurokratiada* (1922) sobre copistas envueltos en «corazas de papel», los cuales mueven aviesos las «lanzas-plumas» en los «grises baluartes de las oficinas soviéticas», uno piensa en los ávidos cancilleres del drama *Delo* de Sukhovo-Kobylin, que transcriben actas, canturreando motivos de obras italianas, y esperando como bandidos la ocasión para depredar a una nueva víctima.

La solemnidad curial de Pobedonosikov está siempre al borde de la payasada. Las escenas en las que dicta a Underton el descabellado párrafo sobre los tranvías y Tolstoi, en el que discute con Nochkin si Marx tenía la pasión del juego, en el que elige los modelos de los muebles y se deja retratar por Belvedonsky son de las más divertidas que Mayakovsky haya escrito. Sus discursos, llenos de barbaridades hilarantes, recuerdan los cotorreos de Bayan, y sus gustos no difieren de los de los «nepmany». Deteniéndose, en la elección de los muebles, sobre el estilo de Luis XIV, él ordena a Belvedonsky «enderezar urgentemente las piernas de las sillas y de

---

[307] Con esta palabra Saltykov-Shchedrin designaba a los administradores ávidos y arrogantes.

los sillones, de quitar el oro, de teñir todo de un color ébano y de diseminar aquí y allí, sobre los espaldares y otros lugares sobresalientes, el escudo soviético».

Como Prisypkin, el héroe de *Banya* tiene su prototipo en el personaje de un guión de cine, y precisamente en el protagonista de *Tovarishch Kopytko, ili Doloy zhir!* [El camarada Kopytko, o bien ¡Abajo el gordo!, 1927-28]. El altanero burócrata Kopytko (o sea Paleto) elige también sus adornos a partir de los bocetos que le presenta un pintor y va al teatro a la prueba general de *Krasny potseluy* [El beso rojo], para encontrarse con una actriz.

Hay solamente sin embargo en el guión de cine bastantes episodios que faltan en la comedia. Kopytko tiene un sueño: el ejército inglés está ocupando las calles de Moscú. Con el bombín y el sable quiere participar también él, a su modo, en la defensa. Obtiene el comando de una división de soldados rojos y, en vez de combatir, organiza enseguida en una tienda una oficina, exponiendo el cartel «Se ruega se presenten».

De un escudo de ametralladora apoyado sobre cuatro casquillos se hace un escritorio, derrama la tinta en un bote de conserva, y a la hora del rancho atraviesa la carne con la estilográfica. Después, siempre en el sueño, imagina que se duerme y que sueña que el bote de la tinta se transforma en un verdadero calamar con el busto de Marx y que la efigie de Clara Zetkin sobre el escritorio rejuvenece, transformándose en la actriz de *Krasny potseluy*. Pero sobre el más bello la tienda se le desploma, y él queda enredado «como un gato en un saco».

A diferencia de Pobedonosikov, blanco de flechazos mordaces, Kopytko es representado con sonriente malicia. Su figura recuerda la del gordo Fatty, y sus proezas (especialmente la lucha continua con los tirantes, los cordones, los botones) se inspiran en los «gags» de las películas cómicas.

Volviendo a Pobedonosikov, uno se pregunta si al final la partida de los mejores hacia el Dosmil no se resuelve en el fondo en su provecho. La aparición de la Mujer Fosforescente no deja ningún provecho a la sociedad comunista del 1930. En vez de actuar en lo más profundo de un consorcio malsano y corrompido, esta misionera (rígida y puritana como toda la gente del futuro en Mayakovsky) no sabe hacer otra cosa mejor que llevarse hacia un futuro incorrupto los elementos más vivos y más meritorios, dejando que la rueda del tiempo vuelva a lanzar el lastre.

En *Vystrel* de Bezymensky, en un largo monólogo (acto V, escena II), Prishletsov compara a los burócratas con el fénix: resurgen también ellos de las cenizas, penetrando en cada esquina e incluso en nuestro corazón. De la comedia de Mayakovsky uno tiene la impresión de que, después del ultraje sufrido y del «baño» satírico, Pobedonosikov tiene que volver a levantar la cabeza con más insolencia que antes.

3.

De los que rodean a Pobedonosikov, el más pérfido es el necio archisecretario Optimistenko. «Liso y pulido como un globo de jardín. Sobre su esplendor glacial se reflejan sólo los superiores, y además volcados». Frígido, cumplidor con el dueño, impasible como un cerrojo, pontifica en la antesala, confiado en la autoridad de las letras y orgulloso de su vocación de funcionario. De él se podría repetir lo que Nelkin afirma del consejero Tarelkin en *Delo*: «Es un harapo, un raído papel de oficina. Sólo es papel, tiene la frente de cartón, el cerebro de cartón» (acto I, escena I).

Por su parte Ivan Ivanovich se parece a aquel Personaje Importante de *Delo* que ya no tiene nada de humano, excepto un problema crónico en el vientre. Como Mentecato presumido y satisfecho, repite como un gramófono de tromba sus sentencias seniles sobre las ventajas del teléfono y sobre la necesidad de lanzar campañas periodísticas. Y con tal finalidad se arrastra el palpitante reportero Momentalnikov, oportunista compungido, que le declara la propia devoción, recitándole las estrofillas de una obra cómica.

Criatura de un fútil mundo de *fox-trot*, «vamp» de paliza, la Mezalyansova, esta «it girl» del VOKS, parece calcada de las apariencias de refinadas damas occidentales que Meyerhold mostraba en sus espectáculos. Pont Kitsch, el «anglosajón británico», es una extrema variante del Lloyd George de *Misteriya-buff*. Balbucea un estrafalario lenguaje «transmental» en el que las palabras rusas se colocan de manera que parecen, por semejanza fonética, locuciones inglesas. Por sus efectos burlescos el habla de Pont Kitsch se aproxima al de ciertas figuras de la «petrushka», como el alemán, llamado también «Hombre forastero».[308] En cuanto a Isaac Belvedonsky, estamos convencidos de que en esta pobre alma viscosa, en esta nauseabunda muestra del realismo banal Mayakovsky ensombrece a Isaac Izraylevich Brodsky, autor de innumerables retratos pomposos y afectados de Lenin, de Stalin y de otros jefes soviéticos.

El lector habrá notado que muchos personajes de *Banya* tienen «nombres hablantes». Los de Momentalnikov, Optimistenko, Belvedonsky son comprensibles de buenas a primeras también por un oído italiano. La Mezalyansova nos vuelve a conducir una vez más a Severianin, que sentía debilidad por vocablos como «mésalliance». El nombre Kitsch está conectado sin duda con el sustantivo alemán que designa a los objetos de pésimo gusto. El de Pobedonosikov contamina irónicamente la palabra «pobeda» (victoria) y el cariñoso «nosik» (naricita), imitando al mismo tiempo el apellido del retrógrado Pobedonostsev, el inspirador de la política de Alejandro III. Pero también los personajes positivos son indicados con «nombres hablantes»: Chudakov (de «chudak»: extravagante, excéntrico), Velosipedkin, Underton.

Mayakovsky ya se había servido de una tal intuición en *Peska pro popov*, donde el pope se llama Svinuil (de «svinya»: cerdo), y en parte también en *Klop*, donde Bayan significa «bardo», «rapsoda» y Prisypkin recuerda a «prisypka» (polvo de talco) y a «syp» (erupción cutánea). La tendencia a distinguir a los personajes con denominaciones significantes deriva a Mayakovsky de los clásicos: se encuentran, es sabido, espléndidos ejemplos en Gogol, en Sukhovo-Kobylin y aun antes, en las comedias del siglo XVIII de

---

[308] Cfr. A. JA. Alexeev-Yakovlev, *Russkie narodnye gulyanya*, a cargo de Evg. Kuznekov, Leningrado-Moscú, 1948, p. 60. En la búsqueda de estas palabras bivalentes Mayakovsky fue ayudado por Rita Rayt, que había traducido en alemán *Misteriya-buff*. Cfr. Rita Rayt, *Dvadcat let nazad*, en *Mayakovskomu*, Leningrado, 1940, pp. 124-25.

Fonvizin. Largas listas de divertidos «nombres hablantes» florean los agudos blocs del humorista soviético Ilya Ilf.

4.

De igual modo a los otros textos dramáticos de Mayakovsky, también *Banya* está rota en dos como una sandía. A la llamativa comicidad de los burócratas se contrapone la sequedad rígida de los compañeros de Chudakov, uniformes como los «impuros» de *Misteriya-buff*.

No menos árida y pálida es la imagen de los «impuros» del futuro, que se entrevé en una telescópica lejanía de los discursos de la Mujer Fosforescente. El futuro de *Klop*, con sus diafragmas brillantes y su Instituto de las resurrecciones humanas, resultaba del injerto de los conceptos de Fedorov en las quimeras del constructivismo. El de *Banya*, por el contrario, está influido por los mitos de Wells, que tanta influencia ha ejercido sobre los escritores soviéticos.

A la idea de la máquina del tiempo, extraída de la novela de Wells *The Time Machine*, Mayakovsky añade, sin embargo reminiscencias de las doctrinas de Einstein que le habían inspirado en parte el poema *Pyaty Internatsional*. Las conversaciones que el poeta tuvo con Jakobson en 1920 sobre la teoría de la relatividad resuenan en las palabras con las que Chudakov aclara a Velosipedkin las características de su ingenio:

> Obligaré al tiempo a detenerse o a huir en cualquier dirección y a cualquier velocidad. Los hombres podrán descender de los días, como los pasajeros de los tranvías y de los autobuses. Con mi máquina puedes detenerte un instante de felicidad y gozar durante un mes hasta el aburrimiento. Con mi máquina puedes barrer los monótonos e interminables años de pena, puedes meter la cabeza entre los hombros y esperar que, sin rozarte o herirte, cien veces al minuto pase por encima de ti el proyectil del sol, disipando para siempre las negras jornadas. Mira, las fantasías pirotécnicas de Wells, el cerebro futurista de Einstein, las experiencias de letar-

go animal de los osos y de los maestros de yoga: todo, todo, está comprendido, condensado y fundido en esta máquina.

Casi acentuando la abstracción de su utopía, Mayakovsky, a diferencia de Wells, quiere que el aparato del tiempo permanezca invisible. Pero es fácil imaginárselo como el «Integral» de Zamyatin, gigantesca carcasa de cristal, enredo monstruoso de altímetros, válvulas, tubos, cilindros, poleas, o más bien como las máquinas absurdas diseñadas por Picabia.

Si se piensa que el futuro, al que Mayakovsky quiere transportarnos con su misterioso aparato, estará habitado por seres semejantes a la austera y reseca virago fosforescente y que esos seres se expresarán todos con el mismo énfasis con el que se lee el catecismo, no hay de qué alegrarse. El poeta representaría más atrayente el futuro si hubiera infundido una pizca de gracia femenina a la insípida Delegada del 2030, si hubiera endulzado los elementos esenciales, haciendo de ellos una criatura mágica, como la dulce, frágil Aelita de Tolstoi, que parece reencarnar en Marte a la Bellísima Dama de Blok.

Los personajes positivos son, también en *Banya*, nudas ramizas, esquemas sin pulpa. Y el futuro es desgraciadamente una reunión de personajes positivos, un casillero de gente perfecta. En *The Time Machine* Wells había presagiado el futuro como una desoladora agitación de amenazadores lémures subterráneos. El futuro del que nos habla la Mujer fosforescente tiene el aspecto de un reino optimista del aburrimiento. No querríamos ponernos de parte del diablo, pero es verdad que en el teatro de Mayakovsky los burócratas son más divertidos que los inventores y que los puritanos.

5.

Las cualidades de *Banya* no son buscadas en los sermones de la Mujer Fosforescente o en las cadencias triunfales de los «impuros», más bien en los motivos satíricos y en las invenciones espectaculares. No por casualidad Mayakovsky consideró:

El teatro ha olvidado que es espectáculo.
Nosotros no sabemos de qué modo utilizarlo para nuestra propaganda.
La sustancia de mi trabajo teatral está en el intento de devolver al teatro su valor de espectáculo, de hacer del escenario una tribuna.[309]

Por la riqueza de trucos y prodigios y por el gusto por lo maravilloso, *Banya* tiene todo el carácter de una «pièce à machine», de una comedia de hadas de barraca. Las bengalas, los estallidos, la «rueda del tiempo» y la misma aparición de la Mujer del Dosmil nos llevan a las payasadas de las ferias.
El tercer acto es un ejemplo de comedia en comedia. Los «puros» se desdoblan, y en el papel de espectadores empiezan a conversar con el director, expresando su descontento. Pobedonosikov observa indignado que es impropio ridiculizar a un alto funcionario y transformarlo por si fuera poco en un tipo negativo, contraponiéndoles un modesto inventor, que no tiene ningún mérito burocrático. El arte, en su opinión, no debe turbar con latigazos mordaces a las autoridades responsables, sino acariciar el oído, sin humillarse ante las tonterías de la crónica.
«Nosotros queremos —exclama— descansar después de la actividad estatal y pública. ¡Volved a los clásicos! Aprended de los grandísimos genios del maldito pasado». Y la Mezalyansova añade:

> ...el arte debe reflejar la vida, una vida bella, bellos hombres vivos. Mostradnos bellos tipos vivaces sobre el fondo de bellos paisajes y en general mostradnos la corrupción burguesa. Y si después es necesario para la propaganda, quizás la danza del vientre. O bien, pongamos la lucha contra las viejas costumbres en el pútrido Occidente. Se podría por ejemplo mostrar sobre en el escenario que en París no existe una sección femenina del partido, mientras hay por el contrario *fox-trot*. O bien presentar los nuevos modelos de faldas que viste el viejo mundo decrépito, *ce qu'on appelle le beau monde.*

---

[309] *Chto takoe «Banya»? Kogo ona moet?* (1929), en *Polnoe sobranie sochineny*, XII, Moscú, 1937, p. 270.

Para abreviar las protestas, el director ejecuta una pantomima banal sobre el Capital y el Trabajo, improvisando él mismo el libreto, parodia de las pantomimas alegóricas de argumento obrero que después de la Revolución se multiplicaron como los ballets mitológicos en los tiempos de Istomina y de Didelot.

Las críticas de Pobedonosikov y la pantomima sirven de pretexto a Mayakovsky para hilvanar una sátira de los teatros académicos, que recubrían de etiquetas revolucionarias los moldes más manidos, secundando las inclinaciones comunes de los burócratas y de los notables del partido.

Quizás con los años algunas referencias de aquella sátira parezcan desenfocadas tal y como aparece hoy, por ejemplo, la parodia de la obra italiana en *The Beggar's Opera* de John Gay.

De todas maneras, la burla de los gustos teatrales, de los trabajos y de los espectáculos de la época confiere al tercer acto el aspecto de un sonriente «género burlesco».

Mayakovsky la toma con el Teatro de Arte y el Bolshoi, pero sobre todo apunta sus flechas contra el ballet Krasny mak [La amapola roja] de Glier, que representa a los marineros soviéticos como estatuillas remilgadas, como fantoches de azúcar. El estreno de este ballet en el Bolshoi (14 de junio de 1927) había provocado discusiones violentas: los artistas de vanguardia veían en sus endulzados recursos una vuelta a la retórica de los teatros imperiales.[310]

En el guión de cine que precedió a la comedia el burócrata Kopytko, como ya hemos evidenciado, asiste a la representación de *Krasny potseluy* [El beso rojo]. En *Banya* Ivan Ivanovich exhorta al director: «¡Dadnos cosas bonitas! En el Bolshoi nos dan siempre cosas bellas. ¿Habéis estado en la *Amapola roja*? Yo he estado. ¡Extraordinariamente interesante! Allí revolotean desde cada lado con flores, cantando y danzando, diferentes elfos y ...sílfides».[311]

Meyerhold retomó la polémica de Mayakovsky contra el teatro Bolshoi, contra el ballet de Glier en su dirección del drama de ambiente marinero *Posledny reshitelny* [La última decisiva, 7 de

---

[310] Cfr. Yu. Slonimsky, *Sovetsky balet*, Moscú-Leningrado, 1950, pp. 76-84.
[311] Ivan Ivanovich alude a la danza de las flores que la actriz china Tay-Choa sueña en el segundo acto de *Krasny mak*.

febrero de 1931] de Vsevolod Vishinevsky. La primera parte de este espectáculo, construida en el espíritu del teatro Kabuki, con una trama de números musicales que culminaban en una danza excéntrica del actor Serguei Martinson, se burlaba de las figurillas de Glier y la «vampuka», o sea de la torpe rutina de los escenarios de ópera y de ballet.[312]

Mayakovsky se burló de los teatros académicos no sólo en el tercer acto, sino en una serie de eslóganes en rima, que fueron colgados sobre los palcos, en la platea, sobre el escenario. Estas estrofillas belicosas, que no han perdido aún hoy su viveza, constituyen casi un compendio de las opiniones de la vanguardia teatral en aquellos años. La tendencia a divulgar las tesis del teatro de izquierda en el contexto de una comedia o de un espectáculo era común a Mayakovsky y a Meyerhold. En el estreno de *Smert Tarelkina* [La muerte de Tarelkin], por ejemplo, el director había querido que Rasplyuev de repente extendiese un cartel con los motivos de la «biomecánica» y del constructivismo.[313]

6.

Mientras los autores de Meyerhold llevaban adelante las pruebas, la comedia se representó el 30 de enero de 1930 en el Teatro de la Casa del Pueblo de Leningrado con la dirección de Vladimir Lyutse,[314] que dos meses antes había dirigido *Klop* en la Filial del *Bolshoi dramatichesky teatr* de la misma ciudad. «El público —ha escrito Zoshchenko— acogió el trabajo con frialdad mortal. No

---

[312] Cfr. P. Markov, *Porazhenie Vishnevskogo i pobeda Meyerholda*, en «Sovetsky teatr», 1931, 4. La palabra «vampuka» entró en la lengua rusa después de la representación en el cabaret «Krivoe zerkalo» [El espejo curvo], en 1908, de *Vampuka, nevesta afrikanskaya* [Vampuka, la novia africana], brillante parodia de la obra italiana. Este melodrama satírico de Vladimir Erenberg tuvo tal éxito, que su título se convirtió en sinónimo despreciativo de los modelos tradicionales del teatro lírico. Cfr. N. Evreinov, *Teatr kak takovoy* (2ª edición), Moscú, 1923, pp. 77-81.

[313] Cfr. Alpers, *op. cit.*, p. 38.

[314] Escenas de P. Snopkov, música de V. Bogdanov-Berezovsky.

recuerdo ni siquiera una carcajada. Ni siquiera un aplauso después de los dos primeros actos. No me ha sucedido nunca el hecho de haber asistido a un fiasco más grave».[315] Sobre los periódicos de Leningrado aparecieron inexorables críticas despiadadas. El fracaso animó a los adversarios del poeta a desencadenar una sorda campaña de calumnias.

En una atmósfera hostil *Banya* se estrenó el 16 de marzo de 1930 en el teatro de Meyerhold y el día siguiente, con el subtítulo «espectáculo-cartel», en la Filial del *Bolshoi dramatichesky teatr* de Leningrado.[316]

En el teatro de Meyerhold el arquitecto S. Vakhtangov, hijo del gran director desaparecido en 1922, había levantado sobre el fondo del escenario una compleja estructura de escaleras, tablados y trampolines, que recordaba vagamente la de *Le Cocu magnifique*. El plan escénico estaba constituido por un anillo que rotaba en torno a una plataforma fija. Largas pancartas con los eslóganes de Mayakovsky, unidos juntos para formar un telón suspendido a media altura, se levantaba paulatinamente como las varillas de una persiana enrollable. La música fue compuesta por Vissarion Shebalin. Alexandr Deineka diseñó el vestuario.

La Mujer fosforescente (Zinaida Raykh) vestía una chaquetilla gris perla ajustada, atravesada por una banda vertical de aluminio, una capucha roja de raso semejante a un pasamontañas con gafas prismáticas sobre la visera, y pantalones cortos de maya gris con bandas rojas. Este traje le daba el aspecto de una extraña garza real metálica, de una zancuda ceniza, como venida de un barrio fabuloso. O más bien de un ser análogo a los marcianos de *Aelita*, los cuales tenían todos «los mismos cascos ovoidales y largas casacas plateadas con gordos cuellos que recubrían el cuello y la parte inferior del rostro».

En la escena del embarque en la máquina prodigiosa, los «puros» aparecieron con blancas escafandras hinchadas como cámaras de

---

[315] M. Zoshchenko, *Almanakh estrady*, Leningrado, 1933, citado en Katanyan, *op. cit.*, p. 395.
[316] Dirección de P. Veysbrem, escenas de E. Krimmer, música de V. Voloshinov.

aire, con negros flotadores de goma en torno a las piernas a modo de cinturones de seguridad. Y abrigados de este modo parecían salir de un ballet de Schlemmer, o mejor, de la publicidad de los neumáticos Michelín.

Obra de Deineka eran también las mesas que representaban en el primer acto los gráficos de Chudakov para la máquina del tiempo, abstractos trazados de líneas, de círculos, de sinusoides, caprichos geométricos comparables a las composiciones constructivistas de El Lissitsky. Estos enormes diagramas asumían casi un valor simbólico, como el macizo sillón de piel y los teléfonos de Pobedonosikov.

La dirección hizo aún más cortante el contraste entre el grupo del inventor y el séquito del burócrata altanero. Vestidos con monos obreros, no muy diferentes de la «prozodezhda» de *Le Cocu magnifique*, los «impuros» actuaban como gimnastas alegres con un ritmo danzante. Con grandes gafas con patillas, dos espesos parches sobre las cejas y un sombrerete desformado por las alas extendidas, Maxim Shtraukh hacía de Pobedonosikov un payaso tonto y torpe. En su antesala, custodiada por un bigotudo Optimistenko (V. Zaychikov), que parecía modelado sobre los tipos de las películas cómicas de Mack Sennett, los solicitantes se transformaban por la larga espera en fantoches.

Meyerhold introdujo en la comedia un nuevo personaje, el «pomrezh», o sea el ayudante de dirección: con enormes pantalones suabos y maya con rayas Lev Sverdlin encarnaba a esta figura, parodiando las costumbres y los movimientos de los actores del teatro Kabuki, que había estado en Moscú en agosto de 1928.[317] Los intérpretes de la pantomima se exhibían en ejercicios con pértigas y anillos, y el Capital danzaba con sombrero de copa, con una camisa de gala y bañador.

---

[317] De modo análogo, en noviembre de 1935, retomando *Gore umu* [Problemas en el ingenio] de Griboedov, Meyerhold introdujo elementos del teatro de Mei Lan-fang, el famoso actor chino, intérprete de papeles femeninos, que había realizado aquel año una gira en Rusia. También Eisenstein se interesó vivamente en Mey Lan-fang, dedicando dos artículos a su arte.

VI. Los burócratas en el baño

Por las audaces ocurrencias y por los eslóganes polémicos expuestos en el escenario y en la platea, este espectáculo tomó un carácter de desafío a los teatros conservadores y al gusto mezquino de los dirigentes soviéticos.[318] Y de hecho los burócratas salieron enseguida en defensa de sus butacas macizas. Un torrente de críticas insulsas e injuriosas se vertió sobre el poeta. Ataques muy vulgares se siguieron sin tregua, alimentando el desaliento que poco después condujo a Mayakovsky al suicidio.

Escritorcillos conformistas han insinuado recientemente que Mayakovsky estaba insatisfecho con la dirección. Nada más lejos de la realidad. En una carta del 19 de marzo a Lilya Brik él afirmaba:

> Hace tres días fue el estreno de *Banya*. Excepto algún detalle, me ha gustado: es mi primer trabajo estrenado a mi modo. Shtraukh es magnifico. Los espectadores se han dividido absurdamente: unos dicen que nunca se han aburrido tanto, y otros que nunca se han divertido tanto.[319]

Inculpando una vez más a Mayakovsky de ser oscuro, los áridos recensores no se daban cuenta de que repetían las palabras de Pobedonosikov: «Todo esto no es para las masas, y los obreros y los campesinos no lo comprenderán, y está bien que no lo comprendan, y no es necesario explicárselo».

Los últimos días del poeta fueron acompañados por el estribillo martilleante de esta raída acusación, que volvía a florecer maquinalmente de cada parte. En las frases pronunciadas por él el 27 de marzo durante una discusión sobre *Banya* en la Casa de la Prensa se advierte como un suspiro de amargura y de desconfianza:

> Compañeros, existo desde hace 35 años de existencia física y desde hace 20 de llamada existencia creativa, y he sostenido siempre mis ideas con la fuerza de mis pulmones, con la potencia y el vigor de mi voz. Y no me turbaré si mi trabajo es humillado. Con el

---

[318] Cfr. A. Fevralsky, *Desyat let teatra Meyerholda*, Moscú, 1931, pp. 77-82.
[319] *Pisma Mayakovskogo k L. Yu. Brik*, en *Novoe o Mayakovskom* cit., p. 172.

tiempo se ha venido formando la convicción de que yo soy un ingenio reconocido por todos, y me alegro de que *Banya* destruya esta opinión.[320]

El 9 de abril, en una velada en el Instituto de Economía Nacional Plekhanov, atacado y humillado por estudiantes reaccionarios que lo acusaron aun de ser incomprensible, dijo con entristecido sarcasmo: «Cuando esté muerto, leeréis mis versos con lágrimas de conmoción. Y ahora, vivo, se me injuria, aireando toda clase de mentiras sobre mí».[321]

El 14 de abril, a las 10.15, en su estudio en el pasaje Lubiansky, el poeta se quitó la vida de un disparo. El teatro de Meyerhold se encontraba de gira en Berlín.[322]

7.

En los últimos meses Mayakovsky concibió diferentes proyectos teatrales y, aunque parezca increíble, realizó incluso negociaciones con el Teatro de Arte, ofreciéndole una reconstrucción de *Misteriya-buff* y dos nuevas comedias.[323] La primera de estas, de título *Milliardery* [Los millonarios], narraría las aventuras de un ciudadano soviético que hereda una colosal fortuna, pero que no puede

---

[320] *Vystuplenie na dispute o «Bane» v Dome Pechati*, en *Polnoe sobranie sochineny*, XII, Moscú, 1937, p. 315.
[321] En Katanyan, *op. cit.*, p. 416.
[322] Igor Ilinsky recuerda: «Había ido a una tiendecilla cercana al teatro en la que nuestra compañía actuaba. El dueño sabía que éramos actores rusos. Me mostró un periódico publicado recientemente, afirmando: "Ihr Dichter Maiakowskij hat Selbstmord begangen". Comprendía mal el alemán, pero en aquel momento lo comprendí todo. Quedaba la esperanza de que Mayakovsky estuviera todavía vivo, de que los periódicos burgueses mintieran, de que él se hubiera herido solamente. Pero en la embajada nos dieron la confirmación de la muerte, y aquella velada Meyerhold quiso que los espectadores honraran su memoria poniéndose en pie» (*Sam o sebe*, en «Teatr», 1958, II, cap. 23).
[323] Cfr. Katanyan, *op. cit.*, p. 384.

aprovechar en una sociedad comunista. La otra, con dos únicos personajes, tenía que centrarse en un largo diálogo de amor, retomando quizás el tema del guión de cine *Ideal i odeyalo* [El ideal y la capa], que Mayakovsky había esbozado en París en otoño de 1928.[324]

Banya permaneció durante mucho tiempo en el olvido. Sus colores chillones y su ímpetu satírico la tuvieron en el exilio en la época en la que el teatro soviético fue dominado por insípidas comedias sin inventiva. La reanudación de este trabajo, el 3 de diciembre de 1953, en el Teatro de la Sátira en Moscú, bajo la dirección de Nikolai Petrov, Serguei Yutkevich y Valentin Pluchek, marcó la vuelta a una dirección perspicaz y atenta a los valores poéticos, después de la mediocridad soñolienta de los años anteriores.[325]

Nos detendremos en algunos pasajes de este espectáculo, que resuelven con atinados recursos las indicaciones del poeta. Para simbolizar la máquina milagrosa, por ejemplo, los directores se han servido de una estratagema cinematográfica. Del mecanismo invisible de Chudakov aparece sólo la cabina de maniobra, mientras el movimiento de los engranajes es presentado en transparencia sobre una pantalla con una brillante agitación de venas eléctricas, con un morado centellear de líneas y girándulas.

Optimistenko tiene en este espectáculo mayor contraste que Pobedonosikov, quizás porque a los directores no les parece oportuno insistir demasiado en la corrupción de los sumos burócratas. Casi aireando irónicamente el «vertep», o sea los viejos establos animados del pueblo ruso, la escena del segundo acto se divide en dos planos: arriba está, más solemne que un cenotafio, el «sagrado» burócrata, y abajo su secretario mezclado con los solicitantes.

---

[324] Cfr. A. Fevralsky, *Mayakovsky-dramaturg*, Moscú-Leningrado, 1940, p. 118.
[325] Cfr. V. Pluchek-S. Yutkevich, *Rabotaya nad Mayakovskim…*, en «Teatr», 1955, 4; N. Kalitin, *Vmeste s Mayakovskim*, en *Spektakli etikh let (1953-56)*, Moscú, 1957, pp. 107-24; N. Petrov, *Vstrechi s dramaturgami*, Moscú 1957, pp. 175-82; K. Martinek, *Divadelni Moskva*, en «Divadlo», Praga, 1958, 3.

Con la cabeza grasienta y brillante como una jarra, los ojitos picarescos y los bigotes como cerdas, el actor Lepko hace de Optimistenko un muñeco indolente, pomposo, insensible. Vestido con una camisa ucraniana y el cuello con dibujos florales, bebe un vaso de té detrás de otro, teniendo a distancia a los postulantes adormecidos. Pero qué servil es con los que tienen libre acceso al dueño y cómo se afana por ponerse a la vista ante la Mujer Fosforescente.

La ocurrencia más vivaz del espectáculo es la final. La máquina salta con gran estruendo hacia el Dosmil. Y sobre la pantalla las secuencias breves de un montaje de cine muestran en una veloz reseña las etapas del régimen soviético. Aparecen a lo lejos los tractores en las empresas agrícolas colectivas, las primeras estaciones del metro moscovita, las expedición del «Chelyuskin», el canal del mar Blanco, los nuevos edificios levantados en la vigilia de la guerra, las «katyushi», los fuegos de alegría que aclamaban las victorias militares, el Dneproges reconstruido. Y he aquí nuestros años: el canal VolgaDon, la Universidad de Moscú. Fotogramas a colores sustituyen a aquellos en blanco y negro.

Después una agitación de datos en círculos concéntricos, que suben como de los remolinos del tiempo. Y de repente un estallido. La película se interrumpe. Sobre una plataforma redonda, perdida en el fondo de un cielo inmenso, se alargan en una luz morada las sombras pequeñas de los «puros», arrojados de la máquina. Después de un momento de desconcierto, se marchan uno a uno, dando la espalda a Pobedonosikov, mientras desde el fondo la gigantesca figura de Mayakovsky se levanta carbonizando al burócrata con su mirada de desprecio.

Los directores han empobrecido desgraciadamente un espectáculo tan rico de soluciones nuevas, olvidando la pantomima del tercer acto, aunque se prestara a una brillante parodia de aquel academicismo florido que contagia aún hoy muchas escenas soviéticas. Pero lo que menos convence es su concepción de la Mujer fosforescente.

En la comedia, como hemos dicho ya, esta criatura es poseída por un austero puritanismo que la hace similar a trechos a una sufragista o más bien a las serias solteras de ciertas películas de

Chaplin, pero, habiendo emergido de los laberintos del tiempo sobre una máquina utópica, tiene siempre el encanto inquietante de las imágenes de ciencia-ficción. Ahora, en vez de desarrollar, como había hecho Meyerhold, lo poco de prodigioso y mítico que el personaje posee, los directores han cambiado la Mujer fosforescente por una pálida obrera de los suburbios de Moscú, por una común ciudadana soviética de «traje» gris de corte anticuado.

Querían quizás de este modo significar que la gente del futuro no será diversa de la del presente y que la «fosforescencia» no nace de la pirotecnia, sino que está toda en la pureza interior, en el resplandor de las virtudes. Y así, añadiendo moralismo a moralismo, han acabado reduciendo a una profunda insipidez prosaica una figura «experimental» que vive, no por los discursillos ideológicos que nos ofrece, sino por la sustancia fantástica que la emparenta con los personajes de la «féerie à grand spectacle», con los seres sobrenaturales de las viejas barracas.

VII
Mayakovsky y el circo

1.

«Gigantescos payasos del mundo solar» según la definición de Khlebnikov,[326] los cubofuturistas estuvieron siempre cercanos a los trucos y a las argucias de los payasos. Recordando una visita hecha con Mayakovsky al circo Nikitin en Moscú en 1914, Vasily Kamensky escribe en sus propias memorias:

> Nos acogieron magníficamente, respondiendo a todos nuestros caprichos y nos propusieron incluso exhibirnos en el teatro de cualquier forma.
> Mayakovsky deseaba recitar sus versos en la grupa de un elefante. También esta excentricidad fue aclamada con entusiasmo. En el intervalo los artistas se estrecharon a su alrededor. Estaba entre los demás el espléndido payaso Vitaly Lazarenko, vestido de jinete, con un enorme sombrero rosa, brillantes postizos en las orejas y un rábano enorme sobre el pecho.
> —¿Con qué finalidad aquel rábano? —preguntó Volodya. Lazarenko explicó: —Interpreto a una amazona muy enamorada de Mayakovsky. Vosotros tenéis normalmente un rábano en el ojal y ella, deseosa de que le guste, lleva para seducir un rábano negro. Sufriendo de amor, recita vuestros versos, mientras el caballo galopa en la pista. Y cae continuamente con el rábano negro sobre el corazón, exclamando: ¡Ah, Mayakovsky, me has hecho perder la brújula!
> Asistimos a este número. Mayakovsky mandaba besos a la amazona Lazarenko. Y Lazarenko gritaba frenéticamente:

---

[326] Velimir Khlebnikov, *Neizdannye proizvedeniya*, a cargo de N. Khardzhev y T. Grits, Moscú, 1940, p. 186.

¡Mayakovsky, genio, tómame con el caballo y con las riendas! ¡Aférrame! ¡Soy toda tuya!
A sus caídas el circo se desternillaba de risa, aplaudiendo a Lazarenko y Mayakovsky.[327]

Como ya hemos visto, en las comedias de nuestro poeta muchas escenas se ocupan del circo, muchos personajes tienen esencia de payaso. El lector recordará que *Banya* lleva el subtítulo «drama con circo y fuegos artificiales». Pero a menudo también las líricas contienen motivos e imágenes que nos llevan al mundo del circo. En los versos de *Iz ulitsy v ulitsu* [De una calle a la otra, 1913] dice, por ejemplo:

Escondido entre los cuadrantes de la torre,
un malabarista
tira los raíles
de las fauces del tranvía...

y en el poema *150 000 000* (1920), para plasmar la grandeza monumental de las ciudades americanas, proclama: «En Chicago saltan al cielo kilómetros enteros los acróbatas de acero de las calles» (vv. 512-16).

No pocos poetas y pintores de nuestro siglo (Blok, Bely, Chagall, Klee, Beckmann) han retratado a los payasos y a los funámbulos como a un pueblo mítico, una estirpe metafísica. En sus poesías y en sus dibujos los payasos adquieren valor de apariencias encantadas, e incluso de seres milagrosos, como figuras de leyendas.

Mayakovsky por el contrario consideró el circo un espectáculo terrestre, sin alusiones simbólicas, y se propuso introducir los esquemas y el pathos del cartel, transformando a los payasos en máscaras sociales. A diferencia de otros futuristas, él no buscó en las atracciones del circo y en los arlequinescos parches de los payasos una trama no objetiva de líneas y colores, una esencia exótica y fabulosa, sino que se sirvió de la pista para arruinar a los rutilantes personajes de sus caricaturas políticas.

---

[327] Vasily Kamensky, *Zhizn s Mayakovskim*, Moscú, 1940, pp. 141-42.

2.

Después de la Revolución los intelectuales de izquierda se apasionaron vivamente por el circo. También en este campo fue Lunacharsky, en una conferencia del 21 de enero de 1919, el que promovió y animó a los experimentalismos.[328] El Sector Circo, instituido a finales del aquel mes en la Sección Teatral del Narkompros, se convirtió, como el IZO para las artes figurativas, en un fortín de la vanguardia. Formaron parte de él los poetas Vasily Kamensky, Ivan Rukavishnikov, Vadim Shershenevich, los pintores Pavel Kuznetsov y Boris Erdman, el escultor Serguei Konenkov, el director N. Foregger, los coreógrafos Alexandr Gorsky y Kasyan Goleizovsky.[329]

A los intelectuales de izquierda el circo les pareció el lugar ideal para realizar las absurdas extrañezas que ellos concebían sin interrupción en aquellos días. El universo les parecía un alegre hilo de circos, de carruseles, de teatros inmensos. Hojeando por casualidad las memorias de Vasily Kamensky, se lee: «Nos proponíamos construir sobre el Kuznetsky un Café-carrusel, todo de cristal, para que desde la calle se viera todo el local con un auténtico carrusel en el medio».[330] El amor del circo era en el fondo un aspecto de aquella alegría futurista que se expresaba además en las vistosas decoraciones de los cafés literarios, en los espectáculos en abierto, en la inquietud de pintar pinturas suprematistas sobre los edificios y sobre las empalizadas.

Ya hemos hablado de la extraordinaria influencia que el circo ejercitó sobre el teatro en los años 1919-24, y especialmente en los intentos de Radlov, de Kozintsov y Trauberg, de Eisenstein. Añadiremos ahora que en el mismo periodo el teatro, a su vez, influyó mucho en el circo. Junto con las corrientes de la nueva pintura, los artistas de vanguardia llevaron al teatro los hábitos

---

[328] Cfr. Evgeny Kuznekov, *Arena i lyudi sovetskogo tsirka*, Leningrado-Moscú, 1947, pp. 17-21.
[329] Cfr. E. Kuznekov, *Tsirk*, Moscú-Leningrado, 1931, p. 398, y *Arena i lyudi sovetskogo tsirka*, p. 21.
[330] Vasily Kamensky, *Zhizn s Mayakovskim* cit., p. 208.

vistosos y las escenografías del teatro moderno, cambiando los espectáculos del circo por intensas revistas teatrales, con el espíritu de las de Tairov.

En el primer Circo Estatal (el ex Salomonsky) el escultor Konenkov presentó una «suite» plástica en la que los grupos de atletas formaban «cuadros vivientes» sobre el mito de Sansón que derrota a los Filisteos, y el poeta Ivan Rukavishnikov su pantomima *Shakhmaty* [Ajedrez], recitando el prólogo con el traje de heraldo sobre un caballo blanco. Del mismo Rukavishnikov, en el Segundo Circo Estatal (el ex Nikitin, repintado por Pavel Kuznetsov), se representó la pantomima *Karusel* [El carrusel].[331]

Los trabajos que Mayakovsky escribió para el circo no se relacionan con estas pantomimas basadas en la estética, más bien con el arte de aquellos payasos políticos, que traían los temas de sus escenitas a partir de las circunstancias de la guerra civil y de la intervención extranjera. El payaso más sagaz era entonces Vitaly Lazarenko, que ya tenía una larga experiencia como payaso y como acróbata en barracas y circos provincianos.[332]

Después de la Revolución los payasos rusos pensaron ingenuamente que los pantalones a cuadros, los chalecos variopintos, las pelucas bermejas, los zapatos enormes de los viejos payasos eran para arrinconar entre las reliquias burguesas, eran atributos de personajes humillados e infelices, y se pusieron a buscar nuevas máscaras más coherentes con la época. Algunos de ellos eligieron los peinados de los cómicos daneses Pat y Patachon, y muchísimos se vistieron con la ropa de Chaplin. Innumerables Chaplin se mantuvieron en sus trece en los circos y en los cabarets durante los primeros años soviéticos.[333] Escribió Yuri Olesha en 1928: «El personaje creado por Chaplin se está convirtiendo en una de las figuras principales del nuevo circo».[334] Mikhail Rymyantsev, el

---

[331] Cfr. Kuznekov, *Tsirk* cit., pp. 400-2, y *Arena i lyudi sovetskogo tsirka* cit., pp. 25-26.
[332] Cfr. Yu. Dimitriev, *Russky tsirk*, Moscú, 1953, pp. 195-202, e I. Radunsky, *Zapiski starogo klouna*, Moscú, 1954, pp. 107-14.
[333] Cfr.Kuznekov, *Arena i lyudi sovetskogo tsirka* cit., pp. 120-21.
[334] Yu. Olesha, *V tsirke*, en *Izbrannye sochineniya*, Moscú, 1956, p. 365.

actual Karandash, se exhibió también él al principio con la vestimenta de Chaplin.[335]

El traje de Lazarenko, diseñado por Boris Erdman, consistía en un mono bicolor, compuesto de dos bandas verticales, una roja, una turquesa, a la que se contraponían las largas cejas hacia arriba.[336]

> Con su típica peluca despeinada, el gorrito al sesgo y las pestañas como golondrinas, Vitaly Lazarenko salía a la luz en un uniforme futurista que parodiaba a los fantásticos pijamas a la última moda de los jóvenes actores de Moscú y, saltando y deslizándose, exponía juegos de palabras, bastantes de los cuales eran, o al menos parecían entonces, fuertemente picantes.[337]

Lazarenko había tomado partido por los cubofuturistas ya antes de la Revolución, interpretando incluso, en 1914, el papel del pintor Larionov en la película *Ya khochu byt futuristom* [Quiero ser un futurista].[338] Y también ahora muchas ocurrencias suyas, como la de intervenir en las manifestaciones del 1° de Mayo sobre altísimos zancos,[339] sabían a futurismo.

Payaso-tribuno, reaccionaba con astuta celeridad ante los hechos corrientes, a los casos de la vida política. Sus ocurrencias sonaban como didascalias de viñetas, sus números tenían el contraste de las «ventanas» de la ROSTA.[340] Se puede decir que, por la inmediatez

---

[335] Cfr. M. Rymyantsev, *Na arene sovetskogo tsirka*, Moscú, 1954.
[336] Cfr. las memorias de Vitaly Lazarenko en *Sovetsky tsirk 1918-1938*, a cargo de Evg. Kuznekov, Leningrado-Moscú, 1938, p. 122, y Kuznekov, *Arena i lyudi sovetskogo tsirka* cit., p. 30.
[337] Kuznekov, *Tsirk* cit., p. 400.
[338] Cfr. las memorias de Vitaly Lazarenko en *Sovetsky cirk 1918-1938*, p. 112, y Ven. Vishinevsky, *Khudozhestvennye filmy dorevolyutsionnoy Rossii*, Moscú, 1945, p. 51 (n. 601).
[339] Cfr. Kuznekov, *Arena i liudi sovetskogo tsirka* cit., p. 31.
[340] Los payasos rusos por otra parte apostaron siempre por la sátira social, y por ello la palabra tuvo en sus números mayor peso que en los de los payasos occidentales. Baste pensar en los monólogos mordaces, en las estrofillas, en las fábulas esópicas con las que Anatoly y Vladimir Durov se

periodística y la materia polémica, el arte de Lazarenko concordaba en pleno con las aspiraciones de Mayakovsky en el periodo de *Misteriya-buff*. El poeta y el payaso se unieron de hecho con viva amistad, como a principios de siglo el narrador Kuprin y el payaso Giacomino que trabajaba en el circo Ciniselli de San Petersburgo.[341] Mayakovsky sentía por Lazarenko una admiración semejante a la que Blok tenía por Georges Del Vari.

De sus encuentros con Mayakovsky en los primeros años soviéticos Lazarenko escribió:

> Mayakovsky se interesaba mucho por el circo y conversaba a menudo conmigo, sugiriéndome los temas de las ocurrencias. Venía a mi encuentro en el camerino durante los intervalos. Poniendo de relieve las cualidades y los defectos, aprobaba la tendencia de mis números y me halagaba sobre todo porque en mi repertorio había mucha sátira política y costumbrista. De hecho en aquellos días bastantes «peces gordos» del circo, para no comprometerse políticamente, recurrían a temas «eternos», fuera del tiempo y del espacio... Encontré un apoyo constante en Mayakovsky. Desgraciadamente no tomé nota de los temas que él me ofrecía: las ocurrencias entonces envejecían pronto, pasando de moda, yo cambiaba a menudo el repertorio, y no me vino nunca a la mente, lo confieso, ya que más tarde todo ello tendría gran importancia.[342]

En 1919 Lazarenko consiguió hacer un «número» de circo del poemilla *Sovetskaya azbuka* [El alfabeto soviético], en el que Mayakovsky había alineado una secuencia de dísticos proverbiales y burlescos sobre la situación del momento, uno por cada letra del alfabeto. Este poemilla se relaciona, en la estructura, con el antiguo género de la «tolkovaya azbuka», o sea con aquellos «alfa-

---

burlaban de las deformaciones y de los defectos del régimen zarista. Cfr. Tristan Rémy, *Les clowns*, París, 1945, pp. 433-35; Yu. Dimitriev, *Russky tsirk*, pp. 127-68; Albert FratelliniI, *Nous, les Fratellini*, París, 1955, pp. 55-60.

[341] Cfr. Evg. Kuznekov, *Arena i liudi sovetskogo tsirka* cit., p. 14, y I. Radunsky, *Zapiski starogo klouna*, p. 83.

[342] *Sovetsky tsirk 1918-38*, p. 121.

betos» que en la Edad Media rusa explicaban de forma elemental los preceptos religiosos y que fueron después parodiados por el pueblo en otros «alfabetos» de entonación satírica.[343]

Con su simplicidad mnemónica, el esquema alfabético era particularmente apto para inculcar formulillas políticas en las masas rudas e incultas. Lazarenko llevaba al teatro letras cubitales y, mostrándolas al público, declamaba los dísticos correspondientes, como un rapsoda que ilustrara una serie de carteles.[344] Así también las rebeldes letras del alfabeto, que habían participado en la revuelta cubista, se amansaban como los objetos de la Tierra Prometida, asumiendo carácter de ideogramas políticos.

Lazarenko interpretó a uno de los diablos en la segunda versión de *Misteriya-buff* y más tarde montó un intermedio acrobático para la puesta en escena de *Klop*. Expresamente para él Mayakovsky compuso en otoño de 1920 el «debut» *Chempionat vsemyrnoy klassovoy borby* [Campeonato de la lucha de clase universal], que fue representada en el Segundo Circo Estatal de Moscú. La expresión del título ya se encuentra en el poema *150 000 000* (vv. 1212-13) a propósito del gigantesco "match" entre Wilson e Ivan. Pero el motivo del campeonato y del desafío se repite también en otras páginas de Mayakovsky, por ejemplo en la tercera parte del poema *Voyna i mir* [La guerra y el universo]:

¡Nerón!
¡Hola!
¿Qué quieres?
El espectáculo de un magnífico teatro.
Hoy
se baten
estado contra estado
dieciséis gladiadores elegidos.

(vv. 289-96)

---

[343] Cfr. V. P. Adrianova-Peretk, *U istokov russkoy satiry*, en *Russkaya demokraticheskaya satira XVII veka*, Moscú-Leningrado, 1954.
[344] Cfr. Yu. Dimitriev, *Russky tsirk*, p. 202.

Los campeonatos de lucha, los encuentros de atletas musculosos y macizos y los ejercicios de fuerza eran una atracción indispensable en los programas de los circos rusos antes de la Revolución.[345] En el prefacio al poema *Vozmezdie* [La némesis], recordando los acontecimientos de 1910, Blok observa:

> A todo esto está indisolublemente unido el auge de la lucha francesa en los circos de San Petersburgo. Miles de personas se interesaban mucho por ello. Entre los campeones había verdaderos artistas. No olvidaré nunca el encuentro entre un deforme peso máximo ruso y un holandés, cuyo sistema muscular semejaba un perfecto instrumento musical de rara belleza.

Y Kuprin dedicó un lúgubre cuento, *V tsirke* [En el circo], a los asuntos de un Hércules enfermo que muere después de una desgarradora competición de lucha.

En el número de Mayakovsky el árbitro Zio Vanya, que era interpretado por Lazarenko, airea la figura de Ivan Lebedev, entusiasta organizador de campeonatos de lucha francesa en San Petersburgo antes de la Revolución, conocido precisamente como Zio Vanya. Además del árbitro, actúan en este «debut» el Campeón de la Entente Lloyd George, el Campeón de América Wilson, el Campeón de Francia Millerand, el Campeón de Crimea Wrangel, el Campeón de Polonia Pilsudski, el Campeón especulador Sidorov y el Casi campeón menchevique.

Al principio desfilan en una especie de «parade-allée», presentados por el árbitro con versos mordaces, los cuales imitan las parrafadas de los «abuelos del carrusel». Litigan con tensones furiosas, disputándose una corona, una enorme moneda de oro y un saco con los «beneficios de la masacre imperialista». En fin, la Revolución, campeona del mundo, pone fuera de combate a Madame Entente, y Zio Vanya incita a los espectadores a enrolarse en el Ejército Rojo.

Vuelven también aquí las situaciones y los acentos de *Misteriya-buff* y de las comedietas de propaganda. Los torpes muñecos de

---

[345] Cfr. Yu. Dimitriev, *Russky tsirk*, pp. 235-45.

esta escena parecen también recortados de los cuadros satíricos de la ROSTA.

3.

Hacia 1927 los circos soviéticos restauraron el viejo género de la pantomima heroica, renovándolo con los temas de la Revolución. Partidario de esta reanudación fue sobre todo Vilyams Truzzi, amaestrador de caballos y jinete de alta escuela, descendiente de la gloriosa dinastía de los Franconi. Paladín de juegos ecuestres en una época en la que, como cantó Esenin, los caballos vivos habían sido sustituidos por una «caballería de acero», Vilyams Truzzi amaba los números suntuosos y llamativos, los espectáculos de efecto.[346] Con gran ostentación puso en escena en 1928 en el Primer Circo de Moscú un drama mímico sobre la guerra civil con el título *Machnovshchina* [Las bandas de Machno], tumultuosa secuela de cabalgatas, batallas y explosiones, en las que Lazarenko interpretaba el papel del anárquico Machno.[347]

Estimulada por el éxito de este intento, la Dirección central de los circos de estado en enero de 1930 propuso a Mayakovsky redactar el libreto de una pantomima sobre la Revolución de 1905. Nació así la trama de la comedia de hadas *Moskva gorit* [Moscú en llamas], que recuerda los sucesos de 1905, relacionándolos con la Revolución de Octubre y con los hechos más notables del primer decenio soviético.

---

[346] De él escribió Yuri Olesha: «Es el último de los caballeros. El último hombre hermoso del circo. Por última vez se empluman veinte caballos, por última vez uno de ellos, delicado como un antílope, con una diadema española y una mascarilla de encaje, se arrodilla delante del palco del director... Por última vez el caballero galopa sobre dos caballos al mismo tiempo, por última vez rueda la cabalgata al tintineo de las castañuelas y el caballero se quita el sombrero de copa de seda que reluce con un serpeante resplandor» (*V. cirke* cit., p. 366).

[347] Cfr. Kuznekov, *Cirk, Op. cit.*, pp. 409-10, y *Arena i liudi sovetskogo tsirka*, cit., pp. 46-52, además de Radunsky, *Zapiski starogo klouna* cit., pp. 40-41.

Para este trabajo Mayakovsky se preparó consultando documentos históricos y viejas revistas. Derivan de caricaturas de 1905, por ejemplo, la escena en la que el general Trepov posa su gran mano empapada de sangre sobre la constitución promulgada por Nicolás II y la que el zar, la zarina y los ministros soplan sobre las copias del manifiesto amontonadas como un castillo de cartas, descomponiéndolas. El episodio que ensombrece la estructura del régimen zarista con la «pirámide de las clases» está también inspirado en la viñeta de un periódico: sobre los obreros encadenados, que constituyen la base, se alinean en diferentes filas superpuestas funcionarios, sacerdotes, ministros y terratenientes, formando una lábil pirámide, en cuyo vértice se tambalea un minúsculo zar de enorme corona.

El libreto de *Moskva gorit* es como una antología de atracciones. Se encuentran juegos aéreos y acrobacias sobre la alfombra, equilibrismo sobre los zancos y saltos a través de una serie de círculos, números ecuestres y perros amaestrados, «cuadros vivientes» e intermedios de payasos, e incluso un guiño de pantomima náutica.

Sobre las pisadas de Meyerhold, que había llevado sobre el escenario máquinas, motocicletas y adornos agrícolas, Mayakovsky aprovechó la amplitud del «chapiteau», introduciendo en la propia trama enfrentamientos, incendios, pugnas, barricadas, cortejos de carros carcelarios o cargas de caballería cosaca. Las continuas proyecciones cinematográficas, las cifras luminosas o los emblemas fosforescentes nos recuerdan las experiencias del teatro de vanguardia. Las atracciones, sin embargo, no están reunidas caprichosamente, sino que sirven al poeta para condensar un asunto o para definir a un personaje.

Tomamos, por ejemplo, las evoluciones en los trapecios voladores. Los policías persiguen a un obrero que difunde manifiestos. El obrero-acróbata huye de la caza, saltando de un trapecio a otro. Los policías-payasos, sudados y jadeantes, intentan trepar, pero se enredan en los sables y en las fundas de las pistolas, provocando la risa.

Los saltos de un payaso en una hilera de anillos representa la vertiginosa carrera ministerial de Kerensky. Deslizándose a través de círculos sostenidos por domadores «de aspecto burgués»,

Kerensky-payaso alcanza la habitación de la zarina Alejandra Fedorovna. Y aquí, después de haber contemplado el busto de Napoleón, imitando su actitud, se lanza agotado sobre la cama imperial.

Este episodio, como también el desfile grotesco de los monumentos de los zares, proviene del guión de *Dvadtsat pyatoe* [El Veinticinco]. No hay atracción o ejercicio, en *Moskva gorit*, que no contenga una precisa referencia a circunstancias históricas. También de la pantomima náutica se vale Mayakovsky para ilustrar un periodo político, y precisamente el inicio de la lucha por los koljoses. Saltando de la cúpula, un «kulak» (variante de la tradicional figura del «gordinflón de gutapercha») se hunde en el agua que se vierte en una turbina. Del agua burbujeante salen como gruesas burbujas y enjambres de pelotas. Los «pioneros» pescan después un fantoche que reproduce el «kulak» y lo desmontan, lanzando los pedazos en un saco.

Y así también en esta comedia de hadas los personajes son máscaras, mamarrachos de tela, y las escenas tienen los toscos contrastes del «lubok». Que Mayakovsky pretendiera dirigirse a un público elemental está demostrado por la chocarrería de episodios como aquel en el que soldados-payasos arrastran en la «Lavandería de Su Majestad» una interminable cinta de sucios calzones del zar.

Mezcla de bufo y triunfal, *Moskva gorit* no tiene ninguna trama. Es una serie de carteles, unidos juntos con todas las astucias del montaje cinematográfico. Renunciando a la trama en nombre de la veracidad documental, Mayakovsky parece volver a poner en auge el interés del LEF por la crónica y la «factografía».

Algunos pasos retoman análogas imágenes de las películas de Eisenstein. Uno se acuerda, por ejemplo, de aquellas secuencias de *Oktyabr* [Octubre] en la que Kerensky, delgado y pobre, sube peldaño a peldaño la escalinata del Palacio de Invierno, se entretiene delante de la estatua de Napoleón para imitar su ceño, y se pone a dormir en la cama de la zarina.

Deseoso de introducir en el circo la palabra poética, Mayakovsky dio amplio espacio en su escenario a los diálogos en rima y a las declamaciones. La parte verbal, intercalada de estrofillas satíricas, de exhortaciones didácticas y de cortantes ocurrencias que fijan los parlamentos de los payasos políticos, asume aquí una importancia insólita en los trabajos del circo.

Aunque también en el pasado las pantomimas contuvieran insertos dialogados, *Moskva gorit*, por la riqueza del lenguaje hablado, supera los límites de la vieja pantomima. Por ello Mayakovsky propuso definirla, con expresión no demasiado apropiada, «melomima heroica». De todos modos, la novedad del libreto consiste precisamente en la irrupción de impulsos poéticos en una forma de espectáculo ahora raída. Y la poesía no está sólo en los diálogos o en las marchas o en las ocurrencias de los heraldos, sino que las atracciones mismas equivalen a metáforas. «Mi melomima —dijo Mayakovsky— es un género nuevo respecto a la vieja pantomima del circo, como el cine sonoro respecto al mudo».[348]

4.

Después de la entrega de *Moskva gorit*, el 22 de febrero de 1930 Mayakovsky concluyó un contrato con la Dirección Central de los Circos del Estado para un revista político-satírica en cinco actos con el título provisional *Derzhis* [No cedas], destinada a los «music-halls» de Moscú y de Leningrado.[349] A la misma Dirección prometió una pantomima de argumento colonial y el guión de un espectáculo de masas para ser representado en las «Leninskie gory» en Moscú.[350]

En marzo preparó una segunda versión de *Moskva gorit* como «acción de masas con cantos y palabras». Las diferencias entre las dos redacciones son limitadas. Para adaptarla a las exigencias de una representación al aire libre en el Parque de la cultura y del reposo en Moscú, Mayakovsky omitió en la segunda versión la pantomima náutica, y para hacer el contenido más actual, como había hecho ya con *Misteriya-buff*, introdujo los personajes del Papa, Pilsudsky, MacDonald y Tardieu, que dominaban entonces el horizonte político.

---

[348] Cfr. Kuznekov, *Arena i liudi sovetskogotscirka* cit., p. 125.
[349] Cfr. A. Fevralsky, *Mayakovsky-dramaturg*, p.119, y Katanyan, *op. cit.*, p. 397.
[350] Cfr. Fevralsky, *op. cit.*, pp. 119-20.

La primera versión se presentó en el Primer Circo de Moscú el 21 de abril de 1930, una semana después de la muerte el poeta. Participaron quinientas comparsas, entre artistas de circo, alumnos de escuelas dramáticas y circenses y divisiones de caballería. Las escenas fueron proyectadas por Valentina Khodasevich, que había sido colaboradora constante de Vilyams Truzzi.

Mayakovsky había intervenido en las pruebas, ayudando a los actores con sugerencias y consejos, especialmente para la dicción de los versos, que en un primer momento había desmoralizado a la gente del circo. Hemos visto a propósito de *Klop* y de *Banya* que Mayakovsky en los últimos años se apasionó cada vez más por la dirección. Leyendo las crónicas de este espectáculo, se tiene la impresión de que él ha contribuido notablemente a su puesta en escena, también porque el director Serguei Radkiv había enfermado.

La idea de confiar, por ejemplo, la parte del zar a un escuálido enano, eligiendo para la zarina a una muñeca gigantesca, movida por una comparsa escondida bajo sus vestidos, nos parece brotada de la fantasía del poeta. Lo mismo puede decirse de muchas otras ocurrencias.[351]

Por lo demás el libreto de *Moskva gorit*, con sus densas didascalias y las minuciosas anotaciones técnicas, tiene todo el carácter de un esbozo de dirección. En apoyo de nuestro pensamiento citaremos un precioso testimonio de A. Dankman:

> El plano direccional de la pantomima de circo es inseparable del escenario. Así lo afirmaba Mayakovsky. Y por ello durante nuestro último encuentro dijo que en el circo del futuro el autor deberá ser también director. Él contemplaba la posibilidad de poner en práctica la propia idea en un segundo trabajo, de argumento colonial. Sin embargo, esta fusión de autor y director fue llevada a cabo al menos en parte en su melomima. Asistió a todas las pruebas nocturnas. La dirección de *Moskva gorit* se inspiró en gran medida en las inclinaciones de Mayakovsky.[352]

---

[351] Cfr. las memorias de Dmitry Alperov en *Sovetsky tsirk 1918-1938*, pp. 135-42.
[352] Cfr. Katanyan, *op. cit.*, p. 404.

VIII
De las barracas a Meyerhold

1.

Mayakovsky no se limitó a componer comedias y tramas de circo, sino que quiso estar en el centro de la vida teatral del propio tiempo. Hizo de actor, de ayudante de dirección, difundió en artículos, eslóganes, discursos y estrofillas polémicas las tesis del teatro de vanguardia. Y no sólo esto: abriendo por casualidad sus libros, se encuentran de buenas a primeras referencias teatrales y pasajes dramáticos, en los que exhibe una mímica y un énfasis dignos de un gran trágico. La fuerza de Mayakovsky reside precisamente en este recitar ininterrumpido en lo vivo de la época, no como cualquier Akter Akterovich desafinado, sino como un intérprete ardiente que no sabe ahorrar y lo entrega todo de sí mismo, desembocando todo en un final irreparable.

Un sensato director sabría llevar a la escena el inicio del poema *Oblako v shtanakh* [La nube en calzones]:

¿Vosotros pensáis que es el delirio de la malaria?
Y sucedió,
sucedió en Odessa.
«Iré a las cuatro» —había dicho María.
Las ocho.
Las nueve.
Las diez.
He aquí también la tarde
en el horror nocturno
si se ha ido por la ventana
lúgubre
de diciembre.

(vv. 31-42)

En el poema *Voyna i mir* [La guerra y el universo] el mundo es un «escenario azotado por la fogata de la orquesta» y los desastres de las batallas sugieren al poeta macabras imágenes de teatro:

> corrió fuera la muerte y comenzó
> a danzar desnarigada sobre las carroñas,
> Venganzas de un ballet de esqueletos.
>
> (vv. 563-65)

De escenográficos destellos de luz está entretejida la lírica *Teatros*, que Mayakovsky escribió en los albores del futurismo (1913):

> Con enormes caracteres tú escribes
> la historia de quien sube al proscenio,
> e invitan por la tarde desde las mesas
> a las pupilas de anuncios embadurnados.
>
> Un automóvil pintó los labios
> a una pálida mujer de Carrière,
> dos perros salchicha de fuego despellejaban
> a la gente que corría deprisa.
>
> Sólo una pera resplandeciente rompió
> contra la sombra los lances de una pelea,
> con flores de felpa de la rama de los palcos
> escuálidos fracs se colgaron.

Volviendo a mirar ahora en su totalidad la dramaturgia de Mayakovsky, lo que más nos maravilla es siempre la feliz mezcla de los experimentos modernos con la tradición del teatro popular. El rústico humor de las barracas revive sobre todo en la alegría, en los altercados, en los ritmos festivos de *Misteriya-buff*, que fue definida por Punin «la cosa más alegre de las letras rusas después de ¡Qué desgracia el ingenio!».[353] Pero, en general, todas las comedias de nuestro poeta extraen de la elocuencia chillona de los «abuelos

---

[353] N. Punin, O *«Misterii-buff» Vl. Mayakovskogo*, en «Iskusstvo Kommuny», 15 de diciembre 1918, n. 2.

del carrusel», los parlamentos de los payasos del «raus»,³⁵⁴ los artificios y los prodigios de los espectáculos de feria.

De los recursos de las barracas extrae Mayakovsky el gusto por los mecanismos fragorosos y por las escenas en el infierno, por los fuegos y por los cambios fulmíneos. El viaje en el tiempo, que se narra en *Banya*, nos hace recordar las «comedias de hadas» de aventuras que se daban en Rusia a principios de siglo en los jardines de verano. Y las máscaras, tan numerosas en Mayakovsky, desde los «puros» de *Misterya* a los obesos de los guiones de cine, desde los tumbos de la ROSTA a los graciosos cargados de *Banya*, equivalen a las figuras de las comedias populares.

Cuando, en *Vladimir Mayakovsky*, él exhorta a los miserables:

> buscad a los gordos en las casas-conchas,
> batid la alegría en la pandereta de los vientres,
>
> (vv. 69-70)

se piensa en las viejas farsas rusas que ponen en ridículo a los terratenientes, especialmente a las del siglo XVII que suele citarse con el título *Kak kholopy iz gospod zhir vytryakhivayut* [Cómo los esclavos sacuden la grasa de los dueños], en la que un grupo de siervos de la gleba apalea a un propietario grasiento y arrogante.³⁵⁵

A los recursos de las barracas nos llevan además ciertos pasajes en los que Mayakovsky juega descubiertamente al teatro. En la segunda redacción (acto III) de *Misteriya-buff*, por ejemplo, los diablos se hacen eco de un punto a otro de la sala. Y en *Peska pro popov*, al final, el pope Svinuil se dirige al personaje que tiene como nombre Teatro de la sátira, dándole las gracias por haberse acordado de él en tiempos tan desfavorables para el clero y pidiéndole saludar al gobierno obrero-campesino, a Lunacharsky, a Mayakovsky, al director Zonov y al escenógrafo Malyutin.

---

³⁵⁴ El «raus», del alemán «heraus», era un balconcito suspendido sobre la fachada de los teatros-circos y de los teatrillos de las «miniaturas».
³⁵⁵ Cfr. *Russkoe narodnoe poeticheskoe tvorchestvo*, I, Moscú-Leningrado, 1953, pp. 411-13, y *Russkaya narodnaya drama XVII-XX vekov*, a cargo de P. Berkov, Moscú, 1953, pp. 43-44.

En 1940, incitando a los escenarios soviéticos a retomar los trabajos del poeta, Igor Ilinsky escribía:

> Mucho de lo que el teatro ruso hizo en la época anterior a la escuela de Stanislavsky, y con no poco éxito, fue asimilado y transpuesto sobre nuevas bases a partir de la dramaturgia de Mayakovsky. Las «comedias de hadas» de la barraca de Lentovsky, al cual, a propósito, debe mucho también la técnica escénica del Teatro de Arte, los espectáculos de las ferias rusas con los «petrushki», los payasos, los diablos que se hunden bajo tierra: todas estas formas teatrales auténticamente populares entraron de modo orgánico en la concepción dramática de Mayakovsky.[356]

Por lo demás el mismo poeta estaba orgulloso de un vínculo así. En el debate sobre *Banya*, celebrado el 27 de marzo de 1930 en la Casa de la Prensa de Moscú, afirmó: «...en vez de un teatro psicológico nosotros representamos un teatro espectacular. Hoy en "Moscú noche" he sido criticado por los obreros. Uno dice: "Barraca", el otro: "Petrushka". Y yo justamente quería barraca y petrushka».[357]

La inclinación a los géneros de feria, a las burlas de los circos, a las formas menores del espectáculo explica por qué Mayakovsky exaltaba a actores de opereta como M. Rostovchev y Grigory Yaron, los cuales unían a las dotes cómicas y a la soltura de los gestos la capacidad de modernizar con ocurrencias imprevistas su papel.[358] De entre los dos estimaba especialmente al segundo, estimado también por Meyerhold, como Ilinsky cuenta, «por la viveza grotesca que rozaba a veces el excentricismo, por el perfecto cincel de los movimientos y de los pasos de danza, y por el sentido de lo bufo».[359]

---

[356] Igor Ilinsky, *Dramaturgiya Mayakovskogo zhiva!*, en «Literaturnaya gazeta», 10 de abril de 1940.
[357] *Vystuplenie na dispute o «Bane» v Dome Pechati*, en *Polnoe sobranie sochineny*, XII, Moscú, 1937, p. 317.
[358] Cfr. I. Ilinsky, *Mayakovskogo na stsenu!*, en «Teatr», 1940, 4.
[359] ID., *Sam o sebe*, en «Teatr», 1958, 8 (cap. 15).

Como vemos, las predilecciones de Mayakovsky colimaban con las de Meyerhold, el cual admiraba a los excéntricos del music-hall y del circo hasta tal punto que sugirió a Ilinsky, para el papel de Arkady en *La Floresta* de Ostrovsky, amoldarse al cómico de variedad Alexei Matov y a la artista de variedad francesa Georges Milton, que se encontraba entonces de gira en Rusia.[360]

La influencia benéfica de las payasadas, de las proezas graciosas de las barracas impidió que las comedias de Mayakovsky se agotaran por la sequedad de las fórmulas políticas.

Sin duda, también él, al igual que tantos comediógrafos de los primeros años soviéticos, cayó a menudo en un moralismo racional, en una didáctica de «débat» medieval, pero precisamente por este sustrato de brío popular sus trabajos no fueron nunca pedantes y ásperos como, por ejemplo, los de Serguei Tretyakov, que se atuvo a un gélido y torvo rigorismo sin colores.[361]

2.

A través de las experiencias del teatro popular Mayakovsky encuentra el filón cómico de los autores del siglo XIX. No alcanzaremos los excesos de un Punin, el cual afirmó: «No ha habido aún un movimiento literario tan virtualmente rico de clasicismo, como el futurista»,[362] pero es innegable que las comedias de Mayakovsky, con toda su novedad experimental, se relacionan en muchos aspectos con las invenciones de los clásicos rusos del siglo pasado.

Ya hemos puesto de relieve que los burócratas de *Banya* se parecen a los personajes de *Delo* [El Proceso] de Sukhovo-Kobylin, autor varias veces representado por Meyerhold. Al teatro

---

[360] *Ibíd.*, 10 (cap. 20).
[361] Nos referimos al melodrama y a la «agitguignol» escritos por él para Eisenstein, a la comedia eugenética *Khochu rebenka* [Quiero un niño: cfr. «Novyi LEF», 1927, 3], a la «crónica en nueve anillos» *Rychi, Kitay!* [¡Ruge, China!], puesta en escena en el TIM por V. Fedorov, alumno de Meyerhold, el 23 de enero de 1926.
[362] N. Punin, *O «Misterii-buff» Vl. Mayakovskogo* cit.

de Sukhovo-Kobylin, y sobre todo, a la comedia burlesca *Smert Tarelkina* [La muerte de Tarelkin], la dramaturgia de Mayakovsky se acerca también por los trucos de vodevil, por las ocurrencias proverbiales y por las hipérboles grotescas.

En *Vladimir Mayakovsky* el Beso que se engrandece como un fantoche gelatinoso nos recuerda la Nariz del cuento gogoliano.[363] Las palabras-rúbricas y los torpes barbarismos de Bayan y de Pobedonosikov no divergen de ciertas locuciones «transmentales» de Khlestakov, como «labardan» o «moveton». En el segundo cuadro de *Klop* sabemos por el Joven descalzo que Bayan ha vendido como suyos los versos de Apukhtin. Del mismo modo, en el tercer acto del *Revizor*, Khlestakov se vanagloria de haber compuesto *Las bodas de Fígaro, Roberto el Diablo*, la *Norma*.

Como los personajes de los clásicos, también los héroes de Mayakovsky ostentan una hilarante ignorancia geográfica. Cuando Ivan Ivanovich pregunta a Pont Kitsch: «¿Habéis estado en Inglaterra? ¡Ah, yo he estado en Inglaterra!... Ingleses por todas partes... Y he comprado precisamente una gorra en Liverpool y he visitado la casa donde vivía Antidühring. ¡Extraordinariamente interesante!», uno piensa en el diálogo entre el marinero Zhevakin y el oficial reservista Anuchkin en *Zhenitba* [El matrimonio] de Gogol:

ANUCHKIN Bueno, —permitidme hacer otra pregunta —¿en qué lengua se expresan en Sicilia?
ZHEVAKIN Pues natural, todos en francés.
ANUCHKIN ¿Y todas las señoritas indiscutiblemente hablan en francés?
ZHEVAKIN Todas, indiscutiblemente. Vosotros, quizás, no nos creeréis: nosotros hemos estado allí treinta y cuatro días, y en todo aquel tiempo no he sentido una sola palabra en ruso.
(Acto I, escena XVI)

---

[363] Cfr. N.I. Khardzhev, *Zametki o Mayakovskom*, en *Novoe o Mayakovskom*, pp. 400-1.

O bien en el coloquio entre el registrador de colegio jubilado Evdokim Zakharovich Zhigalov y el pastelero griego Kharlampy Dymba en *Svadba* [Las bodas] de Chekhov:

Zhigalov ...¿Y tigres en tu país, en Grecia, hay?
Dymba Hay.
Zhigalov ¿Y leones?
Dymba También hay leones. En Rusia no hay nada, pero en Grecia hay de todo. Están mi padre, mi tío, mis hermanos, y aquí no hay nada.
Zhigalov Ehm... ¿Y en Grecia hay cachalotes?
Dymba Hay de todo.

Con su afán de grandeza, con sus melindres de advenedizo, Prisypkin nos recuerda la imagen de Podchalyuzin, el protagonista de la comedia de Ostrovsky *Svoi lyudi sochtemsya* [Con los suyos uno se las arregla]. Cuando el héroe recuerda a la suegra: «Mi casa debe nadar en la abundancia», «Mis futuros hijos deben ser educados en un clima de refinamiento», nos parece volver a oír las palabras con las que el empleado Podchalyuzin, piojo rehecho, promete a la novia Olimpiada Samsonovna, llamada Lipochka, una existencia pomposa: «¿Creéis que viviremos en una casa semejante? Compraremos una en la calle de las Carrozas, ¡y cómo la adornaremos! ¡Sus techos serán pintados con pájaros del paraíso, sirenas y cupidos de cada especie! Sólo para verla la gente dará dinero» (acto III, escena V).

El episodio del «matrimonio rojo» parece por momentos inspirarse en *Svadba* de Chekhov. Prisypkin luce en aquella ocasión la misma enhiesta altanería que Epaminond Maximovich Aplombov, el cual objeta a la suegra que lo exhorta a danzar: «No soy Spinoza para ponerme a hacer piruetas. Soy un hombre positivo y con carácter, y no veo distracción ninguna en las fútiles diversiones».

Los remilgos de Elzevira durante la fiesta nupcial corresponden a las zalamerías de la obstetra Zmeyukina en el vodevil de Chekhov. Conversando con el telegrafista Ivan Yat, la Zmeyukina suspira: «¡Déme atmósfera! ¿Escucha? ¡Déme atmósfera!», «¡Ah, déjeme en paz! ¡Déme poesía, éxtasis! ¡Hágame viento!» Del mismo modo

Elzevira implora a Bayan: «¡Ah! ¡Tocad, ah! El Valzer "La melancolía de Makarov por Vera Kholodnaya". Ah, es así *charmant*, ah, es simplemente una *petite histoire*.»

Podríamos indicar muchas otras analogías entre los componentes dramáticos de Mayakovsky y los autores del siglo XIX, y sacar a la luz incluso curiosas afinidades con las obras cómicas rusas del siglo XVIII. Confrontar, por ejemplo, la escena de los vendedores ambulantes en *Klop* con la de los vendedores de gorros, de cintas y de tafetán en la obra cómica de M. Matinsky *Sankt-Petersburgsky Gostiny dvor* [La galería comercial de San Petersburgo, 1781: acto I, escena II]. Pero bastará añadir que el epílogo de *Klop*, con el héroe que se dirige directamente al público, nos lleva de nuevo también a las intuiciones de los clásicos. Tarelkin, Podchalyuzin y otros innumerables personajes del teatro ruso dieciochesco (sobre todo personajes siniestros y estafadores) al final se acercan a la escena con una ambigua ocurrencia o una invitación socarrona, que quiere implicar en el juego también a los espectadores.

3.

Mayakovsky no desaprovechó nunca una ocasión para burlarse de los aspectos artificiales y comunes del teatro: el «viejo teatro adulterino»,[364] las comedias dulzonas para los filisteos,[365] los ballets como el de Glier, «las lentejuelas de las estrellas de la obra y la capa mefistofélica».[366] Él vuelve más veces sobre los ridículos moldes del teatro lírico con parodias que recuerdan en parte los cuadros y los diseños en los que Klee ironiza sobre el mundo y los paisajes de la ópera. Recuérdese el inicio de *Prizkaz N. 2 armii iskusstv* [Orden n. 2 al ejército de las artes, 1921]:

---

[364] *Vystuplenie na dispute o «Bane» v Dome Pechati*, en *Polnoe sobranie sochineny*, XII, Moscú, 1937, p. 317.
[365] A una de estas, *Prokhodnaya komnata* [La habitación de pasaje] de B. Pushmin, representada en el Teatro Korsh el 21 de febrero de 1928, dedicó la mordiente poesía-recensión *Daesh tuchlye yaytsa* [Danos huevos podridos, 1928].
[366] Prólogo de la primera redacción de *Misteriya-buff* (vv. 38-39).

VIII. De las barracas a Meyerhold

A vosotros,
barítonos bien nutridos,
que desde los tiempos de Adán
a nuestros días
sacudidos los chiribitiles llamados teatros
con los aires de los Romeos y de las Julietas.

Imaginando el teatro en un primer momento como un desfile de maniquíes pictóricos y después como una fuga de carteles animados o una comedia de máscaras, Mayakovsky fue siempre contrario a los análisis psicológicos y a las minucias del naturalismo. No hay que sorprenderse por ello si el Teatro de Arte y el «sistema» de Stanislavsky se convirtieron en blanco de su sátira.

Ya en 1913, en tres artículos paradójicos y farragosos sobre las relaciones entre el teatro y el cine,[367] critica las escenas que reflejan maquinalmente la realidad: «Observad —dice— el trabajo del Teatro de Arte. Eligiendo sobre todo dramas de la vida cotidiana, se esfuerza en transportar sobre el escenario, tal cual, un trozo de calle desangelada. Imita servilmente la naturaleza en todo, desde el fastidioso canto del grillo a las cortinas onduladas por el viento».

El viejo teatro anclado en el realismo ya no tiene sentido, asevera Mayakovsky, desde el momento en el que para copiar la vida existe ahora el cine. «¿Con qué fin todo el complejo mecanismo del decorado, si en diez metros de tela se puede dar el océano con tamaño "natural" y el movimiento de las multitudes de una ciudad?» El poeta estaba convencido en aquellos años de que el cine era solamente un género mecanográfico, un medio de reproducción, apto para sustituir válidamente al teatro naturalista, y consideraba que un nuevo teatro de la palabra poética nacería de los experimentos del futurismo.

---

[367] Teatr, kinematograf, futurizm; *Unichtozhenie kinematografom «teatra» kak priznak vozrozhdeniya teatralnogo iskusstva* [La destrucción del «teatro» por parte del cinematógrafo como indicio de renacimiento del arte teatral]; *Otnoshenie segodnyashnego teatra i kinematografa k iskusstvu* [La relación del teatro de hoy y del cinematógrafo con el arte].

Es interesante a este respecto una intervención suya, de la que se tiene noticia solamente en los periódicos, en un debate celebrado el 18 de abril de 1914 en el Museo Politécnico de Moscú sobre el drama *Mysl* [El Pensamiento] de Andreev, que había sido puesto en escena el 17 de marzo en el Teatro de Arte:

> Cuando el señor S. Goloushev como opositor arriesgó la pregunta: «Bien. Recháceseel Teatro de Arte, ¿pero qué teatro crearemos en su lugar?», desde lo alto se escuchó de repente el grito de Mayakovsky: «Mi teatro en San Petersburgo. El teatro de Mayakovsky»...
> Después el señor Mayakovsky subió sobre la cátedra. Su breve discurso puede resumirse en estas palabras: en el Teatro de Arte prospera la retórica, mientras el verdadero teatro tiene que ser teatro de acción y de espectáculo. [368]

Contra las tendencias del Teatro de Arte, aunque indirectamente, está dirigido también el ensayo *Dva Chekhova* [Dos Chekhov, 1914], en el que Mayakovsky opone al Chekhov «cantor del crepúsculo» y rapsoda de una vida gris un Chekhov sensible a las sutilezas del estilo, «fuerte, alegre artista de la palabra». «Todas las obras de Chekhov —afirma— son la solución a problemas puramente verbales».

Aquel ensayo podría aproximarse a ciertas extravagantes «invenciones» de Evreinov, como la siguiente:

> Cuando veo las comedias de Chekhov en la ejecución de los artistas de la escuela de Stanislavsky, me entran ganas de gritar a hasta la saciedad a todos estos héroes realistas: ¡vamos al teatro! ¡Precisamente así! ¡Y Tío Vanya, y las Tres hermanas, y Zarechnaya-Gaviota, e incluso Firs del Jardín de las cerezas! ¡Vamos todos al teatro! ¡Os quedaréis! ¡Llegaréis a ser diferentes! Se os abrirán otras posibilidades, otras esferas, otros horizontes...[369]

Después del encuentro con Meyerhold, la hostilidad de Mayakovsky por el Teatro de Arte se hizo más intensa. En el Prólogo

---

[368] Cfr. Katanyan, *op. cit.*, p. 66.
[369] N.N. Evreinov, *Teatr kak takovoy* (2ª edición), Moscú, 1923, pp. 108-9.

de la segunda versión de *Misteriya-buff*, mofándose del método de Stanislavsky, el poeta declara:

> A algunos teatros no les importa
> representar:
> para ellos
> la escena es solamente
> el agujero de una ratonera.
> Siéntate tranquilo,
> derecho y al sesgo,
> y mira un trozo de existencia de los demás.
> ¿Miras y qué ves?
> Farfullan encima de un sillón
> las tías Manya
> y los tíos Vanya.
> Pero a nosotros no nos interesan
> ni los tíos ni las tías,
> —las tías y los tíos los encontraréis en casa.
> También nosotros mostraremos la auténtica vida,
> pero transformada por el teatro
> en el más singular espectáculo.
>
> (vv. 31-48)

Del tesón con el que Mayakovsky se oponía a las fórmulas de Stanislavsky son testimonio las palabras pronunciadas por él el 2 de octubre de 1926 en repuesta a Lunacharsky durante una discusión sobre la política teatral del gobierno soviético. Lanzándose con desmesurada violencia contra el Teatro de Arte por la puesta en escena del drama *Dni Turbinykh* [Días de turbinas], en el que Mikhail Bulgakov retrata a los oficiales blancos sin rencores partidistas, como caballeros desafortunados de un mundo en declive, dijo entre otras cosas:

> ¿En qué cosa Anatoly Vasilievich [Lunacharsky] se equivocaría al cien por cien? Si pensase que esta *Guardia blanca*[370] tiene que considerarse un hecho casual en el repertorio del Teatro de Arte. Yo

---

[370] El título original de este drama, cuya prueba general fue el 2 de octubre

pienso que ésta constituye la justa y lógica coronación: comenzaron con tía Manya y tío Vanya y han acabado con la Guardia Blanca. Para mí es cien veces más agradable que lo que madura y resulta, en vez de disimular bajo el manto del arte apolítico. Tomad el tristemente célebre libro de Stanislavsky *Mi vida en el arte*, este célebre libro para glotones: encontraréis ya en el prefacio panegíricos de mercantes...[371]

Pero también los eslóganes en versos añadidos al texto de *Banya* asaltan con ímpetu el realismo del Teatro de Arte. El más sereno y por ello el más convincente es éste, que parece resumir la poética teatral de Mayakovsky:

Apunta los proyectores,
                        para que la escena no se apague.
Gira,
      para que la acción
                  no fluya, sino galope.
El teatro
        no es espejo que refleja,
sino lente que engrandece.

Después de lo que se ha dicho, cuesta creer que, en octubre de 1929, el poeta haya podido proponer al Teatro las comedias que se proponía escribir.

4.

Toda la actividad teatral de Mayakovsky se desarrolló bajo el signo de Meyerhold. Incluso la puesta en escena de su primer trabajo sufre, como ya hemos demostrado, experimentos conducidos por

---

       (o sea el mismo día de la discusión), era precisamente *Belaya gvardiya* [La guardia blanca].
[371] *Vystuplenie na dispute «Teatralnaya politika sovetskoy vlasti»*, en *Novoe o Mayakovskom*, pp. 37-42.

el director con la Komissarzhevskaya en 1906-907 en San Petersburgo. La lenta dicción y el monótono vaivén de los maniquíes anatómicos de *Vladimir Mayakovsky* nos llevan a aquellos espectáculos de Meyerhold en el que los actores, gélidos jeroglíficos, marionetas con el espíritu de Maeterlinck, oscilaban delante de las telas pintadas y los tapices, dejando caer las palabras «como gotas en un pozo profundo». «Las palabras en el teatro —había escrito Meyerhold— son solamente arabescos sobre la trama de los movimientos».

Considerando el acorde decorativo de los colores y de los gestos y la euritmia de las líneas más que la sustancia dramática, el llamado «teatro convencional» se resolvió, como el Théatre d'Art de Paul Fort con sus «peintres nabis», en una radiante aventura pictórica.[372] Lo mismo puede decirse de la puesta en escena de *Vladimir Mayakovsky*, en el que al refinado manierismo simbólico se suceden las deformaciones expresivas del cubofuturismo, pero la técnica es siempre la de las direcciones «convencionales». Podemos pensar que el gusto por los espectáculos estilizados ha alcanzado a Mayakovsky de rebote a través de las películas dramáticas de entonces, que repetían los módulos del teatro basado en la estética.[373] En relación directa con la estrategia de Meyerhold están, por el contrario, las comedias que Mayakovsky compuso después de la Revolución.

Con su estructura en viñetas, a cuadros separados, aquellos trabajos se adecuan en pleno al método de Meyerhold, el cual, bajo la influencia del cine, descomponía los guiones en breves fragmentos rítmicos, amontonando los acontecimientos de modo que transformaba la interioridad de la vida en una multiplicidad dispersa, para sustituir la profundidad del Teatro de Arte por una sucesión horizontal de episodios apremiantes. Las comedias de Mayakovsky coinciden con las fórmulas de Meyerhold en el planteamiento político, en las paradojas grotescas, en la división mecánica de los personajes en héroes y payasos, en los motivos polémicos, en la tendencia a dilatar de manera hiperbólica las ceremonias o el ritual

---

[372] Cfr. Alexandr Tairov, *Zapiski rezhissera*, Moscú, 1921, pp. 24-29.
[373] Cfr. N.A. Lebedev, *Ocherk istorii kino SSSR*, I, Moscú, 1947, p. 53.

de un determinado ambiente. El jolgorio nupcial de *Klop* corresponde, por ejemplo, a las grandiosas escenas de fiesta frecuentes en los espectáculos de Meyerhold: a la lúgubre danza de bodas en Sharf *Kolombiny* (*Der Schleier der Pierrette*) de Schnitzler-Dohnanyi (1910),[374] a la bufonesca ceremonia de *Mandat* (1925),[375] al frenético baile en casa del alcalde en el *Revizor* (1926).[376]

Mayakovsky tuvo en común con Meyerhold la inclinación a redactar continuamente los trabajos para actualizarlos,[377] el sentido de las herramientas desproporcionadas y singulares (la jaula de Prisypkin se opone a la enorme «picadora de carne» de Tarelkin) y, sobre todo, la idea de un teatro romano.

Informa Vasily Kamensky en sus memorias que Mayakovsky pensaba representar *Misteriya-buff* al aire libre sobre las Montañas de los Gorriones en Moscú «con la participación del río Moskva»: «Nosotros soñábamos —dice él— con el teatro revolucionario de masa de los años futuros, cuando fuera posible colocar sobre un teatro gigantesco millares de personas y centenares de automóviles y de aviones, para que la epopeya heroica de las conquistas de Octubre fuese representada delante de millones de espectadores».[378] En el debate sobre *Banya* de marzo de 1930 Mayakovsky aseveró: «Declaro que el teatro es sobre todo espectáculo, y en segundo lugar una empresa espectacular, y aún más, un alegre teatro periodístico».[379]

Meyerhold a su vez anheló hasta lo último efectuar suntuosas representaciones al aire libre. Todavía en 1930, poco antes del arresto, se ilusionaba con poder poner en escena sobre las plazas

---

[374] Cfr. Evg. A. Znosko-Borovsky, *Russky teatr nachala xx veka*, Praga, 1925, pp. 310-12.
[375] Cfr. Yuri Elagin, *Temnyi geny*, Nueva York, 1955, p. 282.
[376] *Ibíd.*, p. 301.
[377] El «agitsketch» *D. E.*, por ejemplo, fue elaborado y enriquecido de nuevos episodios para el trigésimo aniversario de la Revolución (7 de noviembre de 1930) con el título D.S.E (*Daesh Sovetskuyu Evropu*: Danos una Europa soviética).
[378] Vasily Kamensky, *Zhizn s Mayakovskim*, pp. 207-8.
[379] *Vystuplenie na dispute o «Bane» v Dome Pechati*, en *Polnoe sobranie sochineny*, XII, Moscú, 1937, p. 316.

de Leningrado *Edipo rey* con Yuri Yurev y *Electra* con Zinaida Raykh.[380] El sueño más grande de Meyerhold fue siempre tener un nuevo edificio teatral, una compleja máquina para espectáculos, que se prestara a sus valientes fantasías. En el proyecto elaborado por él en 1932 junto al arquitecto S. Vakhtangov la plataforma escénica está concebida precisamente como una arena de circo mecanizada.[381]

Por lo demás no hubo artista de la vanguardia que no deseara ardientemente abolir los límites entre escena y platea y llevar el espectáculo en medio de la sala, para introducir al público en el meollo de la ficción. Pensemos en el proyecto del «Totaltheater» trazado por Gropius para Erwin Piscator,[382] en los bocetos de El Lissitsky para *Khochu rebenka* [Quiero un niño] de Tretyakov, en las proposiciones expresadas por Artaud en el Primer manifiesto del «Théâtre de la Cruauté»:

> Nous supprimons la scène et la salle qui sont remplacées par une sorte de lieu unique, sans cloisonnement, ni barrière d'aucune sorte, et qui deviendra le théâtre même de l'action. Une communication directe sera rétabile entre le spectateur et le spectacle, entre l'acteur et le spectateur du fait que le spectateur placé au milieu de l'action est enveloppé et sillonné par elle.[383]

El teatro romano, que estaba en la cumbre de los pensamientos de Meyerhold y de Mayakovsky, fue parcialmente realizado en

---

[380] Cfr. Ilinsky, *Sam o sebe* cit., en «Teatr», 1958, 7 (cap. 214).
[381] Cfr. D. Arkin, *Teatralnoe zdanie*, en «Sovetsky teatr», 1932, 5, y Ilinsky, *Sam o sebe* cit., en «Teatr», 1958, 12, (cap. 26).
[382] Cfr. Erwin Piscator, *Das Politische Theater*, Berlín, 1929, pp. 124-127; Siegfried Melchinger, *Theater der Gegenwart*, Franfurt del Meno, 1956, pp. 36-37, y G. C. Argan, *Walter Gropius y la Bauhaus* (2ª edición), Turín, 1957, pp. 116-18.
[383] Antonin Artaud, *Le Théâtre et son double*, París, 1938, p. 103. Cfr. también Pierre Sonrel, *Architecture du théâtre*, y Jean-Michel Royer, *Connaissance et reconnaissance*, en *Antonin Artaud et le théâtre de notre temps* (Cahiers de la Compagnie Madeleine Renaud- Jean Louis Barrault, nn. 22-23, mayo 1958).

1935 por Nikolai Okhlopkov, también él alumno de Meyerhold, en la puesta en escena de la comedia de Pogodin *Aristokraty* [Los aristócratas]. Suprimido el escenario, Okhlopkov traslada la acción en medio del público, sobre dos plataformas unidas por una pasarela semejante al «hanamichi», la «calle florida» del teatro Kabuki.[384]

Sería muy largo enumerar todos los elementos que acercan a Mayakovsky a Meyerhold. Bastará con detenerse un instante sobre el motivo de los objetos. En sus direcciones constructivistas Meyerhold hizo correr en torno a los actores girándulas y cintas de objetos, utensilios y mobiliario explosivo, herramientas de malabarista. En cuanto a Mayakovsky, ya sabemos qué relieve poseen los objetos en su creación dramática. Sin embargo, merece la pena recordar que la cómica revuelta de las cosas descritas en la tragedia de 1913 anticipa en bastantes años análogas ocurrencias del cine de vanguardia. Nos referimos a películas como *Vormittagsspuk* (1927) de Hans Richter, donde tazas, corbatas y bombines se rebelan contra los hombres, y *Shinel* [El abrigo, 1926] de Kozintsov y Trauberg, en el que el nuevo abrigo de Bashmachkin sale al encuentro del dueño, la rosca de un escudo se alarga en forma de corazón, una gigantesca tetera envuelve a los personajes en nubes de vapor.[385]

Como Meyerhold, Mayakovsky se sirvió a manos llenas de todos los colores, los trucos y las maravillas que le ofrecía la escena moderna, casi poniendo en escena lo que Apollinaire aconsejaba en el Prólogo de *Les mamelles de Tirésias*:

Il est juste que le dramaturge se serve
De tous les mirages qu'il a à sa disposition
Comme faisait Morgane sur le Mont-Gibel.
Il est juste qu'il fasse parler les foules les objets inanimés
s'il lui plaît
et qu'il ne tienne pas plus compte du temps
que de l'espace.

---

[384] Cfr. S. Cimbal, Pogodin-Okhlopkov i Pogodin-Vakhtangov, en «Rabochy i teatr», 1935, 9; H.-R. Lenormand, *Les Confessions d'un auteur dramatique*, París 1953, II, pp. 358-59; Jindřich Honz, *Ochlopuv divadelní realismus* (1935), en *K novému významu umění*, Praga 1956, pp. 186-91.

[385] Cfr. N.A. Lebedev, *Ocherk istorii kino SSSR*, p. 172.

Guillaume Apollinaire en 1913 había acompañado a Meyerhold por las calles de la vieja París y entre los payasos del circo Medrano.[386]

5.

La sintonía de aspiraciones entre el poeta y el director fue reforzada por una amistad a toda prueba. Los falsificadores de la época estaliniana se las han ingeniado para tergiversar esta verdad, torciendo el sentido de los documentos y dejando ambiguas lagunas en sus falaces monografías sobre el pretendido realismo de Mayakovsky. Es un asunto ingrato, si se piensa que las páginas y los discursos del poeta contienen frecuentes alusiones a Meyerhold, cuando no se convierten, como el Prólogo de la segunda versión de *Misteriya-buff* o los eslóganes de *Banya*, en una abierta propaganda de su «sistema».

En los pintorescos debates que se desarrollaron en los años veinte, Mayakovsky se puso siempre de parte de Meyerhold, también en contra de Tairov, al que el director y poeta reprochaban el hecho de entregarse demasiado a los halagos de un colorido esteticismo.

Para apoyar la puesta en escena de *Les aubes*, Mayakovsky no dudó en oponerse duramente a Lunacharsky.[387] Pero su discurso más audaz y más perentorio en defensa de Meyerhold es el que pronunció el 3 de enero de 1927 en una polémica en el *Revizor*.

Después de haber sostenido, contra los guardianes acérrimos de la integridad del texto gogoliano, que las grandes obras de arte con el tiempo «se descomponen» y es necesario por ello retocarlas, de modo que suenen actuales, Mayakovsky exculpa al

---

[386] Cfr. Nikolai Volkov, *Meyerhold*, II, Moscú-Leningrado, 1929, pp. 284-286 y 295, y *Meyerhold o Voskovcovi a Werichovi*, en *Deset let Osvobozeneho divadla 1927-1937*, Praga, 1937, p. 105.

[387] *Vystuplenie na dispute o postanovke «Zor» E. Verkharna v Teatre RSFSR* (22 de noviembre de 1920), en *Polnoe sobranie sochineny*, XII, Moscú, 1937, pp. 324-29.

director de la acusación de dar excesivo resalte a la mujer, la actriz Zinaida Raykh, en torno a la cual en aquellos años los adversarios orquestaban tramas de cotilleos y de charlas. Exhortados los críticos a ocuparse de los valores artísticos en vez de los hechos de familia y alabada la Raykh por su interpretación de Anna Andreevna, concluye:

> El camarada Meyerhold ha recorrido el largo camino del teatro revolucionario y del LEF. Si Meyerhold no hubiera representado *Les aubes, Misteriya-buff, Rychi, Kitay!,* ningún director de nuestro país habría emprendido espectáculos modernos y revolucionarios. A los primeros titubeos, al primer fracaso que puede derivar de una tarea tan amplia, ¡nosotros no dejaremos a Meyerhold a merced de los perros de la trivialidad![388]

Estas tajantes palabras demuestran cuánto son infundadas y pueriles las elucubraciones de ciertos talmudistas, según los cuales Mayakovsky despreciaba el teatro de Meyerhold por sus trucos «formalistas». Si acaso, se podría afirmar que en algún aspecto Mayakovsky fue más radical que Meyerhold. Basta decir que en el discurso ahora mismo citado él puso en duda con chulería futurista incluso la oportunidad de haber retomado la comedia de Gogol.

Mayakovsky fue el autor-piloto, el fulcro del teatro de Meyerhold, como Chekhov lo había sido del Teatro de Arte. Y es interesante observar que, después de la muerte del poeta, Meyerhold perdió el vínculo con el propio tiempo, el sentido de un texto directamente ocupado en los problemas de la época.

Su arte, que había expresado maravillosamente las disonancias y los impulsos del gran torbellino de Octubre, se vio desplazado en los años grises de los planes quinquenales. Su autoridad y su influencia mermaron, mientras el teatro soviético se enredaba en las aguas estancadas de un realismo servil y banal. Crecieron en

---

[388] *Vystuplenie na dispute o postanovke «Revizora» v Teatre im. Meyerholda, ibid,* pp. 364-69.

él la amargura y la náusea por la mezquindad sospechosa, el sórdido filisteísmo y el mal gusto, que cada vez más se difundían en la sociedad estaliniana. Nos parece significativo que en 1936 se propusiera volver a Mayakovsky con una nueva puesta en escena de *Klop*.[389]

---

[389] Cfr. *V.E. Meyerhold ob iskusstve teatra* (VI: *Puti teatra*), en «Teatr», 1957, 3.

IX
Mayakovsky y el cine

> *Et puis ce soir on s'en ira*
> *au cinéma.*
> APOLLINAIRE

1.

Ante la asidua búsqueda de novedades y extravagancias, los futuristas no podían permanecer indiferentes a los atractivos del cine. Con sus peinados heteróclitos y las actitudes de divo, era como si esperaran ser grabados en la película, junto a los zalameros héroes de aquel tiempo. No por casualidad, en la antología *Gromokipyashchy kubok* [La copa hirviente de truenos, 1913], Severianin presume de comparecer en las crónicas de cine:

> ¡Yo, el genio Igor Severianin,
> estoy embriagado por mi victoria:
> llevado a todas partes por la pantalla,
> ya consolidado en cada corazón![390]

Ya hemos dicho que el payaso Lazarenko interpretó en 1914 la comedia *Ya khochu byt futuristom* [Quiero ser un futurista], comparable quizás a *Rigadin, peintre cubiste* del año anterior. Añadimos ahora que en 1913 los futuristas rusos habían aparecido en una «tragicomedia» rodada por Vladimir Kasyanov para la casa Toporkov & Vinkler.

Según la filmografía de Vishinevsky,[391] los actores principales de está película, titulada *Drama v kabare futuristov N° 13* [Un drama en el cabaret de los futuristas N. 13], fueron Larionov, Gon-

---

[390] Una delicada «proeza» suya dio argumento en 1916 al film banal *Ty ko mne verneshsya* [Tú no volverás conmigo]. Cfr. Ven. Vishinevsky, *Khudozhestvennye filmy dorevolyutsionnoy Rossii*, Moscú, 1945, p. 118 (n. 1407).
[391] Cfr. Vishinevsky, *op. cit.*, pp. 38-39 (n. 422).

charova y los acólitos del grupo «Osliny khvost» [Cola de burro]. La noticia se confirma en un artículo de Burlyuk, en el que se lee: «Un grupo de pintores futuristas, guiados por M. Larionov y N. Goncharova, consiguió incluso realizar una película futurista, *Drama v kabare N°13*, punzante parodia del género difuso del cine-guiñol».[392]

Un estudioso de las interpretaciones cinematográficas de Mayakovsky, Polyanovsky, ha reunido una serie de testimonios, de los que resulta que en la película participaron también Mayakovsky, los hermanos Burlyuk, Shershenevich, el escritor Boris Lavrenev, el pintor V. Maximovich.[393]

> Lavrenev —afirma Polyanovsky— considera iniciadores de la película futurista a los hermanos Burlyuk. Él recuerda además que el pintor Maximovich, después de haber bailado un tango, «apuñalaba» a su pareja. Por lo tanto, llevaban a la «muerta» en automóvil fuera de la ciudad, lanzándola semidesnuda en la nieve con una herida dibujada sobre el pecho. En ese momento comparecía Mayakovsky con un sombrero de copa, un gabán con los bordes cruzados, los guantes y el bastón. Interpretaba el papel de un hombre demoníaco.[394]

Vadim Shershenevich ha contado a Polyanovsky que los intérpretes tenían todos el rostro pintado de arabescos y adornos cabalísticos. Hacía de fondo alguno de los numerosos cabarets moscovitas, en los que los arabescos llamativos del futurismo armonizaban con los ritmos de la danza brasileña y del tango.

El mismo año Mayakovsky ofreció al productor R. Persky su primer guión de cine, titulado *Pogonya za slavoyu* [La caza de la gloria].[395]

---

[392] David Burlyuk, *Kinematograf v moey zhizni*, en «Russky golos», Nueva York, 3 julio 1938.
[393] Maksimovich era un amigo de Khlebnikov. Se quitó la vida en abril de 1914. Cfr. Velimir Khlebnikov, *Neizdannye proizvedeniya*, Moscú, 1940. Cfr. Velimir Khlebnikov, *Neizdannye proizvedeniya*, Moscú, 1940, p. 369.
[394] Max Polyanovsky, *Mayakovsky kinoakter*, Moscú, 1940, pp. 14-15.
[395] Cfr. Katanyan, *op. cit.*, pp. 51-52.

Uno de la casa —recuerda el poeta— escuchó muy atentamente el guión, después cortó:
—Tonterías.
Me fui avergonzado. Destrocé mi trabajo. Una película con este argumento fue vista más tarde en las regiones del Volga. Está claro que el guión había sido escuchado con más atención de lo que yo pensé.[396]

Según Shklovsky, en él se narraba la historia de un futurista ansioso de gloria que, habiendo olvidado poner su nombre a una antología de versos, iba dando vueltas firmando todas las copias.[397]
Persky era también el editor de «Kino-zhurnal» [Cinerevista], en la que se publicaron en el verano de 1913 (27 de julio, 24 de agosto y 18 de septiembre) los tres artículos de Mayakovsky sobre las relaciones entre el cine y el teatro, ya citados en el capítulo anterior. En el tercero de estos capítulos se preguntaba con énfasis:

¿Puede el cinematógrafo ser un arte autónomo?
No se entiende.
No hay belleza en la naturaleza. Sólo el artista puede crearla. ¿Era quizás posible pensar en la belleza de tabernas borrachas, de oficinas, de calles fangosas, de ciudades estrepitosas, antes de Verhaeren?
Sólo el artista suscita a partir de la vida real las imágenes de la poesía, el cinematógrafo no puede hacer otra cosa que multiplicar, feliz o frustrado, aquellas imágenes. He aquí por qué yo no me sublevo, ni puedo sublevarme contra su aparición. El cinematógrafo y el arte son fenómenos de orden diverso.
El arte da imágenes sublimes, mientras el cinematógrafo, como la prensa con los libros, las multiplica y propaga en las más remotas y lejanas partes del mundo. Ello no puede convertirse en un peculiar aspecto del arte, pero destruirlo sería igualmente absurdo como destruir una máquina de escribir o un telescopio sólo porque tales objetos no tienen ninguna relación con el teatro o con el futurismo.

---

[396] *Predislovie k sborniku stsenariev*, en *Polnoe sobranie sochineny*, XII, Moscú, 1937, p. 159.
[397] Viktor Shklovsky, *Poiski optimizma*, Moscú, 1931, pp. 101-2.

Estas ingenuas afirmaciones, que reducen el cine a un simple mecanismo repetitivo, a un aparato difusor, entran en el grupo de las páginas visionarias y muy excitadas que los escritores rusos dedicaron en aquellos años al nuevo prodigio. Escúchense, por ejemplo, las meditaciones de Andreev:

> ¡Milagroso Cine!... ¡Si el supremo y sacro fin del arte es el de crear una relación entre los hombres y sus almas solitarias, como inmensa e inimaginable tarea psicológico-social está destinado a desarrollar este enemigo artístico de nuestro tiempo! Qué son en comparación la navegación aérea, el telégrafo, la prensa misma. Portátil, se puede meter en una caja y mandar por todo el mundo con el correo, como un periódico común. Igualmente comprensible para los salvajes de San Petersburgo y para los de Calcuta,[398] aunque no haya lengua, éste se va convirtiendo de verdad en el genio de las relaciones internacionales, acerca los extremos de la tierra y los países de las almas, implanta en un único circuito a la humanidad estremecida.
> ¡Gran Cine! Tomará la delantera en todo, vencerá todo, dará todo. Una única cosa no podrá dar: la palabra, y aquí está el final de su poder, el límite de su fuerza. ¡Pobre, gran Cine-Shakespeare! Está destinado a crear una nueva estirpe de Tántalos.[399]

2.

Mayakovsky volvió a interesarse por el cine a principios de 1918, en los meses en los que asistía al Café de los poetas. Escribió e interpretó entonces tres películas para la casa «Neptun», organizada

---

[398] En el volumen *Nat Pinkerton i sovremennaya literatura* [Nat Pinkerton y la literatura contemporánea (2ª edición), 1910, p. 15] Korney Chukovsky desarrolla la misma idea: «Miras la pantalla y te sorprende de que no estén tatuados los que se sientan a tu lado. Que no tengan una piel de animal en la cintura y un anillo ensartado en la nariz».

[399] Leonid Andreev, *Pisma o teatre* (*Pismo pervoe* del 10 de noviembre de 1912), en el almanaque, «Shipovnik», vol. 22, San Petersburgo, 1914, pp. 241-42.

en abril de 1917 por P. Antik[400] que era también editor de una muy difundida «Biblioteca universal».

En una carta desde Moscú de marzo de 1918 Mayakovsky anuncia a Lilya Brik: «Me aburro. Me lamento. Estoy irritado. Única distracción (querría que tú me vieras, te llevarías una inmensa alegría), actúo en el Cine. Yo mismo he escrito un guión. El papel principal. Los otros los he dado a Burlyuk y a Leva».[401]

Se trata de la película *Ne dlya deneg rodivshisya* [No ha nacido para el dinero], cuyo tema deriva de la novela *Martin Eden* de Jack London.[402] En las vicisitudes del marinero Martin Eden, convertido en escritor famoso, Mayakovsky vislumbraba una profunda afinidad con el propio destino. De familia pobre, de complexión gallarda, autodidacta como el héroe londinense, se había afirmado también él, superando molestias, contrastes y obstáculos con la tenacidad, el vigor y el ingenio.

El guión y la película se han perdido, pero uno puede hacerse una idea de la trama por un fragmento de Shklovsky:

> Ivan Nov salvaba al hermano de una mujer bellísima. Después comenzaba el amor. Pero la mujer no correspondía al vagabundo. Entonces el vagabundo se convertía en un gran poeta y se trasladaba al Café de los futuristas...
> Había poca luz y por esto el telón de aquel Café parecía casi pegado a la pantalla. Un telón mediano, sobre el que se representaba una especie de caballo con diez patas. Estaban Burlyuk con una mejilla pintada y Vasily Kamensky.
> Ivan Nov recitaba sus versos a Burlyuk... Y como aquella vez a Mayakovsky en la calle, Burlyuk decía a Ivan Nov:

---

[400] Cfr. Vishinevsky, *Fakty i daty iz istorii otechestvennoy kinematografii*, en *Iz istorii kino: Materialy i dokumenty*, I, Moscú, 1958, p. 42.

[401] *Pisma Mayakovskogo k L. Yu. Brik*, en *Novoe o Mayakovskom*, p. 107. Leva es Lev Alexandrovich Grinkrug.

[402] Después de la Revolución los artistas y los poetas soviéticos se apasionaron vivamente por la obra y por los «hard-living heroes» de Jack London. En 1921 Eisenstein y Smyshlyaesh representaron en el Proletkult de Moscú una adaptación de la «short story» *The Mexican (Mexikanets)*. Basado en un cuento de London, adaptado por Shklovsky, se realiza la película de Kuleshov *Po zakonu* [Dura Lex, 1926].

—¡Pero usted es un poeta genial!
Y comenzaba la gloria, y la mujer iba al encuentro del poeta. El poeta llevaba capita y sombrero de copa. Ponía el sombrero de copa a un esqueleto, cubría el esqueleto con la capita y colocaba todo esto junto a la caja fuerte abierta de par en par.
La caja fuerte está llena hasta reventar del oro de los honorarios.
La mujer se acercaba al esqueleto, exclamando:
—¡Qué broma estúpida!
Y el poeta se iba sobre el techo con el propósito de lanzarse al vacío.
Después jugaba con el revólver, una minúscula browning española, probablemente la misma que puso fin a su vida.
Luego se alejaba por una calle.[403]

Según Lev Grinkrug, que interpretó al hermano de la muchacha (interpretada por Margarita Kibalchich), Ivan Nov al final «simula el suicidio: coloca sobre la cama el esqueleto envuelto en un folio de papel y le mete fuego. Después viste su viejo vestido de obrero y se aleja».[404]

Martin Eden se transfomó, pues, en futurista. Pero la parte más destacada de la película era sin duda la discrepancia del poeta rebelde con los prejuicios burgueses. Alcanzada la gloria y la riqueza, Ivan Nov se da cuenta de que el mundo elegante que anhelaba es artificioso y falso y que también el amor se muestra mezquino, porque está sometido al sentido común y al dinero. Desilusionado, piensa en el suicidio, pero, a diferencia del héroe londinense, es salvado por la confianza en la vida.[405]

El final de la novela le parecía a Mayakovsky «llorón», como él escribió en una nota publicada el 19 de mayo de 1918 en la revista «Mir ekrana» [El mundo de la pantalla]. Ivan Nov encuentra la fuerza para reaccionar a las seducciones del dinero, para renunciar

---

[403] V. Shklovsky, *O Mayakovskom*, Moscú 1940, pp. 103-4. De Shklovsky véase también *Kinematografiya Mayakovskogo*, en «Kino», 11 de abril de 1937, n. 17.
[404] Cfr. Mayakovsky, *Teatr i kino*, II, Moscú, 1954, p. 466.
[405] Cfr. Krzysztoft, Teodor Toeplitz, *Majakowski w filmie radzieckim*, en «Dialog», Varsovia, 1956, 6.

a los oropeles de una existencia refinada y, dejado el sombrero de copa a un alegórico esqueleto, vuelve libre, retomando su camino como el «tramp» chapliniano por una calle que se pierde en el infinito.

En otras palabras, la riqueza sofoca los sentimientos. Para subrayar esta moral, el poeta se representó en el manifiesto de la película como un Laocoonte-obrero, encerrado en las espiras mortales de una boa. Que la serpiente simbolizara el dinero se comprendía por el hecho de que estaba rociada de cuadraditos con el número 40, o sea de «kerenski», las monedas de papel de cuarenta rublos emitidas por el gobierno de Kerenski, aún en circulación en abril de 1918, cuando la película fue proyectada.[406]

Si miramos bien, Ivan Nov sólo es una versión del Mayakovsky de los poemas de amor. No por nada el héroe de *Oblako v shtanakh* [La nube en calzones] grita a la amada que lo ha rechazado:

> ¿No os acordáis?
> usted decía:
> «Jack London.
> dinero,
> amor,
> pasión»,
> —pero yo vi una única cosa:
> ¡vi en usted una Gioconda
> que era necesario robar!
>
> Y la han robado.
>
> (vv.125-34)

La película fue rodada a la buena de Dios bajo la órdenes de un mediocre director, Nikandr Turkin, quien se las ingenió para satisfacer las extravagancias futuristas del guión. Pero ello no impidió a Mayakovsky ofrecer una caprichosa interpretación de Ivan Nov.

En un reciente coloquio con Polyanovsky, David Burlyuk ha reevocado algunos episodios de la película, entre los cuales destaca

---

[406] Las «kerenki» son recordadas por Blok en los Doce y por el mismo Mayakovsky en *150 000 000*.

la graciosa reunión en memoria de Pushkin. Ivan Nov pronunciaba una conferencia a un grupo de eruditos de Pushkin de barba blanca, gesticulando con tanta energía como para hacer peligrar un busto de Pushkin situado en una esquina sobre una columna. Después de un gesto más violento, el busto se separó del pedestal, volando en pedazos. Los viejos barbudos saltaban de sus puestos, lanzándose a perseguir a Ivan Nov.[407]

Como obrero, Mayakovsky vestía al principio «pantalones con flecos y una chaqueta ajustada; un largo lazo arrugado anudado con descuido al cuello; monstruosos zapatos con botones y un gorro con visera integraban su vestuario».[408]

Cuando se hizo célebre, se vestía de hombre fatal, de lechuguino, con el sombrero de copa y los pantalones a rayas, con el bastón con el pomo de marfil, tomando prestado el hábito del actor cinematográfico Oleg Frelikh, intérprete de irresistibles seductores con frac. En una carta suya a Lilya Brik de últimos de marzo leemos: «Estoy acabando las tomas del Cine. Voy ahora al estudio a probarme los pantalones de Frelich. En el último acto hago el papel de un dandy».[409]

3.

El trabajo en el cine entusiasmaba a Mayakovsky. Dicho por Shklovsky, el poeta «se divertía como un chico, como una pelirroja que se relame de gusto».[410] Los primeros meses de 1918 fueron uno de los periodos más despreocupados y más alegres de su vida. Ya en enero, refiriéndose a las propias exhibiciones en el Café de los poetas, había escrito a Lilya y a Osip Brik: «Vivo como una *romanza* gitana húngara: durante el día holgazaneo, por la noche acaricio el oído».[411]

---

[407] Cfr. M. Polyanovsky, *Mayakovsky na ekrane*, en «Iskusstvo kino», 1958, 5.
[408] Id., *Mayakovsky kinoakter*, p. 32.
[409] *Pisma Mayakovskogo k L. Yu. Brik*, en *Novoe o Mayakovskom*, p. 108.
[410] V. Shklovsky, *O Mayakovskom*, p. 105.
[411] *Pisma Mayakovskogo k L. Yu. Brik*, en *Novoe o Mayakovskom*, p. 105.

A una película basada en la obra de London siguió una película basada en la obra de Edmondo De Amicis. *Baryshnya i khuligan* [La señorita y el gamberro] es de hecho una adaptación del cuento *La Maestrilla de los Obreros*,[412] en la que De Amicis cuenta la historia patética de un tal Muroni, apodado Saltaventana, joven gamberro de un suburbio obrero turinés que, asistiendo a la escuela nocturna para adultos, se enamora de la maestrilla, la grácil y tímida Varetti. Arrogante, borrachín, pendenciero, el tunante se libera bajo la influencia del amor. Y, por defender a la maestrilla insultada, es gravemente herido por los compañeros de escuela en una pelea. Varetti, que lo ha rechazado y evitado hasta ahora, corre a su lecho de muerte, a darle el primer y último beso.

Los grises panoramas del barrio obrero, las extrañas figuras sucias, pendencieras y desgreñadas, los ambientes escuálidos confieren a esta película, la única que nos ha quedado de Mayakovsky, un carácter de melodrama popular, una entonación verista que recuerda las *Scènes de la Vie telle qu'elle est* de Feuillade.

Aunque el papel del gamberro era de los que enfervorecían al poeta, nosotros estamos convencidos de que *Baryshnya i khuligan*, cuya dirección fue confiada a Evgeny Slavinsky, es la menos significativa de las películas de Mayakovsky, porque no revela ninguna señal de su imaginación metafórica y olvida las intuiciones típicas del futurismo, imitando literalmente el texto de De Amicis.

Lo que no quita sin embargo que Mayakovsky haya representado el Saltaventana de manera incisiva y apasionada. Su resuelto entrecejo de prepotente dispuesto a cualquier bravuconada, su arrogancia de bellaco amenazador con el gorro al sesgo y el cigarrillo en un lado de la boca, cedían poco a poco a una angustiosa trepidación, a un vehemente desconcierto.

En 1936 Meyerhold afirmó en un discurso: «La rudeza de Mayakovsky era infinitamente frágil».[413] Uno se convence de la verdad de estas palabras al observar con qué timidez ingenua y sorprendi-

---

[412] Incluida en el volumen *Entre escuela y casa*, Milán, 1892, pp. 315-426.
[413] V.E. *Meyerhold ob iskusstve teatra* (V: *Samokritika khudozhnika*), en «Teatr», 1957, 3.

da el gamberro presenta a la maestrilla[414] un cuadernillo con la inscripción «Madame, yo os amo, permitidme que os bese» o extiende su chaqueta bajo sus pies, para que no se hundan en el fango.

Respecto a la técnica cinematográfica, los momentos más singulares son quizás la secuencia en la que él vislumbra triplicada detrás de los árboles la efigie de la maestrilla, y el final, en el que su melancólico rostro que se debate en la agonía es tomado en una serie apremiante de primeros planos.[415]

A ellos se refiere sin duda Yuri Olesha cuando, hablando de las películas del poeta, declara: «Es extraño percibir aquellas imágenes temblorosas, pálidas como agua que se expande, casi totalmente descoloridas. Y sobre aquéllas el rostro del joven Mayakovsky: un rostro triste, fogoso, que suscita una inmensa compasión, el rostro de un hombre fuerte y sufridor».[416]

El final, con la maestrilla que llega inesperadamente a recoger los últimos suspiros del héroe, trae a la memoria la aparición de Anna Sergeevna Odintsova en la cabecera de Bazarov moribundo en *Padres e hijos* (cap. XXVII). Y es interesante notar que, cuando Meyerhold en 1929 manifestó el propósito de adaptar para la pantalla la novela de Turgenev, Mayakovsky se ofreció para el papel de Bazarov.[417]

4.

La tercera de las películas realizadas por Mayakovsky en 1918 se titulaba *Zakovannaya filmoy* [Encadenada por la película]. «Conocida la técnica del cine, —escribió el poeta— hice un guión, que estaba a la par con nuestro trabajo innovador en el campo de

---

[414] La maestrilla fue interpretada por Alexandra Vasilievna Rebikova, actriz del Primer Estudio del Teatro de Arte.
[415] Cfr. B.Rostotsky, V.V. *Mayakovsky v kino*, en *Voprosy kinoiskusstva*, Moscú, 1955, p. 23.
[416] Yu. Olesha, *Dlya «Vospominany o Mayakovskom»*, en *Izbrannye sochineniya*, Moscú, 1956, p. 456.
[417] Cfr. Katanyan, *op. cit.*, p. 464.

las letras. En cuanto a la realización, la casa "Neptun" mancilló el guión hasta la completa vergüenza».[418]

En aquella película, rodada en mayo por Nikandr Turkin, comparecieron, junto a un Mayakovsky-pintor, Lilya Brik, Alexandra Rebikova, Margarita Kibalchich. Uno puede darse cuenta de los valores poéticos del guión, siguiendo la estela en la reconstrucción de Lilya Brik, que interpretó la bailarina amada por Mayakovsky:

> Un pintor se aburre. Da vueltas por las calles, buscando algo. Se sienta en una calle cercana a una mujer y comienza un discurso, pero ella de repente se vuelve diáfana, mostrando tener en lugar de un corazón un sombrero, un collar y algunas agujas. Vuelve a casa. También su mujer se vislumbra: en ella cacerolas ocupan el lugar del corazón. El pintor encuentra a un amigo, que en lugar del corazón tiene una botella y una serie de cartas de juego.
> En la calle se acerca al pintor una gitana que quiere darle suerte. Él la lleva a su estudio y con fervor se ciñe a dibujar el retrato, pero el pincel se mueve cada vez más lentamente. La gitana comienza a mostrarse: tiene monedas ahorradas en lugar del corazón. El pintor le paga y la echa fuera del estudio. La mujer consuela al artista desolado, pero sin ningún resultado. Él sale de casa.
> Un gran depósito cinematográfico. Los negocios van mal: no hay películas sensacionales. Entra un hombre elegante con perilla, semejante a un personaje de Hoffmann y a Mefistófeles juntos. El hombre con perilla ha traído una caja con la película *El Corazón de la pantalla*. Los propietarios del depósito se han entusiasmado. Ponen enseguida la película en distribución.
> Fiebre publicitaria. Por toda la ciudad manifiestos que anuncian *El Corazón de la pantalla* (una bailarina con un corazón entre las manos). Hombres-sándwich van y vienen, dispensando billetes a los transeúntes. En todas las salas se proyecta *El Corazón de la pantalla*.
> Aburrido, el pintor va a un cine. El contenido de la película es todo el mundo del cine: Max Linder, Asta Nielsen y otros divos,

---

[418] *Predislovie k sborniku stsenariev*, en *Polnoe sobranie sochineny*, XII, Moscú, 1937, pp. 159-60. Leyendo estas líneas, recordamos el descontento de Artaud por el film que Germaine Dulac extrajo en 1928 de su guión *La Coquille et le Clergyman*.

cow-boys, policías y diferentes personajes de películas americanas rodean a una bailarina (Corazón de la pantalla). La proyección está acabada, el público desaloja la sala. El pintor se dirige hacia la pantalla, aplaudiendo frenéticamente. Solo en la oscuridad sigue aplaudiendo. La pantalla se ilumina. Baja la bailarina, acercándose al pintor, que le rodea los hombros y la acompaña a la salida. Detrás de ellos el guarda cierra la puerta. En la calle está nuboso, llueve, revuelo. Arrugando la frente, la bailarina retrocede y desaparece a través de la puerta atrancada. Desesperado, el pintor llama furiosamente, pero en vano: la puerta no se abre.
El artista vuelve a casa. Se tira en la cama: está enfermo. Un médico lo escucha y le manda medicinas. En el umbral el médico choca con la gitana. Junto a un cartel con el *Corazón de la pantalla* la gitana le pregunta por el pintor, del que está enamorada. Los ojos de la bailarina puestos en el cartel se dirigen hacia ellos. La bailarina era toda oídos.
La criada del pintor estaba en la farmacia. En el camino de vuelta se maravilla mirando a los hombres-sándwich. Se le rompe el paquete, las medicinas caen. Las envuelve en un folleto cogido del suelo, llevándoselas al pintor. Él desenvuelve el paquete y ve el manifiesto. Aleja a la mujer que lo asiste, despliega el manifiesto y lo apoya en la mesita de noche. La bailarina se anima, se sienta sobre la mesita. Después se levanta y se aferra al pintor. Inmensamente alegre, él se cura de pronto.
En el momento en el que se reanima, la bailarina desaparece de los manifiestos: de los muros, de los hombres-sándwich, de los billetes que la gente está leyendo. Desaparece también de la película. En el depósito cinematográfico se difunde el pánico. El hombre con perilla estaba hecho un basilisco.
El pintor invita a la bailarina a su casa de campo. Acomodada sobre un sillón, la enrolla como cualquier cartel, la anuda con una cinta, la coge con mucho cuidado entre los brazos, sube con el cartel al automóvil y se va. El pintor y la bailarina llegan al campo. Él la vuelve a vestir, pone la mesa para el desayuno, se esfuerza en distraerla, pero ella ya suspira de melancolía y acaricia la estufa y el mantel, que por su blancor le recuerdan la pantalla. Arranca después el mantel con los alimentos, lo cuelga en una pared y sobre el fondo se pone en pose. Luego ruega al pintor que le consiga una pantalla. Se despide y se dirige de noche a un cine vacío, para separar con un cuchillo la tela.

Mientras el pintor roba la pantalla, la bailarina pasea por el jardín. La gitana celosa se introduce entretanto en la casa de campo. Acecha a la bailarina en el jardín, le hace una escenita y al final la golpea con una cuchilla. En el árbol, al que la bailarina estaba apoyada hay ahora un manifiesto fijado con un cuchillo. La gitana horrorizada corre hacia el hombre con perilla para revelarle el escondite de la bailarina, que en aquel entretiempo reaparece en una callecilla del jardín.

La bailarina espera al pintor en una habitación de la villa. Guiados por la gitana, entran el hombre con perilla y los cinepersonajes de la película *El Corazón de la pantalla*. La bailarina está contenta de volverlos a ver, porque ya se aburría sin ellos. El hombre con perilla la envuelve en una cinta de película, y ella se disuelve dentro. Se van todos, excepto la gitana, que cae en un deliquio.

Vuelve el pintor con la pantalla. Se afana buscando a la bailarina por cada esquina. Halla a la gitana, y por ella sabe lo que ha sucedido. Después de haberla rechazado, se lanza sobre el manifiesto con *El Corazón de la pantalla*, para encontrar las soluciones del enigma, y de repente vislumbra, en cal, impreso en caracteres minúsculos y apenas perceptibles, el nombre de un lugar cinematográfico.

En la ventanilla de un vagón el pintor sale en busca de este lugar.

El guión estaba tramado de trucos y procedimientos específicos del arte cinematográfico (sobreimpresiones, desapariciones, metamorfosis). Mayakovsky quería poner al descubierto, en una especie de juego de ilusionista que nos lleva a Méliès, las fórmulas mágicas, las estratagemas y la sustancia fantástica, casi la «filigrana» del cine, llevando a cabo lo que los críticos formalistas llamaban en literatura «revelación del método».

Los espectros que se desprenden de la película, los personajes reales que se muestran como son, la similitud pantalla-mantel, la crueldad de la gitana-bruja y la ida final del pintor al país encantado de Cinelandia componen un «maravilloso» que imita, en clave futurista, imágenes y situaciones de las fábulas, y sobre todo motivos como el paso a través del espejo y el maleficio de los dibujos animados. No por casualidad la película tenía como subtítulo *Leyenda del cine*.

La lábil bailarina de celuloide, digna de estar junto a las pálidas heroínas de Griffith, se parece a la Colombina de cartón representada por Blok en *Balaganchik*. El Mefistófeles con perilla es una variante de los gordinflones y de los «puros», pero con algo de lunático, que hace pensar en los personajes de las «sinfonías» poéticas de Bely.

Puede darse que, al tejer este guión, Mayakovsky se haya acordado vagamente de ciertas películas de Evgeny Bauer, como *Koroleva ekrana* [La reina de la pantalla, 1916], que describía el mundo del cine, o *Umirayushchy lebed* [El cisne moribundo, 1917], cuyo protagonista era un pintor deseoso de dibujar una bailarina. A juzgar por los pocos fotogramas que han quedado, diríase que la decoración de los interiores, mezcla de futurismo y de detenida «Sezession», recalcaba los adornos estilizados y pomposos de las películas dramáticas de Bauer, quien cuidaba con escrúpulo raro en aquellos tiempos la composición pictórica de los encuadres.[419]

El tema del artista que busca un amor ideal acerca las aventuras del pintor a las de Ivan Nov. Por otra parte la salida final de estos dos personajes rememora el alejamiento del poeta hacia un mítico septentrión en la tragedia juvenil.

Como en el teatro, también en el cine Mayakovsky demostró grandes dotes dramáticas. «Los cineastas —escribió a Lilya Brik en abril de 1918— dicen que yo soy para ellos un actor extraordinario. Me alientan con discursos, gloria y dinero».[420]

No hay duda, y se ve en *Baryshnya i khuligan*, que su actuación fue imitación de la mímica convulsa de los héroes tenebrosos de salón que triunfaban en las películas de entonces. No por nada, en *Drama v kabare futuristov*, él había interpretado el papel de un «hombre demoníaco».

Su juego con el esqueleto y el revólver, sus cínicas poses de galán corresponden a las actitudes enigmáticas de un Mozzhukhin o de un Maximov. Por los cabellos lisos y el aspecto atractivo el pintor de *Zakovannaya filmoy* se semeja a V. Polonsky, lírico intérprete de virtuosos y de estetas. No olvidemos que aún en 1918 se rodaban en Rusia películas dulzonas, historias banales de amor e infidelidades como *Smyat i rastoptan moy dushisty tsvetok* [Arrugada y

---

[419] Cfr. N.A. Lebedev, *op. cit.*, pp. 52-53.
[420] *Pisma Mayakovskogo k L. Yu. Brik*, en *Novoe o Mayakovskom*, p. 110.

pisada está mi florecita olorosa] o *Nad razbitoy chashey schastya* [Sobre la copa destrozada de la felicidad].

Mayakovsky disolvía aquel manierismo patético con sus saltos y su tono de poeta-tribuno. El frac elegante no sofocó en él la dignidad ni el empeño del artista en lucha contra las convenciones burguesas.

5.

En el periodo de la guerra civil fueron rodadas en Rusia bastantes películas-manifiesto de carácter exhortativo. A esta producción improvisada y apresurada Mayakovsky dio su contribución, escribiendo entre el verano y el otoño de 1920 el guión de *Na front* [Al frente], «agitfilm realizado en brevísimo tiempo para los cines que servían al ejército combatiente en el frente polaco».[421]

La pasión por el arte cinematográfico se encendió de nuevo en Mayakovsky después del viaje a Berlín y a París de octubre-diciembre de 1922. A aquellos meses se remonta el guión de cine *Benz N°22*, del que nos ha quedado sólo un fragmento del prólogo.

El protagonista era un automóvil. Como en *Misteriya-buff*, Mayakovsky quería mostrar en esta «epopeya en cincuenta carreras» que las máquinas, liberadas de la opresión de los potentes, cesan de ser enemigos de los hombres. La llave del guión está de hecho en una acotación que recuerda las ocurrencias de los instrumentos exultantes en la apoteosis de la Tierra Prometida: «Sólo Octubre, que ha liberado al hombre, liberará también a la máquina».

Con su galería de brillantes obesos, de «tipos que fruncen el ceño y ríen con sarcasmo» y de burgueses con sombrero de copa que tragan ruedas, el fragmento superviviente nos vuelve a llevar a las viñetas de la ROSTA.

La descripción de la «gran ciudad europea», que hace de fondo en los encuadres del prólogo (sin duda Berlín, a juzgar por la elec-

---

[421] *Predislovie k sborniku stsenariev*, en *Polnoe sobranie sochineny*, XII, Moscú, 1937, p. 100.

ción de un Benz y por la referencia al Zoo), es conducida según el gusto de los fotomontajes de Grosz y de John Heartfield: «Abajo autobuses y tranvías, en lo alto un enredo de vagones que llevan velozmente de una estación a otra. Desde lejos el puntito de un auto, que crece hasta cubrir la pantalla».

Tomando como personaje principal un automóvil, Mayakovsky se proponía introducir en este guión las ideas del constructivismo y su amor por la moderna civilización mecánica. El juego burlesco con las partes del coche anticipa las ocurrencias de películas como *Bratishka* [El hermano, 1926], en el que Kozintsov y Trauberg se desahogaron retomando con escorzos inesperados las cubiertas, los ejes, el radiador de un camión, o *Staroe i novoe* [Lo viejo y lo nuevo, 1929], donde Eisenstein se entretiene bromeando sobre la reparación de un tractor.

Un segundo viaje a Berlín en septiembre de 1923 sugirió a Mayakovsky la poesía *Kinopovetrie* [Cinecontagio] sobre Charlie Chaplin. A nosotros nos parece que, componiendo aquellos versos, tuvo presente la Filmdichtung *Die Chapliniade* (1920) de Iwan Goll, con el cual se había encontrado en París en otoño de 1922. Pero si el Chaplin de Goll es pequeño y abatido («Charlot, und immer wieder Charlot zu sein!») y toma a trechos el aspecto de Cristo con la corona de espinas, el de Mayakovsky se revela mordaz escarnecedor de las costumbres y apóstol de los necesitados.

La figura del «hombrecillo arrugado de Los Angeles» ofrece la oportunidad al poeta para burlarse de Europa «de los fracs y de los five o'clock», de los gordinflones y de las damas del «pechopajar». El público burgués, que en sus películas «relincha hasta la náusea» y «carcajea como una mujerzuela pellizcada», no se da cuenta de que en realidad es Chaplin el que se ríe de él, anticipándose al día en el que («sensación universal») los oprimidos se sublevarán.

También Mayakovsky pagó su propio tributo al gran actor, que suscitaba entonces tempestades de entusiasmos en los intelectuales de vanguardia de todos los países.[422] La poesía se encuentra en

---

[422] La fórmula de Chaplin en las naciones eslavas merecería un estudio particular. Recordaremos aquí de pasada que Olesha hizo de Chaplin un personaje del drama *Spisok blagodeyany* [La lista de los beneficios, 1931], que

un extravagante volumen sobre Chaplin, que Shklovsky publicó el mismo año en Berlín, junto a Petr Bogatyrev y Konstantin Tereshkovich.

Como ya hemos dicho, en aquellos tiempos el cine americano entusiasmaba a los jóvenes artistas soviéticos. Y no sólo al círculo de los artistas y literatos, sino que todo el pueblo se enfervorizaba por Keaton, Chaplin, Lillian Gish, los caballeros del «western», la Pickford y Fairbanks.[423] Cuando en 1926 Mary y Douglas visitaron la URSS, la multitud los acogió con fervor delirante. Shklovsky cuenta:

> Mary Pickford llegó con Douglas, el cual tenía las mejillas tan grandes que escondían las orejas.
> Ella viajó a lo largo de los pobres campos arados. La seguía un operador, para grabarla, y su gordo marido orgulloso, ya no era tan joven, sino que estaba a punto de salir de la gloria.
> El tren corría, pasaban amarillas estaciones. En las plataformas de las estaciones la gente gritaba.
> Ondeaba gorros.
> Muchachas con la blusa cosida de bufandas de seda a rayas daban a Mary la bienvenida. En la estación se dieron cita alrededor de

---

el lírico ciego Vitezhslav Nezval lo incluyó junto a Fairbanks entre las figuras de su prolijo poema *Pobivuhodny kouzelnik* [El mago maravilloso, 1921], que los poetas polacos del grupo «Skamander» le enviaron cartas de admiración, cuando fue proyectada en Varsovia *La quimera del oro* (cfr. Jerzy Szaniawasky, *W poblizhu teatru*, Cracovia, 1956, p. 195).

[423] En la poesía *Dolg Ukraine* [Una deuda con Ucraina] de 1926 Mayakovsky afirma:

> Nosotros sabemos
>   si fuma
>   o bebe Chaplin;
> qué son los mancas
>   ruinas de Italia;
> qué picada está
>   la corbata
>   de Douglas…
> ¿pero qué sabemos
>   del rostro de Ucrania?

quince mil personas. La gente se colgaba de los pilares del banco. Personas ancianas con los calzones tirados en alto, personas con la chaqueta abrochada con un sólo botón y con grises camisas de gruesa franela saludaban a la célebre americana.
La multitud corría detrás del automóvil. En el automóvil Mary iba con la cabeza desnuda y los cabellos de oro polvoriento...[424]

Fue rodada también una película, en la que Igor Ilinsky, que va a Moscú desde una aldea remota para ver a la «novia de América», recibía de Mary un beso, adquiriendo una improvisada y radiante celebridad.[425]

6.

Las opiniones de Mayakovsky sobre el cine eran ahora muy diferentes de las que había expuesto en tres extravagantes artículos de 1913. En la revista «Kino-fot» el poeta publicó en octubre de 1922 la siguiente declaración:

> Para vosotros el cine es espectáculo.
> Para mí casi concepción del mundo.
> El cine es portador de movimiento.
> El cine es renovador de las literaturas.
> El cine es destructor de la estética.
> El cine es audacia.
> El cine es un atleta.
> El cine es difusor de ideas.
> Pero el cine es un enfermo. El capitalismo ha ofuscado sus ojos, llenándolos de oro. Hábiles empresarios lo guían de la manita a lo

---

[424] V. Shklovsky, *O Mayakovskom* cit., p. 191. Mary Pickford ha recordado este viaje en la autobiografía *Sunshine and Shadow* (Londres, 1956, pp. 275-84): «Douglas and I spent one week in Moscow —a week of endless receptions and meetings and gigantic feasts»(p. 280).
[425] *Potseluy Meri Pikford* [El beso de Mary Pickford, 1927], guión del poeta imaginista Vadim Shershenevich y dirección de S. Komarov. Cfr. René Jeanne-Charles Ford, *Histoire encyclopédique du cinéma*, II, París, 1952, p. 295.

largo de las calles. Amontonan dinero, conmoviendo los corazones con temas lacrimosos.
Esto debe acabar.
El comunismo tiene que sustraer del cine a los guardianes que lo explotan.
El futurismo tiene que evaporar el agua estancada de la lentitud y de la moral.
Sin esto nosotros tendremos o la «chechetka» importada de América o sólo los «ojos con lágrima» de los Mozzhukhin.
La primera cosa nos aburre.
La segunda más aún.[426]

En aquellos años Mayakovsky se ocupó de profundizar en su propio conocimiento de la técnica cinematográfica, estudiando sobre todo los procedimientos de las películas americanas. En el artículo-entrevista *Karaul!* [¡Socorro!] de 1927 sostiene la superioridad de la película occidental, porque «ha encontrado y utiliza medios especiales de expresión derivados del mismo arte del cine y no sustituibles con nada (el tren en *¡Ostras qué hospitalidad!*,[427] la transformación de Chaplin en un pollo en *La quimera del oro*, la sombra del tren que pasa en *Una mujer de París*, etc.)».[428]

El panorama de Mayakovsky en el cine en este periodo está íntimamente conectado con las tendencias del LEF y de la escuela formalista. Críticos y filólogos como Shklovsky, Tynyanov, Brik escribían guiones de cine,[429] y las teorías del LEF eran comparti-

---

[426] *Kino i kino*, en *Polnoe sobranie sochineny*, XII, Moscú, 1937, p. 41.
[427] *Our hospitality* (1923), interpretado por Buster Keaton, narraba en la primera parte las vicisitudes de un viaje en tren en torno al 1850. Cfr. Maurice Bardeche-Robert Brasillach, *Histoire du cinéma*, París, 1948, p. 268, y René Jeanne-Charles Ford, *op. cit.*, III, París 1955, pp. 243-44.
[428] *Polnoe sobranie sochineny*, XII, Moscú, 1937, p. 171. En *A Woman of Paris*, dirigido por Chaplin en 1923, los reflejos de un tren en movimiento destelleaban en el rostro de Edna Purviance.
[429] De los innumerables guiones de Shklovsky recordamos al menos, además del ya citado *Po zakonu* [Dura Lex, 1926: dirección de L. Kuleshov], *Tretya Meshchanskaya* [El amor a tres, o bien Cama y sillón, 1927: dirección de A. Room]. Obra de Tynyanov es la «cinecuento al estilo de Gogol» *Shinel* [El abrigo], realizada por Kozintsov y Trauberg en 1926. A Brik se debe

das, no sólo por Vertov y por Eisenstein, sino también por cineastas que no formaban parte del grupo, como Esfir Shub, Kozintsov y Kuleshov.

Este último, por ejemplo, en armonía con las fórmulas del constructivismo, consideraba al director de cine un ingeniero, un constructor. El rodaje de una película no le parecía diferente a la fabricación de una máquina. Al concebir al actor, definido por él «naturshchik» (modelo), como un acróbata, o mejor como un mecanismo perfectamente adiestrado, Kuleshov quería que la actuación equivaliera a una «suma de movimientos organizados», a una «secuela de procesos laborales».[430]

Con los cineastas de vanguardia Mayakovsky tenía en común la aversión al naturalismo descriptivo, a los matices psicológicos, el gusto por un cine excéntrico, rico de astucias y de hipérboles, y sobre todo el interés por las crónicas y los documentales.

No por casualidad el más significativo de los polémicos manifiestos de Dziga Vertov, que se había formado en la poesía futurista, aparece en la revista «LEF», dirigida por Mayakovsky.[431] Convencido de que el «Kinoglaz», el Cienojo o sea el Objetivo, cambiado por él en una especie de ídolo, de fetiche mecánico, tenía una percepción más aguda que la del ojo humano, Vertov exaltaba la «dictadura del hecho», el montaje de encuadres de lo verdadero, de documentos reales.

Con sus propios partidarios, los llamados «Kinoki», Vertov declaró la guerra al cine de arte y rechazando la invención, los actores y los disfraces, se fió de las virtudes de la cámara, que grababa la vida sin máscara, en su verdad desnuda e incontaminada. «El cine dramático» —escribió— es opio para el pueblo. El cine dramático y la religión son instrumentos de muerte en las manos de los capitalistas».[432]

---

      el guión de *Potomok Khingis-khana* [El descendiente de Gengis-Khan, o bien Tempestades en Asia, 1928: dirección V. Pudovkin].
[430] Cfr. Lev Kuleshov, *Iskusstvo kino*, Moscú, 1929
[431] *Kinoki. Perevorot* [Los «Kinoki». Un cambio], «LEF», 1923, 3.
[432] Citado en Lebedev, *op. cit.*, p. 106.

Mayakovsky sintió debilidad por los cinepoemas de Vertov,[433] en los cuales la «factografía» fue a menudo un pretexto para una serie de trucos sorprendentes. Le era familiar la sensibilidad rítmica, la paciencia compositora de este director, cuyo montaje acercaba las imágenes como las estrofas de una lírica, como versos asonantes.

Dziga Vertov cuenta en sus blocs que el poeta le dijo una vez: «Kinoglaz es un faro sobre el fondo de la producción cinematográfica mundial» y observa: «Yo trabajo en el campo del documental poético. Por ello la canción popular y la poesía de Mayakovsky me parecen cercanas y agradables».[434]

El apego de Mayakovsky a los documentales lo atestigua sobre todo una nota de 1927, en la que se lanza contra la película *Poet i tsar* [El poeta y el zar] de Vladimir Gardin, biografía común y pomposa de Pushkin,[435] magnificando por el contrario las películas *Padenie dinastii Romanovykh* [La caída de la dinastía de los Romanov] y *Veliky put* [El gran camino], en las cuales Esfir Shub mezcló en un sabio montaje los pedazos de viejas crónicas. En la misma nota el poeta la toma con Eisenstein, porque en la película *Oktyabr* [Octubre] había hecho interpretar Lenin a un obrero que se le parecía, en vez de servirse de las secuencias de los cineperiódicos con la efigie auténtica del gran revolucionario.[436]

Pero de este ligero contraste no ha disminuido sin duda la identidad de los motivos y de las formas que iguala la obra de Eisenstein a la de Mayakovsky. Por la densidad semántica y el dinamismo interno de los encuadres, las rápidas frases de montaje

---

[433] Cfr. V. Shklovsky, *O Mayakovskom* cit., p. 192.
[434] *Iz rabochikh tetradey Dzigi Vertova*, en «Iskusstvo kino», 1957, 4.
[435] Cfr. V. R. Gardin, *Vospominaniya*, II, Moscú, 1952, pp. 32-41.
[436] *O kino*, en *Polnoe sobranie sochineny*, XII, Moscú, 1937, p. 211. De estos argumentos Mayakovsky habló también en dos discursos pronunciados el 15 de octubre de 1927 durante una discusión sobre la política de Sovkino. Después de haberse burlado de la película de Gardin y del director Yakov Protazanov como muestra de las «antigüedades seculares del cine», se detuvo en el Lenin de *Oktyabr,* declarando: «Os prometo que en el momento más solemne, dondequiera que sea, yo silbaré y cubriré de huevos podridos este falso Lenin» (*Vystupleniya na dispute «Puti i Politika Sovkino»*, en *Novoe o Mayakovskom*, pp. 71-78).

de Eisenstein corresponden a las metáforas intensas y tangibles de Mayakovsky. El pathos de uno se corresponde con las cadencias oratorias del otro.

Ambos se apasionaron por la extravagancia de los objetos mecánicos. Ambos recurrieron a los medios del cartel, a las máscaras y a las figuras emblemáticas. Los obesos de Mayakovsky se pueden acercar al hinchado y macizo «kulak» de *Staroe i novoe* [Lo viejo y lo nuevo], que estaba entre las películas predilectas del poeta.[437] Y la sátira de los funcionarios tardígrados en las escenas de *Banya* tiene el mismo carácter paradójico de algunas secuencias grotescas de la película, en las que Eisenstein humilla a los monstruosos mecanismos del burocratismo.

7.

En agosto de 1926, respondiendo a una encuesta, Mayakovsky afirmó: «El trabajo cinematográfico me gusta sobre todo porque no es necesario traducirlo... Los frecuentes viajes al extranjero me han inducido a ocuparme en serio de un arte internacional».[438]

Entre 1926-27 el poeta compuso una serie de guiones de cine: *Deti* [Los niños], *Slon i spichka* [El elefante y la cerilla], *Serdtse kino, ili Serdtse ekrana* [El Corazón del cine, o bien El Corazón de la pantalla], *Lyubov Shkafolyubova* [El amor de Shkafoliubov], *Dekabryuchov i Oktyabryuchov* [Diciembre y Octubre], *Kak pozhivaete?* [¿Cómo está?], *Istoriya odnogo nagana* [Historia de una pistola], *Tovarishch Kopytko, ili Doloy zhir!* [El compañero Kopytko, o bien ¡Abajo el gordo!] y *Pozabud pro kamin* [Olvídate de la chimenea].

A parte de *Istoriya odnogo nagana*, inconsistente y pálido melodrama sobre un joven comunista al que una desilusión amorosa

---

[437] Cfr. O. Brik, *Stsenarnye mytarstva*, en «Sovetskoe iskusstvo», 18 de abril de 1931, n. 19. En el artículo *Glazami poeta* (en «Kino», 11 de abril de 1940, n. 16) Brik añade que a Mayakovsky le gustaban también las películas *Po zakonu* [Dura Lex] y *Potomok Khingis-Khana* [El descendiente de Gengis-Khan.]

[438] *O Kino*, en *Polnoe sobranie sochineniy*, XII, Moscú, 1937, p. 158.

empuja a juergas y a drogas, estos guiones tienen todos una huella grotesca.[439] Llenos de trucos y juegos de palabras visivas, de fantasiosos recursos, manifiestan estrechos vínculos con el cine americano. En el intento de dar a las imágenes un valor exclusivamente motor, sin ninguna alusión psicológica, Mayakovsky se aferra de hecho a los recursos mecánicos de las películas cómicas de la Keystone, a los motivos de los «serials» policiacos, a las ocurrencias de las películas de Chaplin. Y en este sentido sus invenciones coinciden con los virtuosismos y con las astucias de las películas excéntricas de Kozintsov y Trauberg.

De tales guiones, el único que une a la trama burlesca referencias precisas de documental es *Deti* [Los niños], donde la descripción del campo de pioneros «Artek» en Crimea se alterna con los asuntos ridículos del «businessman» Tom Dopkins, que se fue a aquella península con la mujer y con el hijo. Mientras el pequeño Jim se baña en el campamento de los pioneros, un vagabundo le roba el vestido. Dos bribones, Mano negra y Faraón (semejantes a los bandidos de San Petersburgo de los cuentos de Kaverin), secuestran al vagabundo, confundiéndolo con el hijo del americano y mandan a mister Dopkins una carta amenazadora.

Mayakovsky parece aquí recordar la película de Kuleshov *Neobychaynye priklyucheniya mistera Vesta v strane bolshevikov* [Las extraordinarias aventuras de mister West en el país de los bolcheviques], en el que el senador americano West y el cow-boy que le sirve de escolta, apenas llegados a Moscú, se encuentran con un grupo de ávidos bandidos.[440] En la secuencia en la que el impasible Dopkins discute con la mujer si es ventajoso desembolsar la suma exigida para el rescate del hijo (que por el contrario se encuentra incólume en medio de los pioneros) reflorecen los motivos satíricos de las poesías de Mayakovsky en América.

En la segunda parte los panoramas grises de los barrios obreros de una ciudad inglesa, la presencia obsesiva de los policías y la historia del minero que atraviesa toda la ciudad para llevar una

---

[439] Cfr. O. Brik, *Stsenarnye mytarstva*, en «Sovetskoe iskusstvo», 18 de abril de 1931, n. 19, y *Mayakovsky-stsenarist*, en «Iskusstvo-kino», 1940, 4.
[440] El tema de esta película era del poeta futurista Nikolai Aseev.

botella de leche a la hija enferma, recuerdan *The Kid* [El chico] de Chaplin; las increíbles travesuras de algunos niños inquietos en la tercera parte nos recuerdan los caprichos del muchacho airado que molesta a Charlot en *The Pilgrim* [El Peregrino].

Los procedimientos de la cómica «slapstick» se funden con el estilo hiperbólico de la ROSTA en la «cinecomedia crimeana»[441] *Slon i spichka* [El elefante y el cerillo], cuyo héroe es un común gordinflón, un burócrata obtuso que, junto a la frívola compañera-cerilla, va a la estación termal de Yalta para reducir el peso.

Como las farsas de Fatty, este guión, entretejido de persecuciones, de fugas, de broncas, de porrazos, se centra en la desproporcionada gordura del burócrata y en el contraste entre la efigie y la inesperada soltura de la que él da prueba en los momentos difíciles. Basta pensar en la secuencia en la que el «paquidermo» que ha tomado por bandidos a los controladores del barco sobre el que viaja, salta al agua y en un santiamén alcanza el puerto de Yalta, superando incluso una fila de nadadores ocupados en una carrera. O a aquella en la que, fastidiado por un joven comunista pedante, huye al monte Ay-Petri, para lanzarse después a la cima, teniendo el paraguas a modo de paracaídas.

La narración de estas aventuras funambulescas está acompañada por toques mordaces, que resaltan la torpeza necia del funcionario en vacaciones. Descendiendo, por ejemplo, en bañador, con la pala y el cubito, a la playa del Mar Negro, «hirviente de cuerpos como papel matamoscas», exclama: «Bonita playa, pero no tiene sentido que la hayan hecho precisamente en el mar».

Otro gordinflón burgués, «tío corpulento de rica apariencia en bombín», comparece en la «fantasía-hecho» *Serdtse kino, ili Serdtse ekrana* [El Corazón del cine, o bien El Corazón de la pantalla], reconstrucción un poco atenuada de *Zakovannaya filmoy*. El fulcro de la acción pasa del entramado amoroso entre el pintor y la

---

[441] Mayakovsky pasó en Crimea el verano de 1926, escribiendo, además de *Deti* y *Slon i spichka*, también las acotaciones para la película *Evrei na zemle* [Judíos en la tierra], rodada por Abraham Room en Evpatoriya basada en guión de Shklovsky y con la participación de Lilya Brik. Cfr. Katanyan, *op. cit.*, p. 277.

bailarina a los abusos del concesionario, el gordo Bombín, que especula cínicamente sobre las imágenes de celuloide, arrugándolas con su común «gusto del dólar».

En esta versión Mayakovsky ha recopilado una multitud más densa de personajes del cine. Cuando la Cinestrella desaparece de la pantalla, Chaplin, Harold Lloyd y otras figuras aplastadas, muñecos de dos dimensiones, se reúnen en mitin y, ante una propuesta de Fairbanks, deciden emprender una persecución: «Abre el cortejo el automóvil del concesionario, al cual le sigue el cochecito-juguete de Buster Keaton. Detrás de Keaton galopa Douglas, detrás de Douglas los cow-boys equipados de lazo, detrás de los cowboys saltan gangsters y policías, mirándose alrededor a cada paso. Cierra la persecución Charlot sobre los zancos y con el bastoncito entre los dientes».

El final es totalmente diferente y es menos feliz que el de *Zakovannaya filmoy*. Saliendo del depósito cinematográfico, invadido por llamas simbólicas, un operador y una joven actriz (semejante a Corazón del cine) se detienen a observar a un carpintero que trabaja en los andamios de una gigantesca construcción. Y una acotación, que recuerda eslóganes de Dziga Vertov, comenta: «¿Por qué no tendría también el cine que aferrarse a la vida viva? Este truco es más duro que un Douglas».

Una tumultuosa secuela de «gags» recorre el guión *Lyubov Shkafolyubova* [El amor de Shkafolyubov], alegre boceto centrado en la figura del torpe Shkafolyubov (Armarióñlo), conservador de un museo y fanático de toda antigualla, el cual se adorna de antiguas hopalandas y esquiva a todos los medios de locomoción modernos, considerados como diabólicos.

La sátira de aquellos que contra el presente lloran los usos y las costumbres de tiempos lejanos está sumergida por la agitación de los trucos que se agolpan, engranajes desenfrenados de un mecanismo cómico convulso. Ciertos fragmentos como aquel en el que Shkafolyubov con espada y tricornio persigue a saltos y golpes a la dactilógrafa amada, bloqueando el tráfico tranviario, o aquel en el que, para impedir a un caballo hincar los dientes en un ramo de flores, acaba arrancándole la cola, tienen la rapidez paradójica de los grotescos de Ridolini.

Al repertorio de los «graciosos» pertenecen también los dos hermanos trastornados Nikolai e Ivan de *Dekabryuchov i Oktyabryuchov* [Diciembre y Octubre]: el primero, un fanfarrón que huyó a París cuando se acercaron los soldados rusos, es elegido por los emigrados gobernador de Kiev, y el otro, que no ha conseguido irse, descubre por casualidad a un chivato de los blancos, recibiendo en premio la carga de «presidente de la comisión para el retiro de la letra jat[442] de los carteles de la panadería de la ciudad de Kiev».

La comicidad de este guión, en el que se cruzan dos acciones simultáneas, no brota de una galopante sucesión de ocurrencias frenéticas, sino de la caricatura maliciosa de ciertos ambientes, como los hoteles y los círculos de la emigración o el trivial chiribitil de Ivan y de su Maria Ivanova.

Sólo *Deti* y *Dekabryuchov i Oktyabryuchov* aparecieron en la pantalla. Mediocres directores las tomaron como ejemplo para rodar cintas de películas de poca importancia remendadas lo mejor que pudieron.[443] Mayakovsky no tuvo mucha suerte con la gente del cine. Sus guiones encontraron siempre la hostilidad de los burócratas, mientras una descuidada dirección estropeó los pocos que fueron realizados. Y es pecado que no llegaran a buen puerto las negociaciones llevadas por él con René Clair en octubre de 1928 en París para una película titulada *L'ïdeal et la couverture* (*Ideal i odeyalo*).[444] Del guión meditado por el poeta para el director francés nos ha quedado solamente una pequeña huella que merece la pena reproducir:

Mayakovsky ama a las mujeres. Las mujeres aman a Mayakovsky. Hombre de sentimientos elevados, él busca una mujer ideal. Ha comenzado incluso a leer a Tolstoi. Se forja en el pensamiento

---

[442] Letra del alfabeto cirílico suprimida en la reforma ortográfica de 1917.
[443] *Deti* con el título *Troe* [Los tres: dirección de A. Solovev] y *Dekabryuchov i Oktyabryuchov* con el título *Oktyabryuchov i Dekabryuchov* (director A. Smirnov - A. Iskander), ambas en 1928.
[444] Cfr. Katanyan, *op. cit.*, pp. 366-67, y *Pisma Mayakovskogo k. L. Yu. Brik*, en *Novoe o Mayakovskom*, p. 169.

criaturas ideales, promete a sí mismo unir su destino sólo a una mujer que responda a su sueño, pero se encuentra siempre con otras mujeres.

Una de estas «otras mujeres» bajó de un Rolls-Royce y se habría caído si el idealista no la hubiera sujetado. El vínculo con ella, vulgar, sensual, borrascoso, es precisamente el que Mayakovsky querría evitar. Esto resulta para él muy fastidioso, dado que llamando a un número que había encontrado en una carta que le cayó por casualidad en las manos, se quedó encantado de una voz femenina, profundamente humana y expresiva. Las relaciones no han ido más allá de los coloquios telefónicos, a la correspondencia y a la visión de una imagen huidiza que le ofrecía una carta. Con acrecentado furor él ha vuelto con la inevitable amante, esperando siempre evadirse, para unirse a la amada desconocida.

Los años de investigaciones, obstaculizadas por la amante con todo tipo de medios, han servido al menos para disuadir la reticencia de la mujer. Ella ha declarado que será suya y él se purifica, abandonando el amor terreno. Con el más grande misterio la desconocida es conducida al lugar del espléndido convenio. Mayakovsky la ayudó al principio y al final de su vida.

Pero basta un gesto del jefe, para que él se dé cuenta de que la desconocida es la misma mujer con la que ha transcurrido tantos años y que ha abandonado ahora.[445]

Este esquema contiene motivos de un intimismo inusitado en el cine de Mayakovsky. Está claro que en él lo grotesco llamativo estaba cediendo a una sumisa ironía melancólica, rebosante de amargura. Osip Brik recuerda que al poeta le había gustado particularmente una película americana «sobre una muchacha y un joven que, habiéndose encontrado por casualidad entre la multitud, por la misma multitud eran divididos y buscaban en vano encontrarse de nuevo, hasta que descubrieron que vivían cerca en una enorme casa con muchas plantas y que nunca lo supieron».[446]

Se trata, nos parece, de la película de Paul Fejos *Lonesome* [Solitarios, 1928], delicado cuento de un idilio entre un obrero y una

---

[445] Cfr. A. Fevralsky, *Mayakovsky-dramaturg*, Moscú-Leningrado, 1940, pp. 118-19.
[446] O. Brik, *Glazami poeta*, en «Kino», 11 de abril 1940, n. 16.

telefonista en un parque de diversiones en Nueva York, la noche de un sábado.[447] Los argumentos de *Lonesome* (la desolación de los hombres en las modernas metrópolis, el coloreado lirismo del lunapark) eran de los que más hablaban al corazón de Mayakovsky.

8.

Hemos dejado para el final el guión experimental *Kak pozhivaete?* [¿Cómo estáis?], que narra en «cinco cinedetalles» una jornada del poeta. Secuela de escorzos y de analogías intermitentes, de deformaciones e inversiones, urdimbre de audaces encajes semánticos, este cinepoema desarrolla con fantasía inagotable aquel procedimiento estilístico que Jackobson denominó «actuación de la metáfora».[448]

Mayakovsky, por ejemplo, lee en el periódico la noticia de un terremoto en Leninakan, y los objetos sobre su escritorio comienzan a temblar, la lámpara se ha destrozado, el calendario se desparrama en un montón de hojas y la tetera silba, hinchándose «como si imitara un volcán que eructa». O bien, dormitando en la ventanilla de una caja, Mayakovsky derrama la tinta sobre los papeles del cajero, y las cartas se transforman en el Mar Negro. O incluso, Mayakovsky y una muchacha se apasionan, hilando «sobre las alas del amor», y he aquí que se cumple la metáfora: «a la muchacha y a Mayakovsky le escupen alas de aeroplano».

---

[447] En el artículo *Chuzhie stikhi* cit. Lilya Brik reproduce un boceto de trama, quizás por un guión de cine, encontrado entre las cartas de Mayakovsky. Brik está convencida de que el poeta lo ha escrito bajo la influencia del film *Das Mädel aus Havanna*, que ella vio en Berlín en 1932 por consejo de Bretch. *Das Mädel aus Havanna* es el título alemán de *The Cuban Love Song* [La rumba del amor] de W.S. van Dyke, con Lawrence Tibbett y Lupe Vélez. Aunque el esquema de Mayakovsky y el contenido de la película coinciden de manera curiosa, es absurdo suponer una influencia, si pensamos que el poeta murió en abril de 1930, mientras la película fue producida solamente en 1931.

[448] Roman Jakobson, *Novejšaja russkaja poezija*, Praga, 1921, p. 20.

Es un procedimiento frecuente en la obra de los futuristas. Bastará recordar la escena de *Oshibka Smerti* [El error de la muerte] de Khlebnikov, en el que la Muerte declara tener la cabeza «vacía como un vaso» y está obligada a quitársela para hacer beber a un difunto, o el episodio del hombre que se pone un beso a modo de chanclo en *Vladimir Mayakovsky* o aquellos versos del poema *Pro eto* [De esto], en el que las lágrimas forman un río sobre el cual el poeta-plantígrado se pone a navegar.

Encontramos un ejemplo de ello también en *Zavist* [Envidia] de Olesha, en el que los repiques de las campanas dan vida a una figura de sonidos, que tiene como nombre Tom Virlirli (I, XII). Por otra parte Morgenstern en los *Galgenlieder* («Ein Glockenton fliegt durch die Nacht») había entrevisto en la trama sonora de las campanas la historia de una frívola Bim que traiciona a Bam para huir con Bum.[449]

En este guión confluyen todos los motivos principales de la creación de Mayakovsky. Y en primer lugar reaparecen, saltarines y rebeldes, los signos del alfabeto. En la secuencia en la que el poeta se afana por componer una lírica, las letras se esparcen y se amontonan, como en los «poemas fonéticos» de Hausmann:[450]

> De la cabeza comienzan a irrumpir las letras, revoloteando por la habitación.
> Mayakovsky da saltos, las ensarta en un lápiz.
> Mayakovsky derrama las letras del lápiz, como rosquillas de un bastón, y con dificultad las apunta sobre el papel.
> Letras volantes se entrelazan en frases manidas, para después desunirse de nuevo.
> Durante un instante destacan frases del tipo de «Qué bonitas eran, qué frescas eran las rosas»[451] o «El pajarito de Dios no conoce»,[452] etc.

---

[449] Paul Klee ilustró la poesía de Morgenstern con el dibujo *Glockentöne* de 1918.
[450] Cfr. Raoul Hausmann, *Courrier Dada*, París, 1958, pp. 51-68.
[451] Verso de una lírica de I. Myatlev, reproducido por Turgenev en una poesía suya en prosa de 1879.
[452] Verso del poema *Tsygany* [Los gitanos, 1824] de Pushkin.

Mayakovsky separa con el lápiz una letra de la otra, las aferra y elige las necesarias.

El desfile de las prendas de vestuario, que caminan con distinción por las calles con desagradable dignidad de fetiches, nos recuerda la pintoresca revuelta de las vestimentas y de las bufandas en *Vladimir Mayakovsky*. Hojeando los anuncios económicos, el poeta se detiene en el lema «Vístete y cose solamente en el almacén de Moskovshvey»,[453] y he aquí que de repente bajan a la calle «planchados, flamantes, solos, abrigos y completos: pantalones, chaquetas y chalecos y cada uno, en lugar de la cabeza, lleva un cartel en el que está señalada una suma considerable».[454]

De igual modo a la bailarina de celuloide que se despegaba de la pantalla, diferentes semblantes de papel brotan de las columnas del periódico que Mayakovsky está leyendo. La atención del poeta es atraída, por ejemplo, por la noticia de un suicidio, e inmediatamente:

> El periódico se levanta y hace un ángulo a modo de enorme mampara. Desde el ángulo oscuro del periódico sale la figura de una muchacha. Desesperada, levanta la mano con el revólver, lleva el revólver a la sien y aprieta el gatillo.
> Desgarrando el periódico, igual que un perro ansioso que destroza un aro, Mayakovsky salta dentro de la habitación formada por páginas.
> Intenta coger y desviar la mano con el revólver, pero es tarde: la muchacha cae al suelo.

No falta en *Kak pozhivaete?* la caricatura de los pequeños burgueses. Hay una familia de «alegres orangutanes» que odian la poesía, una «familia porciniforme» que visita a Mayakovsky, aburriéndolo con sus charlas. Para librarse de ellos, el poeta recurre a

---

[453] «Moskovshvey»: trust estatal moscovita de la industria de la confección. En la lírica *Polnoch v Moskve* [Medianoche en Moscú] de julio de 1931 Mandelshtam se define «hombre de la época del Moskovshvey».

[454] Reminiscencia de algún collage dadaísta.

un vigilante, el cual los asusta con el anuncio de que previsiones de terremoto aconsejan pasar la noche en el redil.

Las ocurrencias mezcladas en la descripción del lugar de encuentro de Mayakovsky con la «muchacha de la crónica» (que es después la misma que se había quitado la vida) están construidas sobre una especie de negación afirmativa, sobre un divertido juego de oxímoros, como las respuestas de Sob Akin a los indiscretos en un fragmento de la *Komediya s ubiystvom* [Comedia con homicidio]:

> —Pero yo no hablaré con vosotros.
> La muchacha se aleja, gira muchas veces la cabeza, la sacude en señal de negativa.
> Al final comienza a hablar.
> Pero yo no iré con vosotros. Sólo dos pasos.
> Da un paso detrás del otro.
> La coge bajo el brazo y caminan juntos.
> Mayakovsky coge del empedrado una flor que aparece como por encanto.
> Mayakovsky delante del portón de casa.
> Pero vosotros no subiréis a mi casa. Sólo durante un momento.
> En todas partes es invierno. Solamente delante de la casa se ven un jardín florecido, árboles con pájaros. La fachada está cubierta de rosas. Sobre un banco el portero se seca la frente sudada.
>   Sobre las alas del amor.
> A la muchacha y a Mayakovsky les escupen alas de avión.
> La muchacha y Mayakovsky van volando por la escalera.
> En la habitación sucia cada cosa comienza a florecer. Del tintero brotan lirios, los humildes cortinajes se adornan con rosetas de diamantes. La simple lamparita se convierte en lámpara.
> Mayakovsky derrama agua de una garrafa.
> —Pero nosotros no beberemos. Solamente un vaso.
> La muchacha dice:
> —¡Es muy fuerte el agua en vuestra zona!
> Le coge el vaso y se va acercando poco a poco.
> —¡Pero nosotros no nos besaremos!
> Tienden el uno al otro los labios.

El florecimiento improvisado del escuálido ambiente y la aparición de las alas nos recuerdan el sueño de Chaplin en *The Kid* [El chico], donde el gris barrio de «slums» se convierte en un barrio ilusionado, todo lleno de festones y guirnaldas de rosas, y grandes alas blancas aparecen sobre los hombros de los habitantes.[455]

Pero la totalidad del guión es una progresión creciente de prodigios y de metamorfosis, con el espíritu de las películas de vanguardia occidentales. Las figuras y los objetos cambian a cada instante de dimensiones, como en el mágico mundo de Alicia. Piénsese, por ejemplo, en el episodio en el que la cocinera de Mayakovsky vuelve a casa, teniendo sobre los hombros una cesta con la compra y con los periódicos:

> La cocinera camina. Los periódicos sobre sus hombros se agrandan, plegándola hacia el suelo. Las casas, sobre cuyo fondo ella pasa, se empequeñecen gradualmente. La cocinera se hace pequeña. Las casas llegan a ser aún más pequeñas. Sobre los hombros de la cocinera un enorme globo terrestre. La mujer avanza, arrastrando a duras penas las piernas bajo aquel peso.
> Una calle en perspectiva. Vías de tranvía corren hacia la cámara. Desde el fondo rueda sobre el objetivo el globo terrestre, aumentando rápidamente.
> La entrada de la casa. La puerta se abre sola. El globo resbala hasta la puerta, y al empequeñecerse puede entrar en ella.

Por el vórtice de las metáforas excéntricas, *Kak pozhivaete?* se une a los más ardientes poemas de Mayakovsky, y sobre todo a *Oblako v shtanakh* [La nube en pantalones] y a *Pro eto* [De esto]. Las fórmulas cinéticas del futurismo encajan a la perfección con la dinámica y con los recursos del montaje cinematográfico.

La exuberancia de los argumentos fantásticos confiere a la jornada del poeta el carácter de un viaje imaginario en un país de objetos animados, de sortilegios, de larvas de fábula. La elástica trama de crecimientos, desapariciones o empequeñecimientos

---

[455] Cfr. Pierre Leprohon, *Charles Chaplin*, París, 1946, pp. 119-24, y Theodore Huff, *Charles Chaplin*, Londres, 1952, pp. 120-28.

quiere expresar lo burlesco de la labilidad humana y a la vez la consoladora certeza de que la existencia es una sucesión de imprevistas maravillas.

También en este guión, como en la tragedia juvenil y en los poemas de amor, lo que más fascina es la amplitud del horizonte, el destello inesperado de motivos metafísicos. El final, por ejemplo, se alarga, como el de *La nube en pantalones,* sobre un paisaje cósmico, sobre un fondo de estrellas. El carrusel de las metáforas semejantes a espejos deformados y el transformismo inquieto de los personajes se calman al final en la inmensidad misteriosa del universo.

www.ingramcontent.com/pod-product-compliance
Lightning Source LLC
Chambersburg PA
CBHW032125160426
43197CB00008B/517